"十四五"国家重点出版物出版规划项目

湖北省公益学术著作
Hubei Special Funds 出版专项资金
for Academic and Public-interest
Publications

"一带一路"倡议与中国国家权益问题研究丛书

总主编／杨泽伟

泰国湾海域划界的国际法问题研究

何海榕　著

WUHAN UNIVERSITY PRESS
武汉大学出版社

图书在版编目(CIP)数据

泰国湾海域划界的国际法问题研究/何海榕著.—武汉:武汉大学出版社,2023.12

"一带一路"倡议与中国国家权益问题研究丛书/杨泽伟总主编

2020年度湖北省公益学术著作出版专项资金项目 "十四五"国家重点出版物出版规划项目

ISBN 978-7-307-24018-6

Ⅰ.泰… Ⅱ.何… Ⅲ.国际海域—海洋法—研究—泰国 Ⅳ.D993.5

中国国家版本馆 CIP 数据核字(2023)第 189471 号

责任编辑:张 欣　　责任校对:鄢春梅　　版式设计:马 佳

出版发行:**武汉大学出版社** 　(430072 武昌 珞珈山)

(电子邮箱:cbs22@ whu.edu.cn 网址:www.wdp.com.cn)

印刷:湖北恒泰印务有限公司

开本:720×1000 1/16 印张:20 字数:288 千字 插页:2

版次:2023 年 12 月第 1 版 2023 年 12 月第 1 次印刷

ISBN 978-7-307-24018-6 定价:88.00 元

"'一带一路'倡议与中国国家权益问题研究丛书"总序

　　"一带一路"倡议自 2013 年提出以来，迄今已取得了举世瞩目的成就，并产生了广泛的国际影响。截至 2022 年 2 月中国已累计同 148 个国家、32 个国际组织签署了 200 多份政府间共建"一带一路"合作文件。可以说，"一带一路"倡议顺应了进入 21 世纪以来国际合作发展的新趋势，昭示了新一轮的国际政治新秩序的变革进程，并且是增强中国国际话语权的有益尝试；共建"一带一路"正在成为中国参与全球开放合作、改善全球经济治理体系、促进全球共同发展繁荣、推动构建人类命运共同体的中国方案。况且，作为现代国际法上一种国际合作的新形态、全球治理的新平台和跨区域国际合作的新维度，"一带一路"倡议对现代国际法的发展产生了多方面的影响。①

　　同时，中国已成为世界第二大经济体、第一大制造国、第一大外汇储备国、第一大债权国、第一大货物贸易国、第一大石油进口国、第一大造船大国、全球最大的投资者，经济对外依存度长期保持在 60% 左右；中国有 3 万多家企业遍布世界各地，几百万中国公民工作学习生活在全球各个角落，2019 年中国公民出境旅游人数高达 1.55 亿人次，且呈逐年上升趋势。可见，中国国家权益涉及的范围越来越广，特别是海外利益已成为中国国家利益的重要组成部分。因此，在这一背景下出版"'一带一路'倡议与中国国家权益问题研究丛书"，具有重要意义。

　　首先，它将为落实"十四五"规划和实现 2035 年远景目标提

---

　　① 杨泽伟等：《"一带一路"倡议与国际规则体系研究》，法律出版社 2020 年版，第 22 页。

供理论支撑。习近平总书记在 2020 年 11 月中央全面依法治国工作会议上强调，"要坚持统筹推进国内法治和涉外法治"。《中华人民共和国国民经济和社会发展第十四个五年规划和 2035 年远景目标纲要》提出要"加强涉外法治体系建设，加强涉外法律人才培养"。中国 2035 年的远景目标包括"基本实现国家治理体系和治理能力现代化""基本建成法治国家、法治政府、法治社会"。涉外法治体系是实现国家治理体系和治理能力现代化，基本建成法治国家、法治政府、法治社会的重要方面。本丛书重点研究"全球海洋治理法律问题""海上共同开发争端解决机制的国际法问题"以及"直线基线适用的法律问题"等，将有助于统筹运用国际法完善中国涉外立法体系，从而与国内法治形成一个相辅相成且运行良好的系统，以助力实现"十四五"规划和 2035 年远景目标。

其次，它将为推动共建"一带一路"高质量发展提供国际法方面的智力支持。十九届五中全会明确提出继续扩大开放，坚持多边主义和共商共建共享原则，推动全球治理变革，推动构建人类命运共同体。本丛书涉及"'一带一路'倡议与中国国际法治话语权问题""'一带一路'背景下油气管道过境法律问题"等。深入研究这些问题，既是对中国国际法学界重大关切的回应，又将为推动共建"一带一路"高质量发展提供国际法方面的智力支持。

再次，它将为中国国家权益的维护提供国际法律保障。如何有效维护中国的国家主权、安全与发展利益，切实保障国家权益，共同应对全球性风险和挑战，这是"十四五"规划的重要任务之一。习近平总书记特别指出"要强化法治思维，运用法治方式，有效应对挑战、防范风险，综合利用立法、执法、司法等手段开展斗争，坚决维护国家主权、尊严和核心利益"。① 有鉴于此，本丛书涵盖了"中国国家身份变动与利益保护的协调性问题""国际法中有效控制规则研究"等内容，能为积极运用国际法有效回应外部挑战、维护中国国家权益找到答案。

---

① 习近平：《坚定不移走中国特色社会主义法治道路 为全面建设社会主义现代化国家提供有力保障 习近平在中央全面依法治国工作会议上的讲话》，载《求是》2021 年第 5 期。

最后，它还有助于进一步完善中国特色的对外关系法律体系。对外关系法是中国特色社会主义法律体系的重要组成部分，也是处理各类涉外争议的法律依据。涉外法治是全面依法治国的重要内容，是维护中国国家权益的"巧实力"。然而，新中国成立以来，中国对外关系法律体系不断发展，但依然存在不足。随着"一带一路"倡议的深入推进，中国对外关系法律体系有待进一步完善。而本丛书探讨的"'一带一路'倡议与中国国际法治话语权问题""全球海洋治理法律问题""'一带一路'背景下油气管道过境法律问题""海上共同开发争端解决机制的国际法问题"等，既有利于中国对外关系法律体系的完善，也将为中国积极参与全球治理体系变革、推动构建人类命运共同体提供国际法律保障。

总之，"'一带一路'倡议与中国国家权益问题研究丛书"的出版，既有助于深化国际法相关理论问题的研究，也有利于进一步提升中国在国际法律秩序发展和完善过程中的话语权、有益于更好地维护和保障中国的国家权益。

作为享誉海内外的出版社，武汉大学出版社一直对学术著作的出版鼎力支持；张欣老师是一位充满学术情怀的责任编辑。这些得天独厚的优势，保证了本丛书的顺利出版。趁此机会，本丛书的所有作者向出版社的领导和张欣老师表示衷心的感谢！另外，"'一带一路'倡议与中国国家权益问题研究丛书"议题新颖、涉及面广，且大部分作者为学术新秀，因此，该丛书难免会存在不足和错漏，敬请读者斧正。

杨泽伟 [1]

2022 年 2 月 19 日

武汉大学国际法研究所

---

[1] 教育部国家重大人才计划特聘教授，武汉大学珞珈杰出学者、二级教授、法学博士、武汉大学国际法研究所博士生导师，国家高端智库武汉大学国际法治研究院团队首席专家，国家社科基金重大招标项目、国家社科基金重大研究专项和教育部哲学社会科学研究重大课题攻关项目首席专家。

目　　录

绪　　论

　　早在 2500 年前，古希腊海洋学者地米斯托克利就预言：谁控制了海洋，谁就控制了一切。海洋的重要性逐渐为人类所认识，人类对海洋的争夺也日趋激烈。随着《联合国海洋法公约》专属经济区制度的确立，沿海国纷纷将海域管辖权拓展到 200 海里甚至更远的海域，这是导致海域划界争端激增的主要原因。

　　海域划界争议涉及国家领土主权和海域资源主权，是国际关系中极为敏感的问题。它容易造成国际关系紧张，甚至引发国家间的冲突和战争。因此，如何妥善解决海域划界争端是现代国际法的一个重要课题。

　　中国也面临同样的海域争端。中国在周边海域，除了与越南就北部湾内海域达成划界协议外，东海、黄海和南海大部分海域未达成划界协议，其中南海争端最复杂、最特殊。南海海域划界争端涉及 6 个国家和 1 个地区。它们分别是中国、越南、马来西亚、印度尼西亚、菲律宾、文莱以及中国台湾地区。中国海域争端不仅涉及的国家和地区多，而且涉及历史性主权与权利的问题例如"南海九段线"，还涉及远洋群岛如西沙群岛、南沙群岛划界效力的问题；同时还涉及部分岛礁的主权归属问题。而现行习惯国际法和国际条约对上述大部分问题，只是提供了一个指导性原则，缺乏明确的规则和具体的解决办法。[①]

　　无独有偶，泰国湾海域划界争端也异常复杂。它的地理特征和

---

　　① 参见 J. R. V. Prescott, The Maritime Political Boundaries of the World, Methuen, 1985, p. 88; Valencia and Van Dyke, Vietnam's National Interests and the Law of the Sea, Ocean Develpoment and International Law, 1994, pp. 222-223.

海域争端与中国周边海域尤其是南海，具有相似性。第一，泰国和中国周边海域均属于《联合国海洋法公约》第 122 条规定的"半闭海"，均是相对独立的海洋生态系统，海洋资源丰富，且其对沿海国均具有重要的安全和战略意义。第二，泰国湾和中国周边海域争端复杂。上述海域既存在海岸相邻国家间划界，也存在海岸相向国家间划界。各沿海国之间除了海域划界争议外，还存在岛礁主权争端和渔业争端。再次，泰国湾和中国周边海域涉及的国家众多。由于地理范围限制，各沿海国的海域主张重叠。上述海域不仅存在双边重叠海域主张，还存在多边重叠海域主张。第三，泰国湾和中国周边海域地形复杂。上述海域中均分布着众多形态各异的岛礁且有些远离海岸。而根据《联合国海洋法公约》，"岛屿"（island）与"岩礁"（rock）享有不同的海洋权利，其划界效力也不同。但实践中，二者区分的标准并不明确。因此，海域争端当事国对争议海域岛礁的法律效力存在分歧。各沿海国除了依据现行的海洋法规则对不同的海域主张管辖权外，有的国家还基于历史性权利对特定的海域主张享有特殊的海洋权益。第四，泰国湾和中国周边海域既存在大国因素的干扰，又存在历史性权利的问题。第五，泰国湾海域争端的当事国如越南、马来西亚，也是中国南海海域争端的当事国。而泰国湾与中国周边海域不同的是，泰国湾的大部分海域争端已经通过海域划界或者海上共同开发得到妥善解决。因此，研究泰国湾海域划界实践，探讨其解决海域争端的经验与教训，对于中国未来解决周边海域问题尤其是南海争端的问题具有重要的理论价值和现实意义。

目前，国内外学术界关于"海域划界理论"的研究比较多。代表性的著作有：袁古洁的《国际海洋划界的理论与实践》（法律出版社 2001 年版）；高健军的《国际海洋划界论——有关等距离/特殊情况规则的研究》（北京大学出版社 2005 年版）；黄伟的《单一海洋划界的法律问题研究》（中国社会科学文献出版社 2011 年版）；Carl, Grundy Warr, International Boundaries and Boundary Conflict Resolution（IBRU Press, 1990）；Jagota, S. P., Maritime Boundary（Martinus Nijhoff Publishers, 1990）；Antunes, Nuno

Marques, Towards the Conceptualisation of Maritime Delimitation: Legal and Technical Aspects of a Political Process (Martinus Nijhoff Publishers, 2003) 等。

但从"区域实践"视角研究海洋划界的成果较少。国内相关研究，比较零散且以毕业论文为主。例如，湖南大学陈平孟的博士毕业论文《孟加拉湾海域划界案国际法分析》；武汉大学王维康的硕士毕业论文《北极地区国家间海洋划界实践研究》。还有1篇期刊论文，邱文弦的《孟加拉湾划界案对我国未来海域划界之启示》，载《法学评论》2016年第2期。国外相关研究也较少，期刊论文较多，学术著作较少。这些研究成果如 Ahnish, Faraj Abdullah, The International Law of Maritime Boundaries and the Practice of States in the Mediterrannean Sea (Clarendon Press, 1993); Akintoba, Tayo O., African States and Contemporary International Law: A Case Study of the 1982 Law of the Sea Convention and the Exclusive Economic Zone, (Martinus Nijhoff Publishers, 1996); Acer Yucel, The Aegean Maritime Disputesand International Law (Ashgate Publishing Limited, 2003); Holt C. A., Rutherford M. B., Peterman R. M., International Cooperation Among Nation-states of the North Pacific Ocean on the Problem of Competition Among Salmon for a Common Pool of Prey Resources, Marine Policy, 2008. 32 (4); T. Henriksen and G. Alfstein, Maritime Delimitation in the Arctic: The Barents Sea Treaty, Ocean Development & International Law, 2011. 42; Blunden M., Geopolitics and the Northern Sea Route, International Affairs, 2012. 88 (1)。但上述研究成果中，专门以泰国湾为研究对象的更为稀少。目前英文的相关研究成果主要是期刊论文，主要有如下一些：Nguyen Hong Thao, Vietnam and Joint Development in the Gulf of Thailand, Asian Yearbook of International Law, 1999; Nguyen Hong Thao, Joint Development in the Gulf of Thailand, International Boundaries Research Unit Boundary and Security Bulletin, 1999; David M. Ong, The 1979 and 1990 Malaysia-Thailand Joint Development Agreements: A Model for International Legal Co-operation in Common

Offshore Petroleum Deposits？The International Journal of Marine and Coastal Law，1999（14）。笔者收集到的唯一一个比较系统地研究泰国湾海域划界的成果是 Clive Howard Schofield 的博士论文 Maritime Boundary Delimitation in the Gulf of Thailand（1999）。但该研究主要从地理学的视角而非从法律的角度对泰国湾海域划界问题进行研究。而且该研究存在一些瑕疵：第一，该研究成果中对泰国湾沿海各国的领海基线、海域主张的评价有些以美国的标准为主要依据。虽然作者也承认美国的相关判断和标准并不是国际社会普遍接受的国际法规则，但作者仍然以美国标准为主评价泰国湾的海域划界实践。这欠妥当且有失客观和公正。况且，美国的这些标准已经发生了变化。例如，美国之前主张每段基线长度和基点与基点之间的距离应不超过 48 海里，但近年来美国主张不超过 24 海里。第二，该研究对象主要限于 1994 年之前的泰国湾海域划界实践。近年来，泰国湾海域划界实践又有了一些新的重要变化，如 1997 年泰国和越南达成海域划界协议，2001 年泰国和柬埔寨达成了海上共同开发的谅解备忘录等。该研究未涉及这些新的重要的变化。不过它对本研究仍具有重要的参考价值，尤其是其中的数据。

　　本研究以与中国周边海域尤其是南海具有相似性的泰国湾海域划界实践为研究对象，在借鉴国内外研究成果的基础上，具体对越南与柬埔寨、柬埔寨与泰国、泰国与马来西亚、马来西亚与越南以及柬埔寨、泰国和马来西亚，越南、泰国和马来西亚等双边和多边海域划界实践进行全面系统的分析。根据国际条约和国际惯例，对上述泰国湾海域划界争端的国家实践进行分类研究。具体对泰国湾已经达成划界协议的、达成海上共同开发协议的和尚未达成任何海域协议的实践进行比较研究，剖析泰国湾海域划界争端的成因、影响因素，探讨解决海域划界争端的方法，旨在为最终解决泰国湾以及中国周边海域争端尤其是南海问题，提供一些方案和建议。

　　除绪论和结论外，本书分为七个部分：第一章，泰国湾概况及海域争端。本章简要介绍泰国湾海域、其沿海国家及相关情况，并分析泰国湾存在的海域划界争端、其产生的原因及海域争端解决进展。第二章，泰国湾沿海各国的领海基线实践。根据现行国际法的规则和制度，研究和分析泰国湾沿海各国——越南、柬埔寨、泰国和马来西亚关于领海基线的实践。第三章，泰国湾各国对不同海域管辖权的主张。根据现行国际法的规定和国家实践，分别分析和评价了越南、柬埔寨、泰国和马来西亚提出的领海、毗连区、专属经济区、大陆架、历史性水域以及外部海域边界的主张。第四章，泰国湾划界前的临时措施。本部分主要对1979年泰国和马来西亚的海上共同开发协议、1982年越南和柬埔寨的共同历史性水域协议、1992年越南和马来西亚的海上共同开发协议和2001年柬埔寨泰国同意海上共同开发的谅解备忘录的谈判过程、主要内容等法律问题做了比较研究。第五章，泰国湾的海域划界实践。本章首先对相关的国际法划界规则做了梳理，然后分别对1979年泰国和马来西亚达成的领海和部分大陆架划界协议和1997年越南和泰国达成的海域划界协议的背景、争议焦点和主要内容以及影响做了分析。第六章，泰国湾海域划界争端的解决前景。这部分主要对既未达成海域划界协议也未达成海上共同开发协议的泰国湾争议海域的背景、争议焦点、争端解决进程和解决方案提出一些思考和建议。第七章，主要是对泰国湾划界实践经验和教训的反思。泰国湾灵活解决海域争端的方式值得中国借鉴，但是对某些国家将边海问题政治化的做法要引以为戒。通过对泰国湾海域划界实践的研究分析，笔者认为"闭海或半闭海"宜建立区域海洋合作机制。区域合作机制与海域划界或者单一资源的海上合作不同，它侧重对海域进行综合治理和养护，而不仅仅限于海域资源的分配。区域海洋合作机制更有利于对区域海洋进行有效治理，实现"人海和谐"，达到海域可持续发展的目的。

　　本书采用的研究方法主要有：（1）跨学科的研究方法。海域划界问题，不仅涉及国家主权和经济、政治、外交利益，而且与国际格局、地缘政治、历史等密切相关，同时与海域地理、测绘等技术和手段紧密相连。虽然本书研究的是泰国湾海域划界的国际法问题，但是海域争端的解决不仅仅需要法律规则，还需要通过政治博弈，更需要依靠技术手段，因此必须把国际法学和国际关系学、历史学、政治学、地理学、测绘学等学科的理论与知识结合起来，进行跨学科的交叉研究，才能找到公平解决海域划界争端的方法。
（2）案例分析方法。本书具体对越南和柬埔寨、柬埔寨和泰国、泰国和马来西亚、马来西亚和越南以及柬埔寨、泰国和马来西亚，越南、泰国和马来西亚等双边和多边海域划界案例进行分析，挖掘其海域划界问题的本质、特殊性与共性，从而为解决泰国湾和中国周边海域划界问题提供一些建议与参考。（3）比较分析法。本书将泰国湾海域划界实践与国际法的相关规则、泰国湾各沿海国的海域实践，泰国湾解决海域划界争端的成功经验和失败教训，做横向和纵向的全面客观的比较分析，总结出一般规律和个案差异，并将泰国湾与中国周边海域尤其是南海作对比，为泰国湾和中国周边海域划界争端的解决提供一些参考方案和具体建议。

关于本书的几点说明：第一，本书的研究对象仅限于泰国湾内海域划界的实践，并没有包括所有与泰国湾沿海国相关的海域划界实践。换言之，研究对象仅限于泰国湾沿海国在泰国湾内的海域划界实践。例如，本书的研究未涉及泰国与马来西亚关于马六甲海峡和安达曼海的划界实践，也没有涉及马来西亚与印度尼西亚的海域划界实践。第二，本课题的研究尽量采用真实客观的一手资料，但由于海域划界问题与国家利益密切相关，属于较敏感的问题，泰国湾海域划界的很多资料均未公开。例如，越南与柬埔寨之间达成的一些协议及其谈判资料均未公开，因此只能通过当时的相关报道和有关研究资料作出尽可能客观的推断。第三，本书所参考的研究资料以中英文为主，而有关泰国湾的研究成果中有相当部分是法语资料，由于语言限制未能参考。第四，有些重要资料未收集到。例如，Prescott 的 The Gulf of the Thailand 未找到。另外，受知识储备和研究能力的限制，本书的内容难免会有纰漏，恳请各位专家学者批评指正。

第一章 泰国湾概况及其海域争端

第一节 泰国湾的概况

泰国湾（Gulf of Thailand），又称暹罗湾（Gulf of Siam），位于中南半岛和马来半岛之间，南海西南部，太平洋的最西端。泰国湾长约 720 公里，宽约 370 公里，面积约 283700 平方公里，平均水深 45.5 米，最大水深 86 米。

泰国湾内共有四个沿海国，从东南起沿泰国湾顺时针方向看，它们分别是马来西亚、泰国、柬埔寨和越南。这些国家的人口约占东南亚国家总人口的 75%。泰国湾沿海四国地理相近，政治、经济、文化联系密切。它们均是发展中国家，但是政治制度和经济发展水平各不相同。历史上它们互相倾轧。"二战"后到冷战期间泰国湾沿海四国分裂为两个阵营，马来西亚和泰国属于资本主义阵营，柬埔寨和越南属于社会主义阵营，但同属于社会主义阵营的柬埔寨和越南并不团结，矛盾尖锐。直到 20 世纪 90 年代冷战结束后，泰国湾沿海四国的关系才得到实质性的改善，现同为东盟的成员国。

一、泰国湾

泰国湾环境优美，是沿海各国通往太平洋和印度洋的海上交通要道。泰国湾海域内的海流受南海季风影响，随季节而改变。当西南季风盛行时，湾内呈逆时针方向环流，而湾口东部呈顺时针方向环流；东北季风盛行时，湾内海流呈顺时针方向环流，但湾内东部呈逆时针方向环流。由于特殊的地理位置和地理构造、海洋和气候特点，泰国湾是一个相对独立的海洋生态系统。

泰国湾属于热带半闭海，其气候为热带季风气候，每年 11 月至次年 3 月为旱季，4 月到 10 月为雨季，年降水量 2500 毫米，年平均气温 26℃~28℃，年平均表层水温 27℃。泰国湾气候宜人，沿海各国的滨海旅游业都较发达。

（一）泰国湾海域资源丰富

泰国湾是世界上生物资源和矿产资源最丰富的海域之一，尤其是渔业资源和油气资源。它对于其沿海各国的生存和发展至关重要。

渔业是泰国湾国家经济发展的重要组成部分。越南、泰国和马来西亚均是全球排名前 20 名的捕鱼大国，其中泰国的捕捞产业最发达。渔业不仅为各国人民提供必需的蛋白质来源，还解决了沿海地区千百万渔民的生计。

泰国湾海洋油气资源储量可观。从地质构造上看，泰国湾的大陆架形成于第三纪，完全由厚达 8 千米的沉积物覆盖。泰国湾的沉积盆地蕴藏着丰富的油气矿藏，天然气储量更为可观。这些油气构造主要分布在泰国湾中部，从西北向东南呈斜对称分布。20 世纪 70 年代开始，泰国和马来西亚经济快速发展，国家从农业社会向工业社会转型，对石油能源的需求不断增加。在国内市场对能源持续增长的需求和高油价的双重驱动下，两国海洋油气产业兴起。冷战后，由于中南半岛的地缘政治发生巨大变化，越南和柬埔寨的经济发展也走上正轨，迫切希望开发海洋能源，增加国家财政收入。随着海洋勘探开采技术的发展与成熟，海洋油气资源开发的成本大幅降低，同时开发深海油气资源也变为现实。20 世纪 90 年代，泰国湾各国为了发展经济，积极促进海洋石油开发，对海洋油气产业的投资以及吸引外资的力度不断加大。泰国湾探明的海上油气储量不断被刷新，其产量持续增长，勘探开采作业海域范围和深度不断增加。

为了获得更多海洋资源，泰国湾沿海各国纷纷扩大海域管辖权。泰国湾的海域划界争端由此产生。

（二）泰国湾地缘政治复杂

古代，泰国湾内国家互相倾轧。这主要表现为泰国和越南对高棉帝国即现今柬埔寨的侵犯。这是泰国湾国家相互猜忌和敌对的根源，也为日后领土和海域划界争议埋下隐患。这在柬埔寨与其邻国海域边界问题的解决上表现得尤为突出。

在殖民时期，泰国湾主要被英国和法国分割。英国的势力范围主要覆盖泰国湾南部，即现在的马来西亚。法国的势力范围主要覆盖泰国湾的北部，集中在中南半岛，即现在的越南、缅甸和柬埔寨。而泰国作为英法势力的缓冲和平衡地带保持独立。这一时期，英法为了划分势力范围，在其主导下与泰国湾四国签订了一系列边界条约。虽然这些条约大部分是关于陆地的边界条约，但是其部分内容涉及海域边界的起点。因此，这一时期签订的边界条约对于泰国湾沿海四国日后的海域边界划分有着重要的影响。

第二次世界大战期间，该地区被卷入战争，无暇顾及海域划界问题。"二战"后，法国企图重新占领该地区，但是遭到柬埔寨人民的反抗，由此第一次印度支那战争爆发。[①]

冷战时期，为了防止共产主义在该地区的传播，美国介入该地区，在该地区又引发了第二次印度支那战争。[②] 越南统一后，与苏联结盟，在中南半岛推行扩张政策，占领了柬埔寨，由此引发了第三次印度支那战争。[③] 这一时期，由于美国、苏联两国争霸和对抗，世界格局的变化，造成柬埔寨、越南和泰国、马来西亚两方意

[①]　第一次印度支那战争也是越南、老挝、柬埔寨人民反对法国恢复殖民统治、争取和维护民族独立的解放战争。

[②]　第二次印度支那战争，又称抗美战争即越南战争。

[③]　越南经过长时间的策划和准备，对柬埔寨发动了全面的军事入侵，1979年1月7日占领了柬埔寨的首都金边。之后，越军沿各交通干线继续向西，对西北和北部地区发起进攻，于1月中旬基本占领了柬埔寨各主要城镇、沿海岛屿和交通干线。面对越军大举进攻，柬埔寨武装抵抗力量由城镇转移到乡村和山区，开展游击战争。直到1989年9月27日越南政府宣布从柬埔寨全面撤军，这场历时11年的战争才宣告结束。

识形态对立和敌视。在这样的时代背景下，海洋划界争端的解决当然不是这些国家的首要任务，甚至不在这些国家的议事日程内。

20 世纪 90 年代，苏联解体，冷战结束，"柬埔寨问题"解决。① 泰国湾各国成为国际社会的正式成员。随后，越南和柬埔寨加入东盟。泰国湾地缘政治格局发生剧变，其沿海四国的关系改善，发展经济成为各国的首要任务。此后，泰国湾沿海四国一直保持着较高的经济增长水平，连续 20 多年平均经济增长率维持在 6%~8% 的水平。② 总地来讲，目前泰国湾的经济发展形势和政治格局有利于该海域划界争端的解决。

从上述分析可以看出，泰国湾沿海四国的政治意识形态和经济发展水平以及油气产业实力各不相同。泰国与马来西亚经济发展水平相对较高，经济发展迅速，已经完成工业化。越南和柬埔寨由于人口素质相对较低、缺乏基础设施建设、政局不稳、政府效率低等问题，经济发展水平较低，与泰国和马来西亚经济发展水平形成鲜明的对比。其中，柬埔寨是世界上最不发达的国家之一。虽然，泰国湾沿海四国政府都重视发展海洋石油产业，但是，各自的油气产业发展水平不同，其中马来西亚的油气产业最发达。泰国湾沿海四国的关系由于封建势力、殖民势力和大国争霸、地缘政治等因素，

---

① "柬埔寨问题"是 20 世纪 80 年代牵动国际局势的一个热点问题，曾在很大程度上影响过柬埔寨的对外关系。1978 年底越南出兵侵占柬埔寨，由此产生"柬埔寨问题"。1991 年 10 月 23 日柬埔寨问题国际会议在巴黎召开，签署了《柬埔寨冲突全面政治解决协定》，也称《巴黎协定》。1991 年 11 月西哈努克亲王返回祖国，全国最高委员会在金边设立总部。1993 年 5 月 23—28 日柬埔寨在联合国驻柬埔寨临时权力机构的组织和监督下举行大选，选举产生制宪会议。1993 年 9 月 21 日制宪会议通过新宪法，决定恢复君主立宪制。9 月 24 日西哈努克亲王签署新宪法，制宪会议转为国民议会。1993 年 9 月 26 日联合国驻柬埔寨驻机构宣布结束在柬的使命。1993 年 11 月 2 日柬王国政府正式成立。1993 年 11 月 15 日联合国驻柬埔寨维持和平部队全部撤离，柬王国进入和平重建历史新时期。

② 亚洲金融危机期间，泰国湾国家的经济增长率明显下滑。例如，1998 年马来西亚的经济增长率，官方统计的数据为 4%~5%，非官方的统计数据为 2%。而 1997 年马来西亚的经济增长率为 7.4%。

相互之间缺乏信任，甚至处于敌对状态。但是，随着东盟的成立，冷战后泰国湾各国的关系得到逐步改善。在这种政治经济背景下，海域边界纠纷、渔业争端、海洋环境恶化等海洋问题成为泰国湾沿海各国关注的焦点。

二、泰国湾沿海四国

（一）马来西亚

马来西亚，全称马来西亚联邦（Malaysia，前身"马来亚"），简称"大马"。马来西亚联邦被南海分为两个部分，曾是英国的殖民地。位于马来半岛的西马来西亚，北接泰国，位于泰国湾的南部。其国土面积33万平方公里，海岸线长4192公里，人口3000多万。①

马来西亚从16世纪开始先后被葡萄牙、荷兰、英国占领，第二次世界大战时又被日本占领，"二战"后英国恢复对其的殖民统治，直到1957年8月31日马来西亚才宣布独立。它与泰国的关系一直比较友好。冷战结束前，它与越南、柬埔寨的关系比较冷淡，冷战结束后，它与柬埔寨和越南的关系有所改善。

马来西亚是泰国湾沿海四国中发展最好的国家，政治稳定，经济发达，法规制度完善，属于中等收入的资本主义国家。它是东盟的创始成员国，在东南亚有举足轻重的影响力。马来西亚奉行与一切国家建立独立自主中立和平外交关系的外交政策，重视东南亚的安全和稳定，主张优先发展与该地区国家的关系。

石油产业、旅游业是马来西亚的支柱性产业。其石化产业发达，是石油输出组织成员国，也是东盟第二大能源生产国。旅游业是它的第三大经济支柱，第二大外汇收入来源。专属经济区概念产生后，马来西亚的渔业快速发展起来，但主要以近海捕捞为主，目

---

① 中华人民共和国外交部网站：http：//www.fmprc.gov.cn/web/gjhdq_676201/gj_676203/yz_676205/1206_676716/1206x0_676718/，于2017年10月31日访问。

前是世界排名前 20 名的捕捞大国。

(二) 泰国

泰王国通称泰国(The Kingdom of Thailand)，旧名暹罗。1949 年 5 月 11 日，泰国人用自己民族名称命名国家——把"暹罗"改为"泰"，主要是取其"自由"之意。泰国是一个君主立宪制国家，位于中南半岛中部，泰国湾东面与柬埔寨相接，南边狭长的半岛与马来西亚相连，国土面积 51.3 万平方公里，人口 6450 万，海岸线长 2705 公里。①

泰国是东南亚的大国之一。"二战"后泰国是美国重要的军事同盟国，对地区事务有重要影响，是东盟始创国之一。泰国历来积极倡导并履行东盟提出的发展区域经济和文化合作、建立东南亚和平中立区的方针。它与马来西亚的关系最密切。冷战后，它与越南的关系逐渐升温。由于历史原因，它与柬埔寨的关系时好时坏。

泰国政局不稳。受西方政治思想的影响和 1929—1933 年世界经济危机对暹罗的打击，1932 年 6 月 24 日其国内爆发政变。此后，暹罗制定了宪法，建立了君主立宪政体。据统计，自 1957—2014 年泰国共发生大小军事政变 10 多次。

泰国是一个新兴工业化国家，是东南亚第二大经济体，仅次于印度尼西亚。渔业、海洋石油产业和旅游观光业是其国民经济的支柱。泰国是世界鱼产品市场的主要供应国，也是亚洲第三大海洋渔业国。泰国湾曾是泰国的传统渔场。但是专属经济区的法律概念确立后，泰国大部分传统渔场变为邻国的专属经济区。然而，由于泰国与邻国的大部分海域边界未确定，泰国的渔民仍然进入其传统渔场、邻国的专属经济区捕鱼，因此它与邻国的渔业争端最为突出。泰国海洋油气资源丰富，其海上油气矿藏主要分布在泰国湾。泰国在泰国湾海洋油气探井成功率高达 50%，远远

① 中华人民共和国外交部网站：http://www.fmprc.gov.cn/web/gjhdq_676201/gj_676203/yz_676205/1206_676932/1206x0_676934/，于 2017 年 10 月 31 日访问。

高于世界 10% 的平均探井成功率。但泰国陆地能源匮乏，因此它对泰国湾内的海洋油气资源非常珍视。它是泰国湾内最早进行海洋石油开发的国家，目前具备相对独立的海洋石油产业链。正是由于海洋石油资源对泰国经济发展举足轻重，所以泰国在与泰国湾的邻国海域划界过程中立场比较强硬，不愿意与有关国家共同开发泰国湾油气资源。

（三）柬埔寨

柬埔寨全名柬埔寨王国（Kingdom of Cambodia），旧称高棉。柬埔寨位于中南半岛南部，泰国湾北部，西与泰国接壤，东接越南，与马来西亚隔海相望，国土面积 18.1 万平方公里，人口约为 1500 万。[①] 柬埔寨经济以农业为主，工业基础薄弱，是世界上最不发达国家之一。

柬埔寨历史上曾是文明古国，创造了吴哥文明。14 世纪柬埔寨达到鼎盛时期，随后走向衰落。15 世纪到 19 世纪中期，它主要受泰国和越南的倾轧。1863 年它沦为法国保护国。1940 年柬埔寨被日本占领。1945 年日本投降后，它又被法国占领。1953 年 11 月 9 日柬埔寨宣布独立。由于地理位置特殊，它先后三次被卷入印度支那战争，之后内战持续，直到 1998 年才真正进入和平建设时期。

目前，渔业是柬埔寨国内经济的主要产业，其渔业产值占农业生产总值的四分之一。柬埔寨陆地油气资源贫乏，仅能满足其 15% 的总人口对能源的需求，而其海域油气资源丰富。据估计，柬埔寨海域可能蕴藏丰富的石油和天然气资源。遗憾的是，目前柬埔寨自身不具备独立开发海洋油气资源的能力。而且，柬埔寨大部分海域与越南和泰国存在争议，并且其国内存在资金技术缺乏、政府腐败、整体投资环境恶劣等问题。这些因素都制约着柬埔寨经济尤其是海洋石油产业的发展。

---

① 中华人民共和国外交部网站：http://www.fmprc.gov.cn/web/gjhdq_676201/gj_676203/yz_676205/1206_676572/1206x0_676574/，于 2021 年 10 月 31 日访问。

(四)越南

越南全称为越南社会主义共和国(The Socialist Republic of Viet Nam)。它位于中南半岛东部,泰国湾东北部,西与柬埔寨交界,其与泰国、马来西亚相隔泰国湾,国土面积32.9万平方公里,地形狭长,呈S形,拥有约9170万人口。[1]

公元968年,越南成为独立的封建国家。1884年其沦为法国保护国。1945年9月2日越南宣布独立,成立越南民主共和国。同年9月法国再次入侵越南,越南进行了艰苦的抗法战争。1954年7月,关于恢复印度支那和平的日内瓦协定签署,越南北方获得解放,南方仍由法国占领,后由美国扶植的南越政权进行统治。1961年北越开始进行抗美救国战争。1973年1月,越南和美国在巴黎签订关于在越南结束战争、恢复和平的协定,美军从越南南方撤走。1975年5月越南南方全部解放。1976年4月越南选出国会,7月宣布全国统一,定国名为越南社会主义共和国。

冷战后,越南致力于改善与东盟成员国的关系,并且重视发展海洋经济。20世纪90年代后,开始大规模发展海洋经济,尤其是海洋石油产业。但与泰国不同,越南的海洋石油主要分布在南海,泰国湾内的石油储量较少。在与马来西亚共同开发前,越南油气产业发展水平比较低,不具备独立开采深海石油的能力,资金、技术、炼制加工主要依赖外国。这主要表现为:其基础设施薄弱,缺乏独立的技术和雄厚的资金,欠缺石化产品的加工能力。与马来西亚实施共同开发协议后,在马来西亚和其自身政府的大力支持下,其海洋石油产业发展迅速,成为其国民经济的支柱性产业。目前,越南是全世界排名前20的渔业大国之一。其海产品出口也从2010年的50亿美元增长到2012年的62亿美元。近年来,越南旅游业增长迅速,经济效益显著。

---

[1] 中华人民共和国外交部网站:http://www.fmprc.gov.cn/web/gjhdq_676201/gj_676203/yz_676205/1206_677292/1206x0_677294/,于2017年10月31日访问。

第二节　泰国湾的海域争端

泰国湾属于热带"半闭海"。它与南海的界线为一条连接越南南部金欧角和马来西亚通帕港的直线。泰国湾总面积约283700平方公里。[①] 泰国湾沿海四国或根据习惯国际法或依据《联合国海洋法公约》的规定主张200海里专属经济区和大陆架。[②] 但泰国湾地理范围有限，其长宽都不足400海里。因此，泰国湾内存在普遍的海域划界争议，泰国湾沿海四国均牵涉其中。20世纪70年代泰国湾争议海域面积约占泰国湾海域总面积的29%。也就是说，泰国湾近三分之一存在海域划界争端，其中约33000平方公里属于大陆架划界争端。[③]泰国湾海域边界未定，专属经济区概念确立后各国之间又因为渔业资源产生纷争，由于历史遗留问题和《联合国海洋

[①]　不同的学者对于泰国湾面积的观点不同。澳大利亚学者普瑞斯考特认为泰国湾的总面积为283700平方公里。参见 J. R. V. Prescott, On the Resolution of Marine Boundary Conflicts, in Craven, J. P., Schneider, J. and Stimson, C. (eds.) The International Implications of Extended Maritime Jurisdiction in the Pacific, Law of the Sea Institute, 1988, pp. 33-40。泰国学者认为泰国湾的总面积为320000平方公里。参见 A. Snidvongs, The Oceanography of the Gulf of Thailand: Research and Management Priority, in Johnston, D. M. (ed.), Integrated Studies of the Gulf of Thailand, Vol. 1, Southeast Asian Programme on Ocean Law, Policy and Management, 1998, pp. 1-68。美国学者认为泰国湾的面积为289000平方公里。参见 Daniel J. Dzurek, Maritime Agreement and Oil Exploration in the Gulf of Thailand, in Gerald Blake (eds.), Boundaries and Energy: Problems and Prospects, Springer, 1998, p. 118。

[②]　泰国和柬埔寨未加入《联合国海洋法公约》。

[③]　参见 Daniel J. Dzurek, Maritime Agreement and Oil Exploration in the Gulf of Thailand, in Gerald Blake (eds), Boundaries and Energy: Problems and Prospects, Springer, 1998, p. 118。但是不同的学者对于泰国湾争议海域面积的数据并不一致。例如，澳大利亚学者斯科菲尔德认为泰国湾总面积的29%为争议海域。参见 Clive Howard Schofield, Maritime Boundary Delimitation in the Gulf of Thailand, Durham University, 1999, p. 238, Available at Durham E-Theses Online: http://etheses.dur.ac.uk/4351/。

法公约》赋予岛屿的划界效力还存在岛礁主权争议。下面将对这些问题做简要介绍。

一、泰国湾的海域划界争端

由于泰国湾地形和沿海四国的分布，泰国湾沿海四国普遍存在的海域划界争端。泰国湾相邻的国家如马来西亚与泰国、泰国与柬埔寨、柬埔寨与越南均需要解决领海、专属经济区和大陆架的划界问题，相向的国家马来西亚与越南、越南与泰国等存在专属经济区和大陆架的划界争议。而且泰国湾既存在双边的海域划界争议，也存在三边、四边的海域划界争议。目前泰国湾大部分海域争议已经得到解决，主要是涉及柬埔寨的海域争议尚未解决。

（一）泰国湾海域划界争端概况

马来西亚主要与泰国和越南存在海域划界争端。目前，它在泰国湾的海域划界争端基本得到妥善解决。1979 年它与泰国就近海达成划界协议，就远海达成共同开发协议。1992 年马来西亚与越南达成共同开发协议。

泰国与其他三国——马来西亚、柬埔寨和越南，均存在海域划界争端。其中泰国与马来西亚和越南的海域争端已经顺利解决，但是与柬埔寨的海域划界争端尚未解决。

柬埔寨与泰国存在海域划界争端。柬埔寨除了与越南有海域划界争议，还存在岛礁主权归属争端。1982 年泰国与越南达成共同的历史性水域协议，该协议解决其与越南的岛礁主权归属问题。目前，两国达成一揽子的原则性共识，在两国争议海域的北部划界，在两国争议海域的南部共同开发。受历史和地缘政治因素影响，柬埔寨与泰国湾邻国海域划界争端较为复杂。

越南与柬埔寨、泰国和马来西亚均存在海域划界争端。越南的泰国湾海域争端，除了与柬埔寨的海域划界争端，其他大部分也已经得到基本解决。1982 年它与柬埔寨达成历史性水域协议。1992 年它与马来西亚达成共同开发协议。1997 年它与泰国达成海域划界协议，彻底解决了两国的海域划界争端。

16

(二)导致泰国湾海域划界争端的原因

泰国湾海域划界问题较复杂。导致泰国湾海域划界的因素既有法律因素、地理原因，也有经济原因、环境因素，还有安全因素和战略因素。

1. 法律因素

首先，《联合国海洋法公约》拓展了国家管辖的海域。国家管辖海域不仅包括领海，还包括专属经济区和大陆架。1982 年以后专属经济区和大陆架制度成为国际习惯法。而专属经济区和大陆架除了对于沿海具有重要的经济意义，其安全和战略价值也不容小觑。因此，从 20 世纪 70 年代起泰国湾内的海域划界争端激增。

其次，《联合国海洋法公约》赋予岛礁享有等同陆地的海洋权利。[1] 这意味一个面积 1 平方海里无人居住的小岛，依据《联合国海洋法》公约可能享有 200 海里的专属经济区，其面积将超过 120000 平方海里，是这个小岛本身面积的 120000 倍。因此，泰国湾沿海四国对岛屿的归属争夺激烈。另外，《联合国海洋法公约》关于"岛屿"和"岩礁"的表述在实践中很难明确区分。根据该公约规定，结合上下文可以将"岩礁"解释为"不能维持人类居住或其本身的经济生活""四面环水并在高潮时高于水面的自然形成的陆地区域"，其不享有专属经济区和大陆架。但是如何解释"不能维持人类居住"和"维持其自身的经济生活"？"不能维持人类居住"是指不能满足在其上居住的条件，还是指该岛屿没有人类居住？根据 1969 年《维也纳条约法公约》第 31 条第 1 款的规定，"条约应依其用语按其上下文并参照条约之目的及宗旨所具有之通常意义，善意解释之"。所以"不能维持人类居住"解释为"不能居住"较合原意。但是随着科学技术的发展，这些问题都可以解决。因此，经过人类改造后的能够满足人类居住条件的岛屿是否可以享有 200 海里专属经济区和大陆架，不同的国家有不同的解释。对此有的学者建议根据高潮高地的面积来区分"岛屿"与"岩礁"，但并未达成共识。如

---

[1] 参见《联合国海洋法公约》第 121 条。

美国国务院已故的专家罗伯特·D. 霍奇森(Robert D Hodgson)将岛屿分为四类,其中面积小于 0.001 平方英里的是"岩礁"。① 而国际水文地理局(International Hydrographic Bureau)对岩礁所下的定义是:面积小于 1 平方公里。② 维持多久的经济生活符合《联合国海洋法公约》关于岛屿的规定,是长期的? 还是暂时的? 还是永久性的? 是一天两天? 还是一个月两个月? 还是一年两年? 关于"维持其自身的经济生活",是指其上没有任何生物的荒礁? 随着科学技术的发展,无论自身经济生活还是维持人类居住都是可以实现的。因此是否要区分人为改造的,还是自然形成的? 但是任何事物都是变化的,原来能维持人类生活或其自身经济生活的高潮高地由于风吹日晒或者环境污染的影响不能维持了,或者消失了,原来不能维持的由于人工的维护现在能维持了,这些情况怎么评估呢? 对于上述问题,现行国际法规则与实践都无法解答,也很难形成被普遍接受的统一评价标准。鉴于此,泰国湾沿海国混淆岛礁的区别,赋予一些岩礁与岛屿同等的海洋权利。这也是导致泰国湾沿海四国之间很难就海域划界达成共识的原因之一。

再次,国际法划界规则有模糊性。国际法划界规则要求争端当事国根据国际条约法、国际习惯法和一般法律原则通过协议的方式,公平解决海域划界争端。但是对海域划界有重要影响的一系列法律问题没有明确的规则和判断标准,如前面提及的岛屿的划界效力,何为能够"维持人类居住"和"自身的经济生活",远洋岛屿是否可以参照群岛国的方式划定领海基线,何种地质构造享有何种划界效力(全划界效力、部分划界效力、零划界效力),什么是"海岸线极其曲折""海岸线的一般方向",怎么选择基点和领海基线,划界方法有哪些,怎么协调历史性权利和专属经济区、大陆架等权利

---

① Jon M. Van Dyke & Robert A. Brooks, "Uninhabited Islands: Their Impact on the Ownership of the Oceans' Resources", Ocean Development & International Law, Vol. 12, 1983, p. 277。

② Elferink A.O., The Law of Maritime Boundary Delimitation : A Case Study of The Russian Federation, Kluwer Academic Publishers, 1994, p. 37。

的冲突等？这些对划界有重要影响的问题现行国际法未作出具体说明。缺乏统一的划界规则和标准也是泰国湾海域划界争端的当事国难以就上述问题达成共识的原因之一。

最后，现行关于海域划界的国际法规则和实践主要是关于沿海国的一般性情况，并未特别考虑"闭海和半闭海"的特殊情况，也未明确历史性权利在海域划界中的作用。因此这也是导致泰国湾海域划界难以解决的原因之一。

2. 地理因素

由于泰国湾沿海四国地缘相近，沿海国众多，因此存在双边甚至多边海域重叠主张。根据国际法划界规则和国际实践，海岸线的长度、形状（平滑还是曲折、凹或者凸）、沿岸岛屿分布的情况以及争端当事国之间的海岸线关系（相邻或者相向）以及采取不同的划界方法都会导致不同的划界结果。例如，海岸线不同的情况，需要采取不同的划界方法才能达到公平的划界结果。如果不考虑海岸线的情况，从始至终采取一种划界方法，得出的海域界线可能导致对一方而言不公平的划界结果。

泰国湾是半闭海，沿海四国在湾内呈椭圆形分布，相关国家间划界既有相邻国家间也有相向国家间的划界。例如，泰国与马来西亚的海域划界就属于相邻国家间的划界，而马来西亚与越南的划界就属于相向国家间的海域划界。根据国际实践，相向的国家一般通过"中间线"的方法划界，而相邻的国家则根据不同的海岸情况采取不同的划界方法。例如，等距离线，垂直平分线（perpendicular line），或者角平分线（bisector line），或者飞地的方式（enclave），或者航道深泓线（navigable channel or thalweg），或者海岸线成比例原则（coastal length comparison），或者其他专门方法（ad hoc approaches）等划界方法。

泰国湾沿海各国的海岸线形状有的呈凸形，有的呈凹形。例如，泰国的海岸线整体呈凹形，而柬埔寨的海岸线整体呈凸形。对于不同形状的海岸线，即使当事国都主张适用等距离方法划界，但采取不同的测绘方法得出的等距离线是不同的。例如，最常见的测绘方法是测地线（the geodesic line）和恒向线（the loxodrome line），但两者得出的"等距离线"并不是绝对重合的。也即是说，在海域划界实践中，争端当事国可能就具体的测绘方法产生分歧。

另外，泰国湾有的国家沿岸还分布很多岛礁。例如，柬埔寨与越南的海岸附近以及远海分布着大大小小不同的岛礁。根据《联合国海洋法公约》第 121 条的规定，岛屿(island)和岩礁(rock)的法律地位不同，享有的权利不同，对划界的影响也不同。如果是岛屿，那么享有同陆地相同的海洋权利，也就是说可以享有领海、毗连区、专属经济区和大陆架。而如果是岩礁，最多享有领海和毗连区，不享有 200 海里专属经济区和大陆架。另外，根据海洋法的规定，这些地质构造与海岸线的距离不同可能产生不同的划界效力。

而上述任何一个因素都导致泰国湾的海域划界复杂难解。而所有因素叠加在一起，其海域划界难度可想而知。例如，柬埔寨与泰国两国既存在相邻国家海域划界的问题，也存在相向国家间海域划界的问题，而且两国海域都分布各种岛礁，此外柬埔寨的海岸线尤其不规则。这些因素导致两国海域划界异常困难。还如，柬埔寨与越南两国既相邻又相向，两国海域不仅分布着众多岛礁，而且两国还就这些岛礁的主权归属存在争议。因此，两国的划界进展缓慢。

此外，泰国湾南北长度和东西长度都不足 400 海里，这意味着，泰国湾内任何一个国家都不能充分主张 200 海里专属经济区和大陆架，需要各国之间划界明确各自海域管辖范围。而泰国湾沿海各国又呈环形分布，并非线性分布。因此，泰国湾的海域划界争端既有双边的，例如，马来西亚与泰国、泰国与柬埔寨、柬埔寨与越南、越南与马来西亚和泰国和越南，也有三边的和四边的这些多边的海域划界争端，例如，柬埔寨、泰国和马来西亚，越南、泰国和马来西亚，还有一小块海域划界涉及泰国湾沿海四国。其中，双边重叠争议主要有：柬埔寨与越南两国间，争议内水面积约为 8600 平方公里，争议的大陆架海域面积约为 1000 平方公里。① 泰国与

---

① 参见 Gerald Blake, Boundaries and Energy: Problems and Prospects, Springer, 1998, p. 124。有的学者认为越柬历史性水域面积为 13720 平方公里。参见 Clive Schofield, Unlocking the Seabed Resources of the Gulf of Thailand, Contemporary Southeast Asia, Vol. 29, 2007, p. 294。

柬埔寨重叠主张海域的面积约为 27000 平方公里。① 泰国与越南重叠主张的海域面积约为 5800 平方公里。② 泰国和马来西亚在泰国湾的海上争议面积为 8000 余平方公里。③ 马来西亚和越南之间的重叠主张海域面积约为 2500 平方公里。④ 泰国湾三边争议海域的面积约为 3649 平方海里（约 12519 平方公里），约占泰国湾总面积的 4.4%。⑤ 四边重叠争议海域约为 87 平方海里（约 300 平方公里），约占泰国湾总海域面积的 0.1%。⑥

3. 其他因素

除了上述法律、地理地质因素外，造成泰国湾海域划界争端的因素还有政治、经济、环境、安全、地缘政治和域外大国因素。

1. 政治因素。（1）意识形态因素。在泰国湾的国家中，马来西亚和泰国是资本主义国家，而柬埔寨和越南是社会主义国家。冷战结束前，这两类国家之间敌对，互不交往。因此，冷战期间双方之

① 参见 Gerald Blake, Boundaries and Energy: Problems and Prospects, Springer, 1998, p. 122。有的观点认为两国重叠海域面积为 30000 平方公里。Captain Somjade Kongrawd. Thailand and Cambodia Maritime Disputes, http://172.31.255.127/files/20420000000CE18D/www. global security. org/military/library/report/2009/thailand-cambodia. pdf, visited on Nov. 12, 2015。有的观点认为两国重叠争议海域面积为 25895 平方公里。参见 Clive Schofield, Unlocking the Seabed Resources of the Gulf of Thailand, Contemporary Southeast Asia, Vol. 29, 2007, p. 301。

② 参见 Gerald Blake, Boundaries and Energy: Problems and Prospects, Springer, 1998, p. 125。

③ 参见 Gerald Blake, Boundaries and Energy: Problems and Prospects, Springer, 1998, p. 126。

④ 参见 Nguyen Hong Thao, Vietnam and Joint Development in the Gulf of Thailand, Asian Yearbook of International Law, 1999, p. 142。

⑤ 参见 Schofield Clive Howard, Maritime Boundary Delimitation in the Gulf of Thailand, Durham University, 1999, p. 238, Available at Durham E-Theses Online: http://etheses. dur. ac. uk/4351/。

⑥ 参见 Schofield Clive Howard, Maritime Boundary Delimitation in the Gulf of Thailand, Durham University, 1999, p. 238, Available at Durham E-Theses Online: http://etheses. dur. ac. uk/4351/。

间的海域争端谈判基本停滞。即使有交往，也仅限于阵营内部。例如，马来西亚与泰国，越南与柬埔寨。（2）内政因素。一国国内政局稳定才有精力解决海域划界争端，并有利于与邻国海域争端的解决。例如，与马来西亚相比，越南、柬埔寨和泰国国内政局不稳定、战乱频繁，影响了其解决海域划界争端的进展。（3）政治意愿。所谓政治意愿，在这里是指一国政府解决海域划界争端的决心与态度。如果一国政府解决海域划界争端的意志坚决，并且愿意作出适当妥协，那么就有利于海域争端的解决；反之，则不利于海域争端的解决。因此，可以说政治意愿是海域划界争端能否顺利解决的决定性因素之一。

2. 经济因素。泰国湾沿海各国经济发展水平各异。例如，马来西亚和泰国的经济比较发达；20 世纪 90 年代后，越南经济发展也比较迅速；而柬埔寨的经济发展严重滞后，至今属于世界上最不发达的国家之一。在划界中，经济发展落后的国家往往主张"地理不利国"，要求在划界中有所补偿。而经济实力强的国家因具有资金和技术优势，自然也不肯在重大利益前轻易让步。于是，各方都难妥协。

近年来，随着科学技术的发展，人类利用和开发海洋的能力提升，泰国湾各国海洋经济蓬勃发展。这对于泰国湾海域争端的解决既有积极的影响也有消极的影响。一方面，它促使有关当事国间积极谈判，合作解决海域划界争端，尽快开发利用海洋资源；另一方面，可能由于海洋利益（比如海洋油气资源）过于巨大，各国在谈判的过程中面对可观的经济利益而不轻易让步，立场都比较强硬，这导致海域争端很难取得进展。

3. 环境因素。随着沿海人口的激增，各国开发和利用海洋资源能力和力度增强、海洋贸易繁荣，但海洋生态环境却面临空前的压力。一方面，这些活动对海洋造成直接污染，例如沿岸工业和生活废物的直接排放；另一方面，人类过度利用，未采取保护和可持续的措施导致海洋资源衰竭，例如，渔业资源的衰竭。这种情况反过来导致泰国湾各国人民的健康和产业受到威胁，例如滨海旅游业。同时，它还遏制泰国湾沿海海洋经济的可持续发展，例如渔业。

4. 安全战略因素。泰国湾沿海各国出于国防安全的考虑，有直接控制一定海域的需要，尤其历史证明近海对各国的安全意义重大。另外，泰国湾是沿海各国通往公海的出口，对各国安全和战略意义非同寻常。鉴于此，泰国湾沿海各国也不会轻易放弃各自的海域主张。

5. 地缘政治和大国因素。如前所述，泰国地理位置特殊，殖民时期曾作为英法两国在中南半岛和马来半岛的缓冲带，马来西亚、柬埔寨和越南也都有被殖民统治的历史。在历史上，殖民势力为了划分势力范围签订了一些边界协议。但是，这些殖民时期的条约并非完全无效，它们对这些国家的海域划界具有不可忽视的影响。

除了殖民时期外，冷战时期，这一地区一直是大国角力的场所。第二次世界大战期间，日本对该地区进行了控制。"二战"结束后，法国又重新回到中南半岛，随后苏联、美国在中南半岛角力。因此该海域的划界问题一直受到这些大国的干扰。冷战结束后，随着"柬埔寨问题"得到解决，该海域的政治格局发生变化，这时的形势才有利于各国解决海域划界争端。

二、渔业纠纷

(一)关于渔业资源的国际法规则

首先，关于《联合国海洋法公约》的相关规定，公约在第五部分规定，沿海国对其专属经济区内的生物资源享有主权权利，①但负有养护和合理利用这些生物资源的义务;②；对跨界鱼类种群，沿海国直接或通过适当的分区域或区域组织，与在邻接区域内捕捞该类鱼类种群的国家设法达成协议，采取必要的养护措施;③ 对高

---

① 参见《联合国海洋法公约》第 56 条。
② 参见《联合国海洋法公约》第 61 条和第 62 条。
③ 参见《联合国海洋法公约》第 63 条第 2 款。

度洄游种群,沿海国应与相关国家"直接或通过适当国际组织进行合作",确保在专属经济区内外该类鱼类种群的养护,并促进最适度利用;① 对于溯河洄游鱼类,则鱼源国负有主要利益和责任,原则上不允许在公海捕捞这些鱼类。②

其次,关于《联合国鱼类种群协定》的相关规定,《联合国鱼类种群协定》是一个相互独立的全球性渔业协定。同时,它也是《联合国海洋法公约》的执行协定。它细化并强化了《联合国海洋法公约》关于跨界和高度洄游鱼类种群的规定。例如,《联合国鱼类种群协定》明确规定了生态原则和预防性措施是养护与管理两种鱼类种群的基本原则,③ 明确了养护和管理措施的关系,应是相互协调的而不是冲突矛盾的。④《联合国鱼类种群协定》最突出的一点就是将区域渔业组织落实为国际渔业规则的主体。它对区域渔业组织的成员资格作出了明确规定。"对区域渔业利益攸关的国家"方可成为区域渔业管理组织的成员,也只有这些成员才有资格对特定海域内的渔业资源进行捕捞并采取养护措施。⑤ 非区域渔业组织成员的渔船不得捕捞该海域的渔业资源。⑥ 此外,《联合国鱼类种群协定》还制定了比较完善的实施机制,包括船旗国、港口国、非船旗国公海执法检查等,以保证"鱼类种群的长期养护与可持续利用"。

(二)联合国粮农组织的法律文件

1995 年联合国粮农组织制定的《负责任渔业行为守则》及其框架下的各个"国际行为计划"虽然不具有法律约束力,但是为各国渔业资源的养护与管理提供了重要的指导。如 2009 年 11 月联合国

---

① 参见《联合国海洋法公约》第 64 条第 1 款。
② 参见《联合国海洋法公约》第 66 条。
③ 参见《联合国鱼类种群协定》第 5 条。
④ 参见《联合国鱼类种群协定》第 7 条。
⑤ 参见《联合国鱼类种群协定》第 8 条。
⑥ 参见《联合国鱼类种群协定》第 17 条。

粮农组织通过的《关于预防、制止和消除非法、不报告和不管制捕捞的港口国措施协定》被全球性及区域性条约广泛吸收或援引。

《联合国海洋法公约》确立了专属经济区制度，赋予了沿海国对专属经济区内的自然资源勘探、开发、养护、管理的主权权利。① 这一制度在泰国湾的适用是导致泰国湾沿海四国普遍存在渔业纠纷的主要原因。

古代时泰国湾是泰国的天然渔场。泰国是世界排名前十的远洋捕捞大国，拥有世界先进水平、东南亚最大的远洋捕捞船队，渔业收入是泰国国民收入的主要来源。但从 20 世纪 80 年代始，泰国湾沿海各国主张 200 海里专属经济区，泰国湾传统的公海变为各国管辖的专属经济区。泰国失去近 300000 平方公里的传统渔场，每年由此损失 400000 吨～600000 吨渔获量。②

而根据《联合国海洋法公约》第 62 条的规定，沿海国在专属经济区内享有专属的捕鱼权，非经其同意其他任何国家在其专属经济区捕鱼都属于违法行为。除非其通过协定等方式允许其他国家在其专属经济区内捕捞。根据《联合国海洋法公约》第 62 条第 3 款，沿海国对与哪些国家签订渔业协定或其他渔业合作享有自由裁量权，建议沿海国考虑"尽量减轻其国民惯常在专属经济区捕鱼或曾对研究和测定种群做过大量工作的国家经济失调现象的需要"。这可以视作《联合国海洋法公约》对传统捕鱼权的顾及。但这一规定不是强制性的，而是建议性的。换言之，沿海国享有自由裁量权，可以考虑别国的传统捕鱼权，也可以不考虑。

而泰国失去生计的渔民仍然会冒险到原来泰国人经常捕捞而现在是邻国专属经济区的海域捕鱼。泰国湾其他沿海国为了维护其海洋权益，严厉打击非法捕捞的泰国渔民，扣留泰国渔船。这

---

① 参见《联合国海洋法公约》第 56 条第 1 款。

② 参见 N. Ganesan, Illegal Fishing and Illegal Migration in Thailand's Bilateral Relations with Malaysia and Myanmar, in A. T. H. Tan and J. D. K Boutin, (ed), Non-Traditional Security Issues in Southeast Asia, Institute of Defence and Strategic Studies, 2001, p. 507。

导致泰国与泰国湾内其他三国的渔业纠纷频发。这成为影响泰国湾安全的新的非传统安全问题，并严重损害泰国与邻国的友好关系。最典型的例子如世代友好的马泰两国一度因渔业纠纷造成两国关系紧张。

对于泰国湾而言，现行的渔业制度表面上是公平的，但事实上没有考虑到"半闭海"独特的地理特征和相对独立的生态系统。如果严格地执行现行法律原则，对泰国的渔民事实上显失公平。泰国渔场面积的缩小，直接影响相关联的上下游产业，如上游的造船业、渔船网具制造和港口服务业，下游的水产品流通、加工、冷藏、运输等。由于泰国近几年持续受经济危机和政局动荡的影响，渔民转产困难，导致出现大量失业人口。很多渔民沦为海盗，严重危及泰国沿海社会稳定和整个泰国湾海域的安全。

而渔业纠纷不仅导致泰国的渔业资源衰减而且危及整个泰国湾的渔业资源。泰国的渔民从传统渔场撤回，只能在其近海海域继续从事捕捞作业。过度捕捞导致已经持续衰退的近海渔业资源雪上加霜，脆弱的近海生态不堪重负，直接导致近海渔业资源品种持续减少，数量不断降低，已无法恢复自然的生态平衡，很多鱼类未达到捕捞年龄时即被捕获，渔获物的鱼体规格明显变小，很多经济鱼类已形不成鱼汛。

近年来随着世界经济与科学技术的发展，泰国湾各沿海国渔业迅速发展，各国捕捞能力不断增强。各国忽视其再生能力，导致捕捞能力大于渔业资源再生能力，造成渔业资源的衰退。海洋渔业资源总归属于公共资源，合作共同养护泰国湾内的渔业资源，合理分配渔业配额才是解决泰国湾渔业问题的最优选择。

三、岛礁争议

泰国湾除了海域划界争端和渔业争端外，该海域还交织着关于岛礁争议，尤其是远岸岛礁划界效力和岛礁主权归属的争端。

(一)关于岛礁划界效力的国际法规则不明确

从国家实践看，对海岸相向的国家来说，岛屿在划界中可能获得全效力、零效力及部分效力三种效力。所谓"全效力"是指某一自然形成的高潮高地在海域划界中被用作基点，并赋予完全海洋权利，即拥有领海、专属经济区和大陆架；所谓"零效力"，是指某一自然形成的高潮高地在海域划界时忽略不计，既不作为基线的基点，也不享有专属经济区和大陆架的海洋权利；"部分效力"就是某一自然形成的高潮高地在海域划界中的作用介于上述两种情况之间，具体给予多少效力，不同的案件效力不同。

(二)岛礁的划界效力尚未形成统一的习惯国际法

依据现有国际实践，通常的做法有几种做法：一种是如果海域划界争议当事国管辖海域内均有岛屿，那么按照对等的原则赋予各自所属的岛屿同等划界效力。有时划界争端当事国给予各自的岛屿完全的划界效力。例如，1967年苏联和芬兰的海洋划界协定中，在划定芬兰湾内的大陆架边界时，两国同等对待各自管辖海域内的小岛，赋予完全的划界效力。① 同一时期，挪威—英国、挪威—丹麦、芬兰—英国之间确定各自北海大陆架时也赋予所有岛屿完全的划界效力。② 有时划界争端当事国给予各自的岛屿"零划界"效力。例如，1958年巴林与沙特阿拉伯大陆架疆界协定规定两国本土海岸之间的若干小岛，在划界时或者不予考虑③。再如，在1974年伊朗与阿拉伯联合酋长国的划界条约中，界线划在霍尔木兹海峡附近，波斯湾中有小岛阿不木兹，因为其主权在伊朗和阿拉伯联合酋长国的争议之中，所以划界时双方同意不以该岛作为划界基点，给

① Department of State, Office of Ocean and Polar Affairs, Bureau of Oceans and International Environmental and Scientific Affairs, Limits in the Seas, No. 16, https：//www. state. gov/wp-content/uploads/2019/10/LIS-16. pdf。

② 参见［澳］普雷斯科特著，王铁崖、邵津译：《海洋政治地理》，商务印书馆1978年版，第169页。

③ 参见1958年《巴林和沙特阿拉伯关于划分波斯湾大陆架的疆界协定》，载国家政策研究室编：《国际海域划界条约集》，海洋出版社1989年版，第350页。

予该岛零效力。① 在 1974 年《印度和斯里兰卡关于两国间历史性水域的疆界及有关事项的协定》中，印度和斯里兰卡对卡恰提伍岛的主权也有争议，因而双方同意不给该岛任何划界效力②。另一种较为常见的做法是赋予争议海域中的面积较大、居住人口较多的岛屿完全的划界效力。例如在 1965 年英国与挪威的海洋划界案中，位于北海的英属设得兰群岛（Shetland Islands）距英国 96 海里，距挪威 173 海里。该岛面积约 552 平方英里，其上常住人口 17298 人，而且地位重要。两国在划界中赋予该岛完全划界效力。③但有时仅给予这样的岛屿部分划界效力。如 1968 年伊朗和沙特阿拉伯划界案中，给予伊朗所有的哈尔克岛（Kharg Island）部分效力。④ 哈尔克岛距伊朗本土约 17 海里，该岛的面积较大。两国的具体做法是划出两条线，一条赋予哈尔克岛完全划界效力确定两国的海域边界，另一条赋予该岛零划界效力，然后取这两条线的中间线作为两国海域最终界线。有时岛礁的价值有限，一国出于两国友好关系的考虑，给予其一定的划界效力。例如，美国和委内瑞拉划界案中，美国给予委内瑞拉所属的阿武士岛完全的划界效力。该岛距其所属国委内瑞拉的本土约 300 海里，距美属波多黎各本土约 191 海里，大体也在两国领土的中间。它只是一片沙洲，面积仅约 0.02 平方海里。一百多年来，除了委内瑞拉偶然驻军外，岛上的"居民"只有海鸟和海龟。它唯一的资源就是鸟粪。美国可能基于该岛资源有限，而且其在划界中发挥的作用也有限，从维护两国的友好关系出

---

① Department of State, Office of Ocean and Polar Affairs, Bureau of Oceans and International Environmental and Scientific Affairs, Limits in the Seas, No. 63, https：//www. state. gov/wp-content/uploads/2019/11/LIS-63. pdf.

② 参见国家政策研究室编：《国际海域划界条约集》，海洋出版社 1989 年版，第 328 页。

③ 参见 1965 年《大不列颠及北爱尔兰联合王国政府和挪威王国政府关于两国间的大陆架的划界协定》，载［澳］普雷斯科特著，王铁崖、邵津译：《海洋政治地理》，商务印书馆 1978 年版，第 490 页。

④ 参见［韩］朴椿浩编著，李红云等译：《国际海洋边界——太平洋中部和东亚》，法律出版社 1994 年版，第 9~10 页。

发给予该岛完全划界效力。①再如 1982 年澳大利亚与法国(喀里多尼亚)海洋划界案中，澳大利亚所属的米德尔顿礁(Milddleton Reef)获得全效力。该岩礁是一个远洋低潮高地，距离澳大利亚125 海里。法国之所以同意赋予该岩礁完全的划界效力可能是因为该岩礁的价值有限，其对两国海域边界的影响也有限，因此同意赋予该岩礁完全的划界效力。而且当时法国国内有尽快解决其海外领地的海洋边界的政策、该区域不具有重要的经济资源，所以法国作出了让步才使得该岩礁获得全效力。

从上述国家实践可以看出，赋予岛礁何种划界效力尚未形成习惯国际法，也未形成国家惯例。争议当事国主要是根据对等原则、岛礁的客观情况和两国的关系决定给予其何种划界效力。

(三)泰国湾岛礁划界效力的争议

泰国湾自古对其沿海国的生存和发展至关重要。其海域资源丰富，是泰国湾沿海四国人民蛋白质的主要来源和与外界沟通的重要桥梁。20 世纪 50 年代，随着海洋开发技术和船舶技术的发展，海洋经济价值凸显，海洋资源成为泰国湾沿海国经济发展的依托和动力。为了获得更多的海洋资源，泰国湾各沿海国为了扩大海域管辖权，利用国际法规则的模糊性，对与划界相关的协议和相关的国际法规则按有利于自己的方式解释，如选取远离大陆的岛礁作为领海基点、主张本国岛礁具有完全的划界效力等。

如前所述，现行国际法规则未明确岩礁不能维持"人类居住"或其"自身经济生活"的含义。而在海洋划界的国际司法实践和国家实践当中，赋予岛礁何种效力尚未形成习惯国际法。

如前所述由于《联合国海洋法公约》赋予岛屿与大陆同等的海洋权利，泰国湾沿海各国对岛礁主权的争夺也日益激烈。同一岛礁，不同的沿海国为了自己的海洋利益最大化，赋予其不同的划界

---

① 参见 1978 年《美利坚合众国和委内瑞拉共和国之间海上边界条约》，载国家政策研究室编：《国际海域划界条约集》，海洋出版社 1989 年版，第556 页。

效力；甚至同一国家与不同邻国划界过程中，赋予岛礁不同的划界效力。例如，马来西亚和泰国划界中，关于泰国所属鼠岛（Ko Losin）的划界效力的主张不同。又如，马来西亚和越南划界过程中，关于越南控制的土珠岛（Tho Chu）的划界效力的意见不统一。还如，泰国和越南关于泰国所属的鼠岛和越南管辖的土珠岛的划界效力存在争议。再如，泰国与柬埔寨关于泰国所属的狗骨岛（中文名又称"沽岛""库特岛""阁骨岛"，英文名分别为"koh kut" or "island of kut" or "kooh"）的划界效力存在分歧；柬埔寨与越南关于控制的富国岛（柬埔寨称"玉岛"）的划界效力持不同观点。

此外，泰国湾还存在岛礁归属争议。关于岛礁主权归属的争议主要存在于柬埔寨与越南的争议海域。双方对富国岛、土珠岛和波罗威群岛的主权归属存在争议。

综上所述，泰国湾海域划界争端复杂。除了海域划界争端外，还交织着渔业纠纷和岛礁争议。泰国湾的海域争议不是一个单纯的法律问题，还是政治问题、经济问题和技术问题。

本 章 小 结

泰国湾属于热带半闭海，海域资源丰富，是其沿海各国通往太平洋和印度洋的重要海上通道，该海域内分布着众多大大小小的岛礁。它对越南、柬埔寨、泰国和马来西亚具有重要的政治、经济、安全和战略意义。由于历史、殖民、意识形态等原因，泰国湾各国相互间缺乏信任，且各国间经济发展水平存在巨大差距。20 世纪 70 年代左右，泰国湾沿海国为了获得更多的海洋权益，纷纷扩大海域管辖权。但泰国湾地理范围有限，各国不能充分主张 200 海里的专属经济区和最大不超过 350 海里或者 2500 米等深线外 60 海里的大陆架。因此，泰国湾存在大量的双边和多边海域划界争端。加之泰国湾沿岸地形复杂，以及历史、殖民、意识形态和大国等因素的干扰，同时还交织着渔业纠纷和岛礁争议，泰国湾的海域划界问题异常复杂，不易解决。

第二章　泰国湾各国的领海基线实践

领海基线不仅是内水和领海的分界线，也是国家各种管辖海域（如领海、毗连区、专属经济区和大陆架）的起算线，而且在国家海域划界中发挥着重要的作用。本章首先研究并梳理关于领海基线的国际法规则，并结合这些国际法规则对泰国湾沿海四国的领海基线实践进行评析。

第一节　关于领海基线的国际法规则

领海与领海基线并非自古就有，而是随着人类对海洋的认知加深以及利用海洋的能力增强而不断发展，最终成为国际法上的概念。

一、领海基线的产生与发展

从 16 世纪开始，以西班牙、葡萄牙、荷兰为代表的国家根据实力主张十分广阔的领海。到 17、18 世纪，国际社会对领海的概念由先前广袤的主张转为较狭窄的主张。但由于受制于技术和对海洋认知的限制，国家忽视海域界线对管辖海域的重要性，只是泛泛地将领海的范围界定为"目力所及"或者"岸上武力所及"。

直到 1805 年安娜号案件后①，领海基线的问题引起各国重视，

---

① 安娜号案件基本情况：1805 年西班牙船舶安娜号（the Anna）在距离美国海岸 3 海里外，距离密西西比河河口冲积岛屿 2 海里外，遭到英国私船劫持。该案提交英国法庭审理时，美国认为该事件发生在美国领海内，本案应归美国管辖。美国主张的理由是即使不在美国 3 海里领海内，但在密西西比河口冲击的岛屿 2 海里内，因此还在美国领海内，应归美国管辖。该案争议的焦点是河口冲击而形成的岛屿或者三角洲是否可以作为领海基线的起算点，即基点。最后英国法庭认为，此种河口冲击而成的地质构造，不论构成成分是泥土还是岩石，都是邻近海岸的天然附属物，构成国家领土的一部分，国家对其享有统治权，因此这种地质构造可以作为领海的起算点。由此判定该事件发生在美国领海，应该转交美国处理。

基线作为法律概念在国家实践中出现，并出现在双边或者多边国际条约中。例如，1839 年《英法渔业公约》（Anglo French Fisheries Convention）首次规定低潮线为划定领海范围的正常基线，除此限定之外，为了满足捕鱼的需要，认为可以将岛屿或者浅滩作为领海基点，也可以引用"海湾封口线"（bay closing line），但限定长度不得超过 10 海里。再如，1882 年《北海渔业公约》（the North Sea Fisheries Convention），允许缔约国选择沿岸附近岛礁作为低潮线的基点。由于低潮线相对于其他海岸线的标准，能够使国家管辖的领海范围最大，被很多的国家接纳作为确定领海基线的标准。自 20 世纪 20 年代许多国家的国内法均规定低潮线为领海基线。①

随着领海成为国际法上的概念，国际社会普遍认为领海的距离应当固定为统一的宽度。加之 19 世纪中期，人口开始增加、通讯以及航海技术提升，人类发现原来海洋是个资源宝库，从而激化了对海洋资源的争夺，而各国对于"海岸"的定义不同，由此，各国认为有必要界定国家管辖领海海域的范围，因而产生测算国家管辖领海宽度的基线问题。由于早期基线与领海密切相关，测算国家管辖领海宽度的界线称为领海基线。然而，低潮线虽然被很多国家采用，但是实践中确定低潮线的方法和划法并不相同。例如，实践中不仅"各国所采用的低潮线不尽相同"，甚至"同一国家的联邦政府或者州政府所采用的低潮线的划法也不同"。②因此，1930 年海牙国际法编撰会议试图将领海宽度和低潮线成文法化的努力失败。但是，该次会议并非没有任何贡献。在会议期间，一些国家提出的关于领海基线的草案反映了当时主要的国家实践，成为第一次海洋法会议法律文件的基础。

值得注意的是，20 世纪 30 年代前后，虽然大部分沿海国采用

---

①　参见 Reisman W. Michael and Westerman Gayle, Straight Baselines in International Maritime Boundary Delimitation, St. Martin's Press, 1992, pp. 9-10。

②　姜皇池：《国际海洋法》（上册），台湾学林文化事业有限公司 2004 年版，第 128 页。

正常基线作为领海基线，但至少有 5 个国家采用"直线基线"作为领海基线。① "直线基线"清楚明确，并且能扩大国家的领海管辖权，上述这些优点为其成为领海基线的一种奠定了基础。1938 年挪威颁布法令，称其海岸外围充满各种岛屿、岩礁和暗滩，且海岸线极其曲折，因此选取这些地质构造最外缘的 48 个点，将其连接成 47 段基线，这些基线就是挪威的领海线。随后，挪威与英国长达十年的划界谈判过程中双方未达成共识。双方主要的分歧在于：第一，英国不承认挪威这种领海基线划法的合法性；第二，英国认为部分基线的长度过长。例如，挪威基线最长的一段有 48 海里，并且有 14 段超过 10 海里。1951 年双方将划界争议提交国际法院，这就是著名的"英挪渔业案"。1953 年国际法院作出裁决，认为挪威这种确定基线的划法合法。首先，它没有偏离挪威海岸的一般方向；其次，基线内的水域充分接近陆地，受内水制度支配；最后，该地区对于线内水域具有特有的经济利益，且此种利用的重要性和真实性已经为"长期习惯所明确证明"。基于上述理由，国际法院承认挪威直线基线的合法性。此后，国际社会承认直线基线的合法性，但是对其适用的态度有所不同。例如，一些国家主张对直线基线的适用加以严格限制，如应对其长度和基点与海岸的距离等加以明确限制。而另一些国家则主张扩大适用直线基线。1950 年，国际法委员会开始为 1958 年第一次海洋法会议的召开准备草案条文。上述两类国家的主张也反映在该次编撰的过程中，限制派主张每段直线基线的长度不得超过 10 海里，而且任何基点与海岸的距离不得超过 5 海里。但是这一提议遭到扩张派的强烈反对。因此，限制派的主张在 1958 年《领海与毗连区公约》中被删掉。

此后，海洋法会议，尤其是第三次联合国海洋法会议对领海基线的编撰和发展承担了主要作用。而与领海基线相关的国际法规则主要集中在 1958 年《领海与毗连区公约》和《联合国海洋法公约》中。

---

① 这些国家分别是：挪威、瑞典、波兰、苏联和拉脱维亚。

二、领海基线的国际法规则

目前，国际法规定各国的领海宽度不应超过 12 海里，而合法的基线有两种，即正常基线和直线基线。

(一)正常基线

1958 年《领海与毗连区公约》和《联合国海洋法公约》关于正常基线的规定基本一致。所谓正常基线(normal baseline)就是低潮线，是海水退潮后离海岸最远的海岸线。① 这种领海基线的划法是国际实践中最早采用的一种领海基线的划法。其最初的功能是保障船舶航行的安全。

上述公约中关于"正常基线"的表述没有歧义，但是实践中如何解读相关概念的含义，各国的学者持不同观点。

关于低潮线(low-water line)，对于确定低潮线的标准，国际社会存在争议。大部分学者主张正常基线应该以"平均低潮线"为准。② 而有的学者主张低潮线应该以"最低低潮线"为准。事实上，在实践中很难找到一条标准的无争议的低潮线。这主要是因为：第一，每年各沿海国的最低低潮线位置不同，即使是同一沿海国一年之中每个月的最低低潮线位置也不同。换言之，各沿海国每年或者每月的低潮线有高低区别。第二，实践中，不同的国家或者同一国家的中央与地方政府之间及地方与地方政府之间确定正常基线的标准也不一致。有的国家和地区采用"平均低潮线"，而有的国家和地区采用"最低低潮线"。③ 代表性的案例如"美国告加州案"(United States v. California)。美国联邦政府和加利福尼亚州政府曾就正常基线应该以何者为准产生分歧。美国联邦政府认为正常基线

---

① 参见 1958 年《日内瓦领海和毗连区公约》第 3 条和 1982 年《联合国海洋法》第 5 条的规定。

② 参见姜皇池：《国际海洋法》(上册)，台湾学林文化事业有限公司 2004 年版，第 142 页。

③ 参见侯木仲：《国际海洋法》，台湾环球书局 1992 年版，第 45 页。

应该以"平均低潮线"为准,而加州政府认为应该以"最低低潮线为准"。最后,美国联邦法院裁定美国所发行的海岸与地球测绘图中应该以"最低低潮线"为准。① 第三,"最低"和"平均"均是相对的概念。即使采用同一低潮线的标准,比如"平均低潮线"标准或者"最低低潮线"标准,也会由于测量的时间维度不同、采用的潮汐数据不同和测量的方法不同而得出不同的数据。② 何况各沿海国采取不同的测量标准,那么画出的"正常基线"千差万别。例如,法国和比利时就曾因采用何种潮汐数据产生分歧。法国采用的是"最低天文潮汐"(the lowest astronomical tides)来测算海图的低潮线,而比利时则用"春季低潮线"(low-water spring tides)作为绘制海图的数据。事实上,法国引用的潮汐数据比较少见,而比利时采用的潮汐数据比较具有普遍性。但是,根据比利时的潮汐数据绘制的低潮线比法国根据最低天文潮绘制出的低潮线近一些。③ 也就是说,法国之所以使用较少见的依"最低天文潮汐"数据测算的低潮线,其目的是使其管辖海域面积最大化。第四,因自然或者人为原因,海岸线会发生变化,因此低潮线的位置也是变化的。通常的做法是不断修订海图,以使海图与实际的低潮线相符。但遗憾的是,上述两公约未对低潮线应该是"最低低潮线"还是"平均低潮线"作出说明,也未指明测算低潮线的潮汐数据和时间跨度标准,因此各国的测算低潮线的结果各异。

为避免上述因素造成的争议只有两种选择:第一方案,彻底消

---

① 参见 Louis B. Sohn, The Law of the Sea, St. Paul, Minn. 2010, pp. 175-176。

② 参见 International Hydrographic Organization, A Manual on Technical Aspects of the United Nations Convention on the Law of the Sea(3rd ed.), 1993, Monaco: IHO; C. M. Carleton, Islands as Basepoints, Unpublished Presentation at Workshop on The Role of Islands in Maritime Delimitation, International Boundaries Research Unit, 9-10 July, 1997。

③ 参见 Clive Howard Schofield, Maritime Boundary Delimitation in the Gulf of Thailand, Durham University: Durham Theses, 1999, p. 37, Available at Durham E-Theses Online: http: //etheses. dur. ac. uk/4351/。

除关于"低潮线"的分歧，尽快召开《联合国海洋法公约》缔约方大会，对相关规则进行修订，明确测算低潮线的标准(是"平均低潮线"还是"最低低潮线")、潮汐数据标准以及时间跨度(如3年或者5年)。这样就会避免就何谓"低潮线"产生分歧。第二方案，实践中各国公平合理地确定"低潮线"的标准。因为，召开《联合国海洋法公约》的修订会议需要时间准备。即使召开，可能由于各沿海国海岸情况迥异，关切的利益不同，难以达成共识。因此，沿海国在确定"低潮线"时应该充分考虑各种标准的利弊，选择对当事方都较容易接受的方案划定领海基线。事实上，这也符合《联合国海洋法公约》的原则和精神。一国的领海基线，只要不违反国际法基本准则和相关规定，不损害他国和国际社会的整体利益，公平地解决海域划界问题就是合法有效的。侯木仲教授、黄异教授和姜皇池教授也主张"决定何谓低潮线应为沿海国之权限"。

另外，根据1958年《领海与毗连区公约》和1982年《联合国海洋法公约》的规定，"测算领海宽度的正常基线是沿海国官方承认的大比例尺海图所标明的沿岸低潮线"。也就是说，沿海国除了确定正常基线的位置，用其官方承认的大比例尺海图进行公布，也是合法有效的确定正常基线的方法。

关于珊瑚礁(reefs)，珊瑚礁对于海域划界也有重要影响，它既关系到领海基点的选择，也关系到履行保护海洋环境的义务，更涉及其上居民的生存发展。因此，第一次海洋法会议后，一些主要由礁石构成的国家主张对环礁的问题进行特别处理，例如，巴哈马、马尔代夫、瑙鲁。于是，在上述国家的努力下，《联合国海洋法公约》在1958年《领海与毗连区公约》的基础上又加了一条。根据该公约第6条的规定，"在位于环礁上的岛屿或有岸礁环列的岛屿的情形下，测算领海宽度的基线是沿海国官方承认的海图上以适当标记显示的礁石的向海低潮线"。这里的"环礁"(atoll)或者"岸礁"(fringing reefs)并不是严格的地貌学意义上的概念，而且起草公约时也没有任何证据表明对这些概念采用了地貌学上的定义。普瑞斯科特(Prescott)教授指出，公约第6条并没有区分地貌学上的大洋环礁(oceanic atoll)、陆架环礁(shelf atoll)和混合环礁(compound atoll）。联合国的一份研究报告也表明，该公约第 6 条"所指的环礁并不限于严格的地貌学意义上的环礁"。① 在选取"环礁"作为领海基点时也存在争议。同样，"岸礁"这一用语不是严格的地貌学意义上的概念。具体而言，该条在适用的过程中主要存在以下几个法律问题。第一，什么样的礁石可以作为基点。换言之，作为基点的礁石一定要低潮时露出水面吗？有的学者认为，只有低潮时高于海平面的礁石才可以作为低潮线的基点。② 有的学者则主张从宽解释，只要礁石充分接近海面即可，不需在低潮时露出水面。③ 而根据前文的分析以及联合国秘书处对"礁石"的定义，似乎礁石仅需"接近水面"即可。④ 第二，对于作为基点的礁石与海岸的距离是否有限制。如果紧邻陆地海岸的礁石以最外缘的礁石作为基点，适用公约关于直线基线的规定，那么线内水域适用内水制度，无可厚非。但是，远离海岸的礁石是否可以作为基线的基点，公约似乎忽略了这个问题。最典型的案例是澳大利亚的大堡礁。⑤ 如果按地貌

---

① 参见 United Nations, Baselines：An Examination of the Relevant Provisions of the United Nations Convention on the Law of the Sea, Office for Ocean Affairs and the aw of the Sea, 1989, p. 6; P. B. Beazley, Coral Reefs and the 1982 Convention on the Law of the Sea, pp. 59-72 in Blake, G. H. （ed.）Maritime Boundaries, World Boundaries, vol. 5, Routledge, 1994。

② 参见 R. R. Churchill & A. V. Lowe, The Law of the Sea, Manchester University Press, 1983, p. 43。

③ 参见 G. Francalanci, and T. Scovazzi, Lines in the Sea, Martinus Nijhoff. 1994, p. 30。

④ 参见 United Nations, Baselines：An Examination of the Relevant Provisions of the United Nations Convention on the Law of the Sea, Office for Ocean Affairs and the aw of the Sea, 1989, p. 49。

⑤ "堡礁"又称"离岸礁"。在距岸较远的浅海中，呈带状延伸分布的大礁体，礁体与海岸之间隔着一条宽带状的浅海潟湖，潟湖深度一般不超过 100 米，宽度达几十公里。堡礁的宽度有数百米，很少超过 1000 米，它隐没于水下，形成不连续的堤状岛屿，间隔处有水道沟通大洋与潟湖。堡礁的长度很大。最长的是澳大利亚东海岸的昆士兰大堡礁，它沿岸绵延达 2400 公里，堡礁与岸间隔着潟湖，潟湖的北部宽 90 公里，中部宽 13 公里，而南部宽 1800 公里。

学上的定义,礁石与岛屿间不存在深水道。而如果按照这样的标准,澳大利亚的大堡礁虽然距离其大陆远达150海里,但是堡礁与陆地岸间隔着潟湖,不存在深水道。那么大堡礁是否可以作为基点呢?从理论上讲,可能对礁石与陆地海岸的距离加以限制更为妥当。① 第三,如果岩礁属于群岛国的一部分,应适用本条的规定还是适用群岛基线的规定?姜皇池教授认为,适用《联合国海洋法公约》第47条,即群岛基线来划定这种地质构造的领海基线更为妥当。② 第四,是否仅限于岛屿周围的环礁才能适用本条的规定呢?有的学者认为如果只是沿岸的环礁或者礁石,则不能单独以其低潮线作为领海基线。但是,实践中沿海国往往会将这样的环礁或者岸礁作为基点,以其低潮线作为领海基线,将其海域管辖范围最大化。

正是因为上述问题没有标准的答案,因此泰国湾沿海四国在选取基点、适用正常基线时存在分歧。

(二)直线基线

从上述对正常基线的分析可以看出,即使一国海岸线比较平滑,实践中低潮线也并不容易确定,何况海岸线曲折,且分布着各种地质构造的海域。因此,随着国际实践的发展,开始允许沿海国不必非得采用正常基线,而可以采取将这些沿岸地质构造的最外缘的点连接起来,以便明确国家管辖权的界线并方便航海者辨识。这就是直线基线(straight baseline)。可以说,直线基线相对于正常基线而言,是一种相对容易划定的领海基线。

根据1958年《领海和毗连区公约》和1982年《联合国海洋法公约》的规定来看,直线基线是正常基线的例外。换言之,并非所有沿海国都可以采用直线基线作为领海基线。即使根据现行国际法规则沿海国可以适用直线基线,其划法也要受国际法规则的限制,诸

---

① 参见 R. R. Churchill & A. V. Lowe, The Law of the Sea, Manchester University Press, 1983, p. 44。

② 参见姜皇池:《国际海洋法》(上册),台湾学林文化事业有限公司2004年版,第205页。

如需"海岸线极度曲折"、作为基点的岛礁需"紧临海岸",岛屿需"一系列",海岸线不稳定是由于"三角洲或者其他自然条件"而造成的,而且这种划法不能偏离"海岸线的一般方向"。但上述公约未对上述概念进行技术层面或者数据方面的界定,也未指出确定标准。因此,无论学者还是各国对于上述概念存在不同的解读。

学者对于上述概念的解读主要分为三派:一派主张对上述概念从严解释①,必须符合上述要素才能适用直线基线;另一派主张对上述概念进行从宽解释②,沿海国主张适用即可;还有一派为折中派,即主张上述概念的具体含义要根据具体的海岸情况来界定。以"极度曲折"为例,从严派就是主张用数学的办法,通过固定某一数值来界定上述模糊的概念;从宽派,则主张根据海域的具体情况来判断何为"极度曲折"。如某一水曲深达 4 海里,而一国海岸线极长,那么这样的地质结构就不应该被视为"极度曲折"③;折中派则认为事实上不存在判断水曲是否存在的统一的标准,只能在具体实践中根据海湾定义,确定某国的海岸线上是否存在明显的水曲。或者说,判断是否存在"水曲"除了要符合相关概念例如海湾的定义,还要考虑其他海岸曲折的具体情况和特殊性。④

关于"一系列岛屿"和"紧临海岸",何为"一系列岛屿",从字面意思来看,如果分散的独立的岛屿不符合"一系列"标准,那多

---

① 参见 W. Michael Reisman & Gayl S. Westerman, Straight Baselines in Maritime Boundary Delimitation, Lgrave Macmillan, 1992, pp. 80-81。

② 参见 Office for Ocean Affairs and the Law of the Sea, Baselines：An Examination of the Relevant Provisions of the United Nations Convention on the Law of the Sea Ⅷ, United Nations Sales No. E. 88. V. 5, para. 40。

③ 参见姜皇池:《国际海洋法》(上册),台湾学林文化事业有限公司 2004 年版,第 150 页。

④ 参见 Office for Ocean Affairs and the Law of the Sea, Baselines：An Examination of the Relevant Provisions of the United Nations Convention on the Law of the Sea Ⅷ, United Nations Sales No. E. 88. V. 5, para. 36; Beazley, Maritime Limits and Baselines：A Guide to their Delineation (3rd ed.), Dagenham, Essex：the Society, 1987, p. 8; J. R. V Prescott, Straight Baselines：Theory and Practice, p. 288, in Brown, E. D. and Churchill, R. R. (eds.) The UN Convention on the Law of the Sea：Impact and Implementation, Law of the Sea Institute, 1987.

少个才符合"一系列"很难判断。联合国秘书处也指出"对此要件并无客观标准，难以逐一去判断何种岛屿符合此要件，只能根据1958年《领海和毗连区公约》第4条或者《联合国海洋法公约》第7条的精神结合具体情况判断"。① 另外，有的学者主张岛屿面积的大小也应该考虑。② 比如，三个大岛排列在一起就符合该条规定，而若是三个小岛则不符合。此外，1958年《领海和毗连区公约》第4条或者《联合国海洋法公约》第7条中提及的"岛屿"是否要符合上述两公约关于岛屿的定义。如果对这里的岛屿严格限制在公约关于"岛屿"的界定中似乎也说得过去。但根据1951年"英挪渔业案"的判决来看，不管挪威沿岸岛屿是否可以维持人类居住都允许其作为基点，甚至低潮高地都可以作为基点。也就是说，不管是否符合"一系列"的标准或者是否为"高潮高地"，只要是高于水面且是自然形成的，均可作为基点。可以预见，沿海国出于自利的心态，倾向于采取"英挪渔业案"这种对"岛屿"宽松的解释，而非《领海和毗连区公约》和《联合国海洋法公约》关于岛屿"高潮高地"的限制。

关于"紧临海岸"，这样的表述看上去明确，在实践中则容易产生争议。例如，3海里肯定符合这一表述，但是离岸100海里是否就一定不属于"紧临海岸"呢？一般学者认为，离岸24海里应该视为"紧临海岸"，超出24海里则不属于"紧临海岸"。③ 美国近来

---

① 参见 Office for Ocean Affairs and the Law of the Sea, Baselines: An Examination of the Relevant Provisions of the United Nations Convention on the Law of the Sea Ⅷ, United Nations Sales No. E. 88. V. 5, para. 42。

② 参见 J. R. V. Prescott, Straight Baselines: Theory and Practice, p. 295, in E. D. Brown & Churchill, R. R. (eds.) The UN Convention on the Law of the Sea: Impact and Implementation, Law of the Sea Institute, 1987。

③ 参见 Office for Ocean Affairs and the Law of the Sea, Baselines: An Examination of the Relevant Provisions of the United Nations Convention on the Law of the Sea Ⅷ, United Nations Sales No. E. 88. V. 5, para. 46; J. R. V Prescott, Straight Baselines: Theory and Practice, pp. 298-299, in Brown, E. D. and Churchill, R. R. (eds.) The UN Convention on the Law of the Sea: Impact and Implementation, Law of the Sea Institute, 1987。

也持这一立场。① 而且主张不仅岛屿距离海岸不得超过 24 海里，岛屿之间的距离也不得超过 24 海里。并且这样划定的领海基线不得超过整体领海基线的 50%。② 也有的学者认为应该限定在 12 海里内。③ 但是，国家实践中所选定的基线并不受此限制。例如，泰国将距离泰国海岸约 35 海里的龟岛（koh toa）作为基点，越南将距离其海岸超过 74 海里的鸿海岛（Hon Hai Islet）作为基点。笔者认为，判断是否"紧临海岸"不应采取一个标准，应该结合沿海国的海域情况尤其是海岸线和岛屿的地理位置的具体因素判断是否符合国际法规则，是否应该适用直线基线。

关于"重要的经济利益"与"长期惯例"，根据《领海和毗连区公约》第 4 条第 4 款和《联合国海洋法公约》第 7 条第 5 款的规定，"对于有关地区所特有的、并经长期惯例清楚地证明为真实而重要的经济利益"，允许适用直线基线。有的学者主张，这种情况仅限于特定的领海基线的段落，而不是全部领海基线都可以用直线基线划定。④ 何谓"重要的经济利益"，对海洋而言"经济利益"一般即指渔业利益⑤，另外海岸矿砂和贝壳等利益以及海岸观光等均可视为经济利益。⑥ 但是，何为"重要"，这就很难判断或者给出客观

---

① 参见 J. Ashley Roach, Robert W. Smith, Straight Baselines: The Need for a Universally Applied Norm Ocean, Development & International Law, vol. 31, 2000, p. 47, p. 50。

② 参见 J. Ashley Roach & Robert W. Smith, United States Responses to Excessive Maritime Claims (2nd ed.), Martinus Nijhoff Publishers, 1996, p. 546。

③ 参见 W. Michael Reisman & Gayl S. Westerman, Straight Baselines in Maritime Boundary Delimitation, Lgrave Macmillan, 1992, p. 89。

④ 参见 Office for Ocean Affairs and the Law of the Sea, Baselines: An Examination of the Relevant Provisions of the United Nations Convention on the Law of the Sea Ⅷ, United Nations Sales No. E. 88. V. 5, para. 58。

⑤ 参见姜皇池：《国际海洋法》（上册），台湾学林文化事业有限公司 2004 年版，第 158 页

⑥ 参见 J. R. V. Prescott, Straight Baselines: Theory and Practice, p. 125, in E. D. Brown & Churchill, R. R. (eds.) The UN Convention on the Law of the Sea: Impact and Implementation, Law of the Sea Institute, 1987。

标准，需要结合具体的情况判定。关于何为"长期惯例"，学者和国际实践并不严格要求上述经济利益像"英挪渔业案"中的挪威在北海存在渔业利益长达数个世纪。① 一般学者主张这种利益必须是已经存在的，而且对国家真正重要，且有较长时间的历史证据所支持的。② 但是，有的学者主张对"长期惯例"进行严格限制。③

关于"海岸的一般方向"，在"英挪渔业案中"，法庭对挪威的领海基线都做了考察，得出挪威领海基线偏离海岸线的一般方向没有超过15度，因此认为挪威的领海基线没有偏离海岸的一般方向。美国国防部关于直线基线的一份报告中，主张直线基线与陆地海岸的角度不超过20度，则属于没有偏离"海岸的一般方向"。④ 但是，上述标准并未成为国际普遍接受的标准和规则。例如，缅甸和厄瓜多尔的直线基线与陆地海岸的夹角就超过60度。

关于"低潮高地"（low-tide elevations），低潮高地指低潮时高于水面而涨潮时没入水面的自然形成的陆地，也被称为"干礁"（drying bank）或者"岩礁"（rocks）。根据现行国际法规则的规定，如果此种地质结构位于领海内则可以作为领海基点；若位于领海外，必须上面建有永久灯塔或者类似的设施才可以作为基点。换言

---

① 参见 Office for Ocean Affairs and the Law of the Sea, Baselines：An Examination of the Relevant Provisions of the United Nations Convention on the Law of the Sea Ⅷ, United Nations Sales No. E. 88. V. 5, para. 59。

② 参见 J. R. V. Prescott, Straight Baselines：Theory and Practice, p. 310, in E. D. Brown & Churchill, R. R. （eds.）The UN Convention on the Law of the Sea：Impact and Implementation, Law of the Sea Institute, 1987；Mohamed Munavvar, Ocean states：Archipelagic regimes in the Law of the Sea, Springer, 1993, p. 124。

③ 参见 W. Michael Reisman & Gayl S. Westerman, Straight Baselines in Maritime Boundary Delimitation, Lgrave Macmillan, 1992, p. 101。

④ 参见 United States Department of State, Developing Standard Guidelines for Evaluating Straight Baselines, Limits in the Seas, No. 106, Washington, Bureau of Oceans and International Environmental and Scientific Affairs , 31 August 1987, p. 21。

之，如果低潮高地上没有永久灯塔或者类似设施就不可以作为基点。① 但实践中，很多国家也将低潮高地作为基点。例如埃及、沙特阿拉伯、叙利亚和挪威等均有用低潮高地作为基点的情况。

关于不稳定的海岸线，根据《联合国海洋法公约》第7条第2款的规定，"在因有三角洲和其他自然条件以致海岸线非常不稳定之处，可沿低潮线向海最远处选择各适当点，而且，尽管以后低潮线发生后退现象，该直线基线在沿海国按照本公约加以改变以前仍然有效"。实践中，什么样的海岸属于"非常不稳定"没有客观标准。例如，海岸多久发生多大的变化才算是"不稳定"？有的学者认为每年变化10米以上才算是"不稳定"。② 但是，这种主张是否为国际社会所接受，还有待对未来一段的国家实践进行考察。一般来讲，如果有三角洲可以适用直线基线。

值得注意的是，在实践中国家并未受上述不同学者主张的影响，决定其采用正常基线还是领海基线的标准，一国主要是看哪种划法能使国家主张的海域管辖范围更大。而往往一国如果采用直线基线比采用正常基线其线内管辖的海域范围会比较大。从1958年《领海与毗连区公约》和《联合国海洋法公约》的规定看，"低潮线"即正常基线应该是一国确定海域范围的一般情况，而直线基线是特殊情况。但是，实践中该种直线基线的划法比较简单而且在海图中也容易表示，而且其实际效果会让国家获得更大的管辖海域，因而，目前有一种发展趋势，"大部分国家倾向于适用直线基线来测算国际海洋权利"。③ 也就是说，国家适用哪种基线主要是看实际

① 参见1958年《日内瓦领海和毗连区公约》第4条第3款和1982年《联合国海洋法公约》第7条第4款。

② 参见 Sally Mcdonald & Victor Prescott, Baselines along Unstable Coast: An Interpretation of Article 7(2), Ocean Yearbook, Vol. 8, 1989, pp. 80-81。

③ 参见姜皇池：《国际海洋法》（上册），台湾学林文化事业有限公司2004年版，第143页；参见 also Donald R. Rothwell, The Oxford Handbook of the Law of the Sea, Oxford University Press, 2015, the Part of Baseline; Mohamed Munavvar, Ocean States: Archipelagic Regimes in the Law of the Sea, Springer, 1993, p. 116。

效果而非上述纯理论探讨。

通过上述的分析，可以得出这样的结论，关于直线基线的适用，是否有严格的标准或者限制还存在争议，需要通过国家实践的发展不断澄清。但是，相关的国家在确定领海基线时，倾向于采用直线基线。这种现象，正如董箭等学者指出的，由于直线基线划法相对容易，便于国家管理，稳定性较强，且有利于当事国获得更大管辖海域等优点，其广泛应用于沿海国家领海基线的确定。①

（三）其他特殊地形的基线问题

上述只是一般性的关于领海基线的规定。此外，还有一些特殊的地质地理特征的基线的规定。

关于港口（port），作为基点的港口与其他基点不同，它是人为制造的，其他作为基线的基点都是自然形成的。根据现行国际法，港口是指用于停泊船舶、卸载货物、上下乘客，并具有各种工程设施的永久性工程。早在罗马法时代，港口已经被国家视为内水，与陆地相同，受国家主权完全管辖。1958 年《领海和毗连区公约》第 8 条，将港口视为海岸的一部分，"构成海港体系组成部分的最外部永久海港工程应视为海岸的一部分"。所谓"港口最外界线"一般指连接港口外缘各海港建筑、工程的最外各点。《联合国海洋法公约》第 11 条在 1958 年《领海和毗连区公约》第 8 条的基础上，将"近岸设施"和"人工岛屿"排除在港口永久海港工程之外。这说明，港口基线必须将永久海港工程与港口相连，否则位于领海外的港口"岸外设施"和"人工岛屿"不可以作为港口的基点。②

关于河口（estuary），1958 年《领海和毗连区公约》第 13 条和《联合国海洋法公约》第 9 条关于河口基线的规定基本一致，均规定"如果河流直接流入海洋，则基线应是一条在两岸低潮线上两点

① 参见董箭等：《基线段长度限定的领海基点优化选取算法》，载《武汉大学学报(信息科版)》2022 年第 1 期，第 14 页。

② 参见 United Nations, Handbook on the Delimitation of Maritime Boundaries, United Nations Pulications, 2000, para. 39。

之间横越河口的直线"。在实践中，这里存在两个问题：第一，如果河流未直接流入海洋，而在入海处形成河口湾，是否适用该条规定？这种情况，有的学者主张 1958 年《领海和毗连区公约》和《联合国海洋法公约》均未涉及河口湾基线的问题，可以适用关于"海湾"基线的规定，同时应根据国际习惯法，结合每一案例的地理、政治、经济、历史等因素综合考虑以划定河口湾的基线。① 有的学者则认为这种情况一般不再适用本条规定，而直接适用关于"海湾"的相关国际法规定。② 联合国秘书处也赞成这种观点，如其指出河口湾本身也是河流的一部分，而且全球海平面上升的情况下，很少有河口不存在河口湾的情况。③ 正如姜皇池教授指出的，大部分河流均有河口湾，适用有关海湾之规定能够较好地处理河口的基线问题④。第二，如果属于多国河流且河口过宽，那么怎么划定基线呢？是否还是用本条规定？有的学者，认为当河口过大时，应根据具体情况决定到底适用关于"海湾"的规定，还是关于《联合国海洋法公约》第 7 条第 2 款关于"海岸不稳定"的基线规则。⑤ 但实践中，这种情况国家更倾向于直接适用 1958 年《领海和毗连区公约》第 13 条和《联合国海洋法公约》第 9 条的规定。如 1961 年乌拉圭和阿根廷将属于两国的拉普拉塔河两岸的低潮线上两点用直线直接连接起来，这两点相距达 100 多海里。但这种做法遭到了美国、法

---

① 参见 D. P. O'Connell, The International Law of the Sea, Clarendon Press, 1982, pp. 603-604。

② 1956 年国际法委员会讨论此问题时，也主张河口湾的基线适用海湾基线的规定。参见 D. P. O'Connell, The International Law of the Sea, Clarendon Press, 1982, p. 221; 魏敏:《海洋法》，法律出版社 1987 年版，第 37 页。

③ 参见 Office for Ocean Affairs and the Law of the Sea, Baselines: An Examination of the Relevant Provisions of the United Nations Convention on the Law of the Sea Ⅷ, United Nations Sales No. E. 88. V. 5, para. 62。

④ 参见姜皇池:《国际海洋法》(上册)，台湾学林文化事业有限公司 2004 年版，第 187 页。

⑤ 参见 E. D. Brown, The International Law of the Sea, Vol. Ⅰ and Ⅱ, Dartmouth 1994, p. 32。

国、英国、荷兰和意大利等国的抗议。① 不过，联合国秘书处的研究报告却认为，1958 年《领海和毗连区公约》第 13 条和《联合国海洋法公约》第 9 条不仅适用于一国河口，还适用于多国河口。② 此外，很多学者也支持上述观点。③

关于海湾，国际法承认海湾与陆地有密切的关系，它不仅是陆地的一部分，而且对沿岸国人民的生活、国家安全、航行以及经济等方面均有重要影响。因此，国际社会普遍认为将海湾视为内水而非领海更为妥当。于是，《领海和毗连区公约》第 7 条和《联合国海洋法公约》第 10 条规定，符合一定条件的水曲就是国际法所承认"海湾"，各沿岸国可将海湾"封口线"（closing line）作为领海基线。事实上，这种基线的划法就是直线基线在海湾的适用。根据上述公约的规定，对于海湾可以得出这么几个判断标准：首先，海湾必须是天然形成的；其次，海湾需有明显的水曲，需要注意的是，所谓"明显的水曲"不是从地图上看，而是航海者在海岸外用肉眼判断两岸及其后水域是否属于明显水曲④；复次，海湾水曲的凹陷程度和湾口的宽度应使其有被"陆地环抱"之感；又次，海湾的凹入程度和曲口宽度的比例采取"半圆规则"（semi-circle test）标准，即水曲面积大于或者等于横越曲口所画的直线作为直径的半圆形的面积⑤，简言之，符合"半圆规则"的才是海湾；最后，横越海湾曲口

---

① 参见邱宏达：《现代海洋法》，台湾三民书局 1996 年版，第 579 页。

② 参见 Office for Ocean Affairs and the Law of the Sea, Baselines：An Examination of the Relevant Provisions of the United Nations Convention on the Law of the Sea Ⅷ, United Nations Sales No. E. 88. V. 5, para. 62。

③ 参见 FA Ahnish, The International Law of Maritime Boundaries and the Practice of States in the Mediterranean Sea, Oxford University Press , 1993, p. 16；Lewis Alexander, Baselines Delimitations and Maritime Boundaries, the Virginia Journal of International Law, No. 24, 1983, p. 519。

④ 参见姜皇池：《国际海洋法》（上册），台湾学林文化事业有限公司 2004 年版，第 192 页。

⑤ 1958 年《领海和毗连区公约》第 7 条第 2 款和 1982 年《海洋法公约》第 10 条第 2 款。

的连线不得超过 24 海里。若超过 24 海里，直线基线应划在海湾内，以划入该长度的线所可能划入的最大水域为准。另外，如果因海湾曲口分布着岛礁造成水曲有一个以上的曲口，该半圆形应划在与横越各曲口的各线总长度相等的一条线上。水曲内的岛屿应视为水曲水域的一部分且包括在内。需要注意的是，横越各曲口各线的总长度也不能超过 24 海里，否则这条线也应该画在海湾内。

从以上的分析可以看出，两公约的关于海湾基线的规则主要适用于该海湾属于一国的情形。可是在实践中，一个海湾同时属于多个国家的案例也为数不少，例如法国和西班牙的比斯开湾（Bay of Bisca）、加拿大与美国的帕萨马科迪湾（Passamaquoddy Bay）、索马里和也门的亚丁湾（Gulf of Aden）、中国与越南的北部湾。另外，像泰国湾、南海可不可以视为多国海湾呢？这些海域的基线和海域划界还有待深入探讨。如果上述海域可以视为多国海湾，那么也可参照国际惯例的做法，先画一条封口线，线内适用内水制度；至于各国湾内分界线再由各国协议确定。但严格来讲，理论上多国海湾的领海基线不适用上述规定。也就是说，多国海湾的领海基线不适用"封口线"的做法。换言之，多国海湾不能适用直线基线，只能适用正常基线。但实践中，多国海湾国家一般也将"封口线"作为统一的领海基线，然后各国通过协议划分线内水域。相关的司法案例主要有 1901 年中美洲法院判定的"丰塞卡湾"（Gulf of Fonseca）案，该海湾是萨尔瓦多、洪都拉斯与尼加拉瓜三国的"共同内水湾"；1992 年国际法院在"陆地、岛屿和海疆划界案"（Land, Island and Maritime Frontier Case）也作出了与前案相同的裁决。相关的国家实践主要是 1988 年莫桑比克与坦桑尼亚将两国的"姆那西湾"（the Mnazi Bay）用封口线作为领海基线，线内适用内水制度，然后两国将线内水域协议划界。

关于历史性海湾，通常国家主张的历史性海湾的湾口长度都大于 24 海里。例如，加拿大主张的哈德逊湾（Hudson Bay）湾口长度超过 50 海里，埃及主张的阿拉伯湾湾口两端之间的直线距离宽达

75 海里，苏联主张的彼得大帝湾湾口长度为 110 海里。1958 年《领海和毗连区公约》第 7 条第 6 款和《联合国海洋法公约》第 10 条第 6 款，关于"海湾"基线的规则，一般不适用于历史性海湾。通常国家的做法是，如果其主张的历史性海湾获得他国的承认，那么不管该海湾的湾口两端的距离多宽，一律可以将"封口线"作为该海湾的领海基线，而不必受基线长度不得超过 24 海里的限制。关于"历史性海湾"的构成要件，第一次海洋法和第三次海洋法会议期间都有国家提出过相关议案，但均未通过。① 很多学者也探讨过这个问题。② 联合国还就此问题发表过研究报告。③ 美国国务院也在 1973 年提出过相关的研究报告。④ 但是国际上没有普遍接受的关于"历史性海湾"构成要件的标准。一般认为"历史性海湾"至少要符合以下两个要件：有历史证据证明一国对该海域享有主权的意思且得到他国的承认或者至少得到相关国家的容忍。⑤ 就目前国家实践来看，"历史性海湾"的合法性主要看有关国家的态度。

（四）关于基线长度

第一次海洋法会议中，曾有国家提出每段基线的长度不能超过

---

① 参见 R. R. Churchill, & A. V. Lowe, The Law of the Sea (2nd ed.), Manchester University Press, 1988, p. 36。

② 参见 Philip C. Jessup, The Law of Territorial Waters and Maritime Jurisdiction, California Law Review, 1928; Leo J. Bouchez, The Regime of Bays in International Laws, A. W. Sythoff, 1964; Yehuda Z. Blum, Historic Titles in International Law, Springer, 1965; Gayl S. Westerman, the Juridical Bay, Oxford University Press, 1987。

③ 参见 Memorandum Concerning Historic Bays, United Nations document (A/CONF. 13/1), 1957; UN Secretariat, the Juridical Regime of Historic Waters, 1962。

④ 参见 the U. S. Department of State, Digest of United States Practice in International law, 1974, pp. 244-245。

⑤ 参见姜皇池：《国际海洋法》（上册），台湾学林文化事业有限公司，2004 年版，第 199 页。

15 海里。1951 年"英挪渔业案"之后，有的学者主张每段基线长度不得超过 45 海里，有的主张学者不得超过 60 海里。① 美国则主张基线的长度不能超过 24 海里。② 然而，就现有的国家实践来看，还没有哪个国家因为基线的长度过长而导致其领海基线绝对无效的先例。但这也不意味着，这些国家的做法得到他国的承认。

（五）关于海图的规定

根据 1958 年《领海与毗连区公约》第 3 条、第 4 条第 6 款和 1982 年《联合国海洋法公约》第 5 条、第 16 条第 2 款，要求各沿海国将领海基线妥为公布并提交联合国秘书处。但是，在各国实践中，并不是所有国家都遵守这一规定。

此外，根据上述公约的相关规定，有两种基线表明的方法：其一，表明领海基线的位置或者领海的外部接线；其二，只是列出基点的地理坐标并注明作为参照的大地基准点。而实践中，各国对于该项义务的履行并不热衷。③

从上述分析中，可以得出这样的结论：关于领海基线、基点的选择以及基线长度等相关的问题和概念界定事实上没有普遍接受的国际标准。目前，领海基线的确定主要根据上述相关国际法规则，结合沿海国海域的具体情况，国家自由裁量的成分较大。

第二节　马来西亚领海基线与基点

马来西亚既是 1958 年《领海与毗连区公约》的缔约国，也是 1982 年《联合国海洋法公约》的缔约国。如果根据上述两公约关于

---

① 参见 Mohamed Munavvar, Ocean states：Archipelagic regimes in the Law of the Sea, Springer Netherlands , 1993, p. 142；R. R. Churchill, & A. V. Lowe, The Law of the Sea（3rd ed.）, Manchester University Press 1999, p. 37

② 参见 W. Smith, Straight Baselines：The Need for a Universally Applied Norm, Ocean Development and International Law , Vol. 31, 2000, pp. 47-50。

③ 参见姜皇池：《国际海洋法》（上册），台湾学林文化事业有限公司 2004 年版，第 216 页。

领海基线的相关规定，马来西亚的海岸线比较平滑，应该适用正常基线。但事实上，马来西亚领海基线采用的是直线基线。

一、马来西亚未公开的直线基线

马来西亚至今未公开说明其领海基线是直线基线还是正常基线，也未公布其领海基线的具体位置。但这并不影响对其领海基线的研究。因为通过其有关法律文件或者其与邻国签署的相关法律文件和有关地图均可推断出马来西亚的领海基线的类型。

1969年8月2日马来西亚当局颁布了一份关于领海界线的法令。随后，马来西亚和印度尼西亚于1969年11月7日签署了大陆架划界协议，并将一份两国界线地图附在该协议后，但是该地图没有表示地理坐标。1971年马来西亚和印度尼西亚又签署了领海划界协议。美国国防部据此指出：马来西亚已经确定了领海基线。1979年10月24日，马来西亚与泰国分别达成了领海和近海大陆架划界协议。1985年，马来西亚颁布了渔业法案。

除了上述提到的与别国达成海域划界协议外，与马来西亚领海基线直接相关的可能就是两幅地图。1979年12月21日马来西亚国家测绘局出版的马来西亚已经划定的海域边界的地图和马来西亚主张的领海和大陆架界线的地图（Map Showing the Territorial Waters and Continental Shelf Boundaries of Malaysia）。[①] 虽然地图没有附上地理坐标，但结合上述的相关法律文件也可以推断马来西亚领海基线的大致位置。马来西亚将其海域内最外缘的岛礁作为基点。[②] 但其中很多基点远离马来西亚海岸。例如，马来西亚将其最东部的距离其陆地海岸59海里之外的一个孤立岛屿作为基点。综上，可以推断出马来西亚适用的直线基线。

---

① 参见 Haller Trost, The Contested Maritime and Territorial Boundaries of Malaysia: An International Law Perspective, Kluwer Law International. 1998, p. 1, Published by the Malaysian Directorate of National Mapping。

② 参见 J. R. V. Prescott, The Maritime Political Boundaries of the World, Methuen 1985, p. 214。

根据克莱夫·霍华德·斯科菲尔德博士论文中提供的数据，马来西亚领海基线总长 356.5 海里，每段基线平均长度 32.4 海里，最长的基线达 92.33 海里。① 马来西亚以此基线确定的内水域总面积约为 5502.7 平方海里，而且其中约 330.36 平方海里、约占内水总面积 6%的海域宽度超过 12 海里。马来西亚以此确定的领海总面积约为 4291.76 平方海里，其中约 2030.7 平方海里、约占领海总面积 47%的海域宽度超过 12 海里领海的限制，而且其中约 147.38 海里、约占其领海面积 3.4%的海域与基线的距离超过 24 海里。②

二、马来西亚领海基线的效力

有部分学者认为马来西亚的领海基线不符合国际法的规定，是非法无效的。例如，美国学者扎瑞克（Daniel J. Dzurek）认为马来西亚的领海基线做法既不符合习惯国际法也不符合国际条约的规定。澳大利亚的普瑞斯科特（Prescott）教授也认为马来西亚部分领海基线不符合《联合国海洋法公约》的规定。③ 学者哈勒·特罗斯特则认为马来西亚的领海基线是不可接受的。④

从上述数据和资料来看，马来西亚的领海基线不符合 1958 年《领海与毗连区公约》和 1982 年《联合国海洋法公约》关于领海基线的规定，具体的理由如下：第一，马来西亚的海岸线比较平滑，紧临其海岸并没有一系列岛屿，海岸线也没有明显的曲折。第二，马

---

① 参见 Clive Howard Schofield, Maritime Boundary Delimitation in the Gulf of Thailand, Durham University, 1999, p. 166。

② 参见 Clive Howard Schofield, Maritime Boundary Delimitation in the Gulf of Thailand, Durham University, 1999, p. 161。

③ 参见 J. R. V. Prescott, Maritime Jurisdictional Issues, in Kent, G. and Valencia, M. J. (eds.) Marine Policy in Southeast Asia, University of California Press, 1985。

④ 参见 Haller-Trost, The Contested Maritime and Territorial Boundaries of Malaysia: An International Law Perspective, Kluwer Law International 1998, p. 97。

来西亚的海岸主要以沙质海岸(sandy beach)为主,因此并不符合现行国际法关于存在三角洲或者其他自然条件造成的海岸不稳定的情况。即使沙质海岸可能导致海岸线不稳定,但是从马来西亚海岸实际变化来看似乎并不符合海岸线"非常不稳定"的情形。第三,马来西亚在泰国湾的海岸也不存在明显的曲折。第四,其领海基线相当部分的基点是浅滩(shoal)。这些浅滩如果根据上述公约的规定不可以作为领海基点,也不享有领海、毗连区、专属经济区和大陆架的权利。第五,作为其领海基线的部分基点的岛礁距离其海岸达40海里。虽然国际法和国际实践尚未形成关于"紧临海岸"的明确标准,但是结合马来西亚的地形地貌和海域情况,这明显不符合大部分学者或者国家关于基点与陆地海岸距离限制的主张或做法。

奇怪的是,马来西亚这种领海基线的做法并没有像其他泰国湾国家如柬埔寨、越南一样,招致其他国家的抗议。这可能与马来西亚没有正式宣布其领海基线是直线基线还是正常基线有关,或者没有公布领海基线的具体位置有关,这种低调的做法可能是邻国对其领海基线没有异议的主要原因;并且其与泰国湾邻国的关系相对友好,与泰国湾的邻国基本已经妥善解决了泰国湾的海域划界争议;而且其在泰国湾的海域划界对其他国家尤其是海洋强国的海洋权利行使基本没有影响,因此区域外国家也未对其领海基线的划法指手画脚。

不过结合领海基线国家的实践客观来看,马来西亚领海基线的做法并不算最出格的。例如,马来西亚领海基线最长的一段基线长57.4海里,而世界领海基线最长的一段为64.8海里。再如,马来西亚直线基点与其陆地海岸的平均距离为19海里,远远小于严格的美国标准24海里。从其与邻国解决海域争端的实践来看,有关国家似乎对于马来西亚领海基线的划法没有异议。

概言之,马来西亚的直线基线虽然根据现行国际法的规定存在瑕疵,但是与其他国家实践相比,它的做法并非唯一且最出格的。而且,域内外国家都未对其提出强烈的反对,甚至可以说域内国家也未对其领海基线提出疑问。因此,从这个意义上讲,马来西亚的领海基线并不完全是非法无效的。

第三节　泰国领海基线与基点

泰国是 1958 年《领海与毗连区公约》的缔约国，它未签署 1982 年《联合国海洋法公约》。泰国的领海基线也采用直线基线。泰国在泰国湾的领海基线大概经历了三个发展阶段。

一、1959 年保守的领海主张

1959 年 9 月 22 日泰国总理府发表了关于内水的声明①，宣布布莱特湾（Blight of Thailand）为历史性海湾（见附图四区域①），并公布了相应区域的领海基线。其线内水域面积为 2833.7 平方海里，据此主张的领海面积为 849.5 平方海里。泰国将布莱特湾作为"历史性海湾"，线内水域面积比适用正常基线多出 672.5 平方海里，约 23.7%。② 其据此主张的领海比之前多出 348.1 平方海里，领海的面积约增加 41%。③

根据国际法的规定，历史性水域封口线内的水域可以适用内水制度。布莱特湾三面被泰国陆地包围，历史上就是泰国渔民捕捞的渔场和进出其首都曼谷的港口，因此完全符合"历史性海湾"的普遍标准。此外，其水曲的面积完全符合国际法关于海湾的"半圆规则"。所以，即使适用国际法关于"海湾"的基线规则，布莱特湾的基线也是其封口线。但是，泰国宣布时称封口线内的水域为其领

---

① 参见 Declaration of the Office of the Prime Minister Concerning the Inner Part of the Gulf of Thailand, 22 September 1959, http：//www. un. org /depts/los/ LEGISLATIONANDTREATIES/STATEFILES/THA. htm。

② 参见 Clive Howard Schofield, Maritime Boundary Delimitation in the Gulf of Thailand, Durham University, 1999, p. 178。

③ 参见 Clive Howard Schofield, Maritime Boundary Delimitation in the Gulf of Thailand, Durham University, 1999, p. 178。

海，而非内水。① 至于泰国为何主张该湾线内水域为领海，不得而知，极有可能是无意的纰漏。因为从其后续的实践看，线内水域适用内水制度。

二、1970 年中规中矩的领海主张

1970 年 6 月 11 日泰国正式宣布其领海基线为直线基线，并公布了三部分领海基线，其中两部分位于泰国湾(见附图四区域②)。

(一)泰国湾内第一部分的直线基线

1970 年泰国颁布的泰国湾内第一部分的直线基线，共有 8 个基点，由 7 段基线组成。该区域基线总长 66 海里，其中最长的一段基线为 19.65 海里，平均长度为 9.43 海里②。基点与泰国陆地海岸的最远距离为 21.87 海里，平均距离为 13.34 海里。③ 线内水域面积为 945.57 平方海里。这部分海域完全位于正常基线内 12 海里。基于该线，泰国主张的领海面积为 782 平方海里。④ 即使适用正常基线这部分海域也属于领海。

(二)泰国湾内第二部分的直线基线

1970 年，泰国颁布泰国湾内第二部分海域的直线基线共 16 个基点，由 15 段基线构成。该区域直线基线总长 126.05 海里。其中

---

① 参见 A Decree Published in the Royal Gazette of 22 September, Stated That: The Council of Ministers deems it proper to give notification reaffirming that the Bight of Thailand …is the historical gulf and that the waters to the north of the said base line are territorial waters of Thailand. Thailand has so held since time immemorial。

② 参见 Clive Howard Schofield, Maritime Boundary Delimitation in the Gulf of Thailand, Durham University, 1999, p. 182。

③ 参见 Clive Howard Schofield, Maritime Boundary Delimitation in the Gulf of Thailand, Durham University, 1999, p. 182。

④ 参见 Clive Howard Schofield, Maritime Boundary Delimitation in the Gulf of Thailand, Durham University, 1999, p. 182。

最长的一段基线为 33.75 海里，平均基线长度为 8.4 海里。基点距离泰国海岸最远的达 33.88 海里，平均距离为 15.77 海里。其中 4 个基点位于泰国海岸 24 海里外。这部分泰国内水的面积为 3079.45 平方海里，领海面积为 1693.11 平方海里

这部分海域适用直线基线使得泰国的管辖海域增加。比适用正常基线管辖的内水面积增加 952.42 平方海里，约比正常基线的内水增加 31%；领海比使用正常基线增加 398.46 平方海里，约增加 23.5%。

由于上述两部分海域海岸线比较曲折，而且在其外缘有一系列紧临的岛屿，因此这两部分海域适用直线基线基本符合 1958 年《领海与毗连区公约》关于领海基线的规定，也符合 1982 年《联合国海洋法公约》的相关规定。

三、1992 年夸张的领海主张

1992 年 8 月 17 日泰国外交部公布了《泰国总理府关于直线基线和内水的声明》(Announcement of the Office of the Prime Minister concerning the Straight Baselines and Internal Waters of Thailand)。① 该声明在泰国原有领海基线的基础上，又增加了新的第四部分领海基线(见附图四区域③)。② 这部分海域也适用直线基线，其大大增加了泰国管辖海域的面积。

泰国在泰国湾内第四部分的直线基线由 4 个基点组成，共 3 段基线，分别长为 79 海里、95 海里和 63 海里，平均长达 79.1 海里。基点与泰国海岸最远的距离为 37.26 海里，平均距离为 29.15 海里。线内水域接受内水制度管辖。③

---

① http：//www.un.org/Depts/los/LEGISLATIONANDTREATIES/PDFFILES/ THA_1993_Announcement.pdf.

② 参见 UN Law of the Sea Bulletin 25，June 1994：82-84，available online：http：//www.un.org/Depts/los/LEGISLATIONANDTREATIES/PDFFILES/THA 1992_Announcement.pdf。

③ 参见 Clive Howard Schofield, Maritime Boundary Delimitation in the Gulf of Thailand, Durham University，1999, p.187。

与泰国的之前领海基线相比，这部分的直线基线主要有以下几个特征：第一，该水域的海岸并不符合"极度曲折"的特点，而且该海岸沿岸的这些岛礁并不是呈"一系列"分布，基本都是分散的、孤立的。第二，有些基点远离泰国海岸，不符合"紧临海岸"的要求。例如，最远的鼠岛（Ko Losin）距离泰国海岸远达 37.26 海里，离泰国海岸最近的基点距离泰国海岸也达 22.68 海里。① 这并不符合 1982 年《联合国海洋法公约》关于基点以及基点之间距离的要求。第三，有些基点属于"岩礁"（rocks）或者说"低潮高地"。按照现行国际法的规定，这些岩礁既不能作为基点，也不该享有专属经济区和大陆架。但是，泰国为了扩大其管辖海域却将这些岩礁作为基点，在此基础上主张领海、毗连区、专属经济区和大陆架。

泰国通过这种做法扩大了管辖海域面积，拓展了其海域管辖权。该区域直线基线内的内水面积达 7824.48 平方海里，比适用正常基线所得的内水面积增加了 4336.4 平方海里，增幅达 55%。其中 19.8%、约 1549.41 平方海里的海域位于正常基线 24 海里外。泰国据此主张的领海，比采用正常基线增加 2086.4 平方海里，增幅约 75%。② 另外，更重要的是，在与邻国划界谈判的过程中，泰国这一做法也取得积极效果，使泰国的海洋利益最大化。例如，泰国在与越南海域划界的谈判过程中获得巨大优势。具体将在下章中泰国与越南海域划界部分详细分析。

四、泰国领海基线的效力

从上述分析可以看出，泰国的领海基线由保守向扩张发展，主要适用直线基线并通过将远岸岛礁作为基点的方式，使领海基线极大地向海的方向推移。泰国领海基线的做法可能有两方面原因：一方面是对柬埔寨（和越南）历史性水域做法的反制，另一方面也是

---

① 参见 J. R. V. Prescott, The Maritime Political Boundaries of the World, Methuen, 1985, p. 218。

② 参见 Clive Howard Schofield, Maritime Boundary Delimitation in the Gulf of Thailand, Durham University, 1999, p. 188。

为了使其与相关国家划界谈判时处于有利地位。

泰国这种划定领海基线的做法，事实上与越南和柬埔寨将远岸岛屿作为领海基点的做法类似。但是奇怪的是，泰国的这种做法没有招致航行利益的坚定维护者——美国的抗议，反而遭到了德国和欧盟的抗议。① 德国认为泰国第四部分领海基线的海岸既不存在"极度曲折"的情况，也不存在"一系列岛屿"；并且认为，虽然国际法没有对基线的长度进行限制，但是无论如何泰国这部分的每段基线的长度过长。②

有学者也对泰国的领海基线提出批评。如有的学者认为泰国领海基点象岛（Ko Kra）和鼠岛（Ko Losin）距离大陆最近的点约107公里。③

泰国的直线基线虽然引起了德国和欧盟等区域外国家、组织和学者的抗议，但是从它与邻国海域划界实践来看，其泰国湾邻国似乎对此并未提出过多的质疑。例如，与越南的海域划界实践谈判中，泰国就是以1992年颁布的第四部分的领海基线为准，与越南按照中间线的原则划分两国间的争议海域。再如，虽然马来西亚认为，泰国的鼠岛不是有效的基点，也不具有划界效力，但是两国的共同开发边界仍然以泰国此段领海基线为基础主张的大陆架界线为限，确定了两国共同开发区的范围。

从第一节对相关国际法规则的分析来看，国际社会并没有对海域划界的概念内涵和判断标准形成普遍接受规则和实践。实践中，国家适用何种类型的领海基线、基点的选择，由当事国自主决定。而且如前所述，从直线基线的国际实践来看，泰国的做法也不是个例。此外，泰国的直线基线还得到了利害相关国家的默认或者容

① 参见 Daniel J. Dzurek, Maritime Agreement and Oil Exploration in the Gulf of Thailand, in Gerald Blake（eds.）, Boundaries and Energy: Problems and prospects, Springer, 1998, p. 119。

② 参见 United Nations Law ofthe Sea Bulletin, No. 28, 1995, p. 31。

③ 参见 Daniel J. Dzurek, Maritime Agreement and Oil Exploration in the Gulf of Thailand, in Gerald Blake（eds.）, Boundaries and energy: Problems and prospects, Springer, 1998, p. 119。

忍。因此，也不能说泰国在泰国湾内的直线基线是非法的和无效的。

第四节　柬埔寨领海基线与基点

柬埔寨是 1958 年《领海与毗连区公约》的缔约国。相对于泰国湾其他沿海国，柬埔寨是最早公布领海基线的国家。此后，柬埔寨多次对其领海基线进行修改外扩。其领海基线的发展大致经历了三个阶段（见附图四）：第一阶段是 1957 年颁布的领海基线，这一时期柬埔寨的领海基线可以说是对 1958 年《领海与毗连区公约》有关规则的严格解释与适用；第二阶段是 1972 年对 1957 的领海基线重新修订，最主要的变化是将"玉岛"（Koh Tral）（越南称"富国岛"，Phu Quoc Island）作为基点；第三阶段是 1982 年柬埔寨再次对其领海基线进行修订，这次可称为"简化的领海基线"。下面将对柬埔寨的领海基线进行详细分析。

一、1957 年的领海基线

柬埔寨海岸线曲折，且海岸附近分布着众多岛礁。早在 1957 年柬埔寨就公布了全海岸的领海基线。其领海基线始于柬埔寨和泰国的陆地边界，终于柬埔寨与越南的陆地边界，共有 12 个基点，11 段基线。这些基点基本是紧临柬埔寨海岸的岛屿，基点到海岸的平均距离 9.8 海里，最远达 16.47 海里。领海基线全长 143.36 海里，其中最长的基线达 22.68 海里，基线平均长度为 11.95 海里。①

1957 年柬埔寨的领海基线分为三个部分：北部、中部和南部。北部的领海基线主要由沿岸岛屿连接而成。中部的领海基线的基点与北部的基点相比，离海岸距离稍远，例如中部的基点 C6（见附图四）。南部的领海基线事实上是正常基线。

---

① 参见 Clive Howard Schofield, Maritime Boundary Delimitation in the Gulf of Thailand, Durham University, 1999, p. 137。

二、1972 年的领海基线

1972 年 8 月 2 日柬埔寨对 1957 年领海基线做了修改。该线共21 个基点，由 20 段基线组成。这条基线的突出特点是将与越南有主权争议的玉岛作为领海基点，同时将远岸岛礁作为基点。

这条领海基线大致上可分为两类：一类是沿岸的直线基线，将沿岸最外缘的岛礁连接起来。另一类是远岸岛屿的正常基线，把距离海岸比较远的岛屿或者群岛分别画出正常基线。其中，沿岸的直线基线可以分成三部分：第一部分为北部和中部的领海基线。将柬埔寨沿岸最外缘的岛屿用直线基线连接起来。该部分从柬埔寨和泰国的陆地边界起，然后与 1957 年领海界线外的卡斯罗威岛（Koh Kusrovie）、康德岛（Condor Reef）、威尔岛（Koh Veer）、赛斯岛（Koh Ses）连接起来。第二部分为玉岛（越南称"富国岛"）附近的领海基线。这部分将玉岛最外缘的点连接起来。第三部分为富国岛基线的终点到越南和柬埔寨陆地分界点之间的领海基线。柬埔寨远岸岛屿的基点主要是波罗威群岛、德蓬岛和波罗般洋群岛。

这条柬埔寨的领海基线具有以下特点：第一，它由两种基线构成，是正常基线与直线基线混合的基线。第二，将与越南有主权争议的玉岛、波罗般洋群岛和波罗威群岛作为基点。第三，单独划定远离海岸的岛屿的领海基线。单独划定的岛屿领海基线主要有：董里府岛（它距离柬埔寨海岸为 37.8 海里）、戈公岛（Koh Kgong）（它与柬埔寨陆地海岸的距离为 35.9 海里）和普林斯岛（它距离柬埔寨海岸为 31.86 海里）。第四，与 1957 的领海基线相比，1972 年领海基线每段长度较短。1957 年领海基线每段基线的平均长度为11.95 海里，而 1972 年的平均长度为 10.44 海。第五，增加了柬埔寨在内水和领海的海域面积。

这条领海基线对柬埔寨最大的意义就是，它扩大了柬埔寨管辖的海域范围。1972 年柬埔寨的领海基线使柬埔寨管辖的内水和领海面积增幅达 13.6%，约 4419 平方海里。[①] 该线内内水的面积为

[①] 这些数据主要参考 Clive Howard Schofield, Maritime Boundary Delimitation in the Gulf of Thailand, Durham University, 1999, p. 147。

2375 平方海里，比正常基线内的内水面积多 81 平方海里，增幅约
3.4%。柬埔寨据此主张的领海的面积约 2044 平方海里，比适用直
线界线多出 522 平方海里，约增 25.5%。

三、1982 年的领海基线

1982 年 7 月 31 日，柬埔寨再次对其领海基线进行修改，并公
布了基点的坐标。这条柬埔寨领海基线由 5 个基点和 4 段基线构
成，因此，被称为简化的领海基线。与之前柬埔寨的领海基线相
比，1982 年柬埔寨的领海基线向海方向拓展，但是放弃了与越南
有争议的海域的领海主张。

该基线始于柬埔寨泰国陆地边界，终于待定的基点 O 点
（floating point O）。O 点是越南和柬埔寨历史性水域分界点，需要
两国今后协商确定。最远的基点 C3 距柬埔寨海岸约 53.05 海里，
最近的基点距柬埔寨海岸 16.3 海里。① 基线全长 102.19 海里，每
段基线的平均长度为 34.06 海里，其中最长的一段基线为 51.84 海
里。②

与 10 年前柬埔寨的领海基线相比，1982 年柬埔寨的领海基线
主要有以下几个特点：第一，放弃了部分重要的基点，例如"波罗
般洋群岛"（Poulo Panjang）③和玉岛。这可能因为两国已经同意"布
莱维线"（the Brévié Line）是海上岛屿归属线，富国岛和波罗般洋群
岛位于该线以东，按照两国协议属于越南，不再作为柬埔寨的领海
基点④。第二，与一般的基点不同，这条领海基线的终点 O 点的位
置是虚拟的，并不确定。第三，不论岛礁的大小，根据其所处位
置，将柬埔寨海域内最远的岛礁作为基点。例如波罗威群岛，也就

---

① 参见 Clive Howard Schofield, Maritime Boundary Delimitation in the Gulf
of Thailand, Durham University, 1999, p. 150。

② 参见 Clive Howard Schofield, Maritime Boundary Delimitation in the Gulf
of Thailand, Durham University, 1999, p. 152。

③ 越南称"土珠岛"（Tho Chu）。

④ "布莱维线"（the Brévié Line）是 1939 年法国人在印度支那殖民时期，
为了行政管辖方便，在海上划的一条行政管辖分界线。

是基点 C3 距离柬埔寨海岸 53.05 海里。

1982 年柬埔寨基线这样划定可能有两种可能：其一，企图在与泰国解决海域争端的谈判过程中获得有利的谈判地位，争取更多的海洋权益；其二，与柬埔寨越南共同开发的历史性水域的基线保持一致性。

该领海基线对于柬埔寨最大的意义在于增加了柬埔寨的内水和领海面积。线内内水的面积达 3009 平方海里，比适用正常基线增加 6.7%，约达 201 平方海里。据此主张的领海面积为 1508 平方海里，比适用正常基线多了 630.2 平方海里，管辖的领海面积增幅近 42%。[1]

1982 年柬埔寨的领海基线引起很多国家的抗议，并遭到了学者的批评。泰国认为当时越南控制柬埔寨，不承认柬埔寨时任政府的合法性，由此主张 1982 柬埔寨颁布的领海基线是非法的和无效的。[2]美国在 1986 年一份《权利宣言》(Assertion of Right) 中对柬埔寨该条领海基线提出抗议。美国国防部认为柬埔寨的领海基线既不符合 1958 年《领海与毗连区公约》的规定，也不符合 1982 年《联合国海洋法公约》的规定，认为 CI 与 C2 之间的基线过长。

四、柬埔寨领海基线的法律效力

柬埔寨先后三次调整了其领海基线的位置，总地来说它扩大了柬埔寨管辖的海域范围，但由于历史原因其合法性有待其自身和邻国在未来的实践中发展和确认。

(一)1957 年严格的领海基线

根据国际法的规定和其他国家实践来看，1957 年柬埔寨的领海基线比较保守，而且是对 1958 年《领海与毗连区公约》的严格解

---

[1] 参见 Clive Howard Schofield, Maritime Boundary Delimitation in the Gulf of Thailand, Durham University, 1999, p. 157。

[2] 参见 Clive Howard Schofield, Maritime Boundary Delimitation in the Gulf of Thailand, Durham University, 1999, p. 155。

释，因此被称为保守的领海基线。但是仍有学者对柬埔寨的该条领海基线质疑。例如，有的学者认为 1957 年柬埔寨领海基线存在瑕疵，认为点 C1 到点 C2 之间的海岸线比较平滑，不应该适用直线基线，而应该适用正常基线，并且这段基线过长。①

总地来看，1957 年柬埔寨的领海基线相对保守，是对 1958 年公约的严格解释。将这一时期柬埔寨的领海基线称为"严格的领海基线"原因有二：第一个原因是"磅逊湾"（Kompong Som Bay）的基线，磅逊湾三面被陆地包围，封口线长为 15.7 海里，线内水域的面积大于以封口线为直径的半圆的面积。柬埔寨完全可以依据 1958 年《领海与毗连区公约》第 10 条的规定，用湾口的封口线作为磅逊湾的领海基线。而且，该海湾长期以来被柬埔寨人民使用。所以，柬埔寨完全可以主张该海湾是历史性海湾。但是，柬埔寨依然严格按照直线基线的划法，将该湾湾口的各点连接起来。第二个原因，柬埔寨虽然主张其领海基线是直线基线，但这条领海基线事实上不是严格意义上的国际法的"直线基线"而是正常基线。或者说，它只是正常基线的简化的划法，并不是对其海岸线最外缘的点连接起来的直线基线。之所以说它是正常基线的简单划法，是因为它只是将部分低潮点连接起来，并不是一条低潮线，例如 C1 与 C2，C9 与 C10，C10 与 C11 之间均是简单地用一条直线连接起来。事实上，柬埔寨因其海岸特征完全可以根据 1958 年《领海与毗连区公约》第 4 条规定，将柬埔寨沿岸岛礁最外缘的点连接起来，适用真正意义上的直线基线。

如果对 1958 年《领海与毗连区公约》相关领海基线的规则进行严格的解读，1957 年柬埔寨的领海基线也没有任何逾越之处。有些根据该公约可以作为内水的水域，柬埔寨也没有主张。

（二）1972 年混合的领海基线

1972 年柬埔寨的领海基线遭到一些学者的批评。比如，有的

---

①　上述几点的具体位置参见 Clive Howard Schofield, Maritime Boundary Delimitation in the Gulf of Thailand, Durham University, 1999, p. 135。

学者认为康德岛(Condor Reef)不应成为基点，因为它是低潮低点，且位于柬埔寨海岸 17 海里之外，不应该享有领海、专属经济区和大陆架。① 如泰国学者克里安沙克·基蒂猜沙里（Kriangsak Kittichaisaree）认为 1972 年柬埔寨领海基线位于卡斯罗威岛和普林斯岛之间的基线偏离的柬埔寨海岸的一般方向。② 还有的学者认为，除了北部和中部的领海基线外，柬埔寨剩余两部分领海基线适用正常基线比直线基线更为妥当。因为，玉岛东西两岸以及玉岛到柬埔寨和越南陆地边界的海岸线比较平滑，这种情况适用直线基线不符合《领海与毗连区公约》关于直线基线的规定。③

　　但是笔者认为这些学者指出的问题并不一定导致柬埔寨领海基线无效。原因如下：第一，关于"低潮地点"是否可以作为领海基点的问题，就世界范围内的领海基线的实践来看，将低潮低地作为基点的国家，除了柬埔寨，还有埃及、沙特阿拉伯、叙利亚和挪威等。因此，这并非导致柬埔寨的领海基线无效。第二，关于"海岸的一般方向"并不存在国际普遍接受的标准和规则。例如，缅甸和厄瓜多尔的直线基线与陆地海岸的夹角就超过 60 度。因此，柬埔寨的做法也非前所未有。第三，关于适用直线基线还是正常基线的问题。有的学者认为，除了北部和中部的领海基线外，柬埔寨剩余两部分领海基线适用正常基线比适用直线基线更为妥当。因为，玉岛东西两岸以及玉岛到柬埔寨和越南陆地边界的海岸线比较整齐，这种情况适用直线基线不符合国际法关于直线基线的规定。④ 但并不是柬埔寨这样适用直线基线，除了泰国湾的马来西亚、泰国和越南，其他地区的国家出于便利或者扩大管辖海域的考虑也直接适用

---

　　① 参见 Clive Howard Schofield, Maritime Boundary Delimitation in the Gulf of Thailand, Durham University, 1999, p. 148。

　　② 参见 Kriangsak Kittichaisaree, The Law of the Sea and Maritime Boundary Delimitation inSouth-East Asia, Oxford University Press, p. 14。

　　③ 参见 Clive Howard Schofield, Maritime Boundary Delimitation in the Gulf of Thailand, Durham University, 1999, p. 148。

　　④ 参见 Clive Howard Schofield, Maritime Boundary Delimitation in the Gulf of Thailand, Durham University, 1999, p. 148。

直线基线而非正常基线。

事实上，根据斯科菲尔德的研究表明，柬埔寨领海基线采用正常基线和采用直线基线的差别不大。① 也就是说，柬埔寨的领海基线根据《领海与毗连区公约》关于基线的规则，无论根据正常基线还是直线基线，其管辖的海域面积变化并不大。

但柬埔寨单独划定远岸岛屿或者群岛基线的做法值得深入研究。首先，《领海与毗连区公约》对此没有明确规定。其他国家也有类似的做法，一般将这种情况称作"飞地"。根据《联合国海洋法公约》第 121 条的规定，岛屿享有与陆地相同的海洋权利，但其未明确远洋岛屿该如何划定领海基线。因此，根据《领海与毗连区公约》关于领海基线的规则以及有关国家实践，柬埔寨这种处理远洋岛屿或者群岛领海基线的做法未尝不可。

总地来讲，1972 年柬埔寨的领海基线并不出格，并非个例并且反映了其对争议中的岛屿主权的诉求。

(三)1982 年备受争议的领海基线

1982 年柬埔寨的领海基线是其傀儡政府与越南确定的。柬埔寨自身的学者对该线的合法性存疑。其他国家的学者也对该线质疑。美国学者赖斯曼·麦克尔和韦斯特曼·盖尔认为该领海基线偏离了海岸的一般方向，同时指出这样的领海基线不会得到泰国的承认，因此不会对划界产生任何影响。此外，他们认为柬埔寨的领海基线与美国维护的"航行自由"的理念不符，是过分的海域主张。② 澳大利亚学者普瑞斯科特（Prescott）则认为柬埔寨的做法既不合常理，之前也没有先例。这种做法是对《领海与毗连区公约》"沿岸岛屿"（fringing islands）和"近岸水域"（enclosed waters linked closely

---

① 参见 Clive Howard Schofield, Maritime Boundary Delimitation in the Gulf of Thailand, Durham University, 1999, p. 148。

② 参见 Reisman W. Michael and Westerman Gayle, Straight Baselines in International Maritime Boundary Delimitation, St. Martin's Press, 1992, p. 172。

to the land domain) 的任意解释。① 美国学者瓦伦西亚和戴克也认为柬埔寨的领海基线是对公约相关规定的任意解释。②

　　总地来说，如前所述一些国家和学者认为 1982 年柬埔寨的领海基线主要存在以下问题：第一，部分基点不符合"紧临海岸"的要求，有些基点远离柬埔寨海岸，这样的基点不符合国际法；第二，基点之间的距离太大；第三，该基线东南部分偏离了海岸的一般方向；第四，待定基点 O 既不符合国际实践又不符合国际条约的规定。

　　笔者认为，所谓的"紧临海岸"、基点之间的距离和基点与海岸之间距离太大以及"海岸一般方向"等概念，由于习惯国际法和国际条约法对上述概念未做明确界定，因而需要根据各国具体的海域情况裁定其是否合理合法。类似 1982 年柬埔寨的领海基线做法并非个例，哥伦比亚、阿尔巴尼亚、意大利、古巴、塞内加尔等国家海岸线平直也适用直线基线。再如，缅甸和厄瓜多尔的直线基线与陆地海岸的夹角超过 60 度。这是否构成对"海岸一般方向"的严重偏离。还如，埃及、沙特阿拉伯、叙利亚和挪威等国家都将低潮高地作为基点。另外，关于"待定基点"的问题，丹麦与德国、挪威与瑞典和芬兰与瑞典都存在"待定基点"的情况。而且，全球 55 个适用直线基线的国家中，最长基点的长度为 64.8 海里，而柬埔寨 1982 年领海基点最长的长度为 51.84 海里。因此，与上述国家实践相比，柬埔寨的领海基线并不算过分的海域主张。而且，毕竟这部分国际法还在不断发展完善中。这些不同的国家实践反而有助于相关领海基线的国际法规则趋于完善。

　　相反，笔者认为影响 1982 年柬埔寨领海基线法律效力的决定因素是当时柬埔寨政府的合法性。当时的政府事实上是受制于越南

---

　　①　参见 J. R. V. Prescott, The Maritime Political Boundaries of the World, Methuen 1985, pp. 212-213。

　　②　参见 M. J. Valencia, and J. M. Van Dyke, Vietnam's National Interests and the Law of the Sea, Ocean Development and International Law, No. 25, 1994, p. 222。

的一个傀儡政权。这样的政府颁布的法律文件是否有效，在理论上存在争议。从常识来讲，将领土和海域问题视为关乎国家生死存亡问题的柬埔寨，在这种非常时期与越南达成协议，放弃富国岛和波罗般洋群岛的主权主张不合常理。这种做法既不符合之前柬埔寨政府的一贯立场，也不符合逻辑。因此，1982 年柬埔寨领海基线的法律效力有待于进一步观察泰国湾内国家尤其是柬埔寨对其的态度。

值得注意的是，1982 年柬埔寨领海基线无论有效与否，事实上对柬埔寨领海、大陆架的影响不是很大。原因有三：第一，柬埔寨的大陆架是以 1972 年颁布的大陆架界线为准。该大陆架界线大部分与 1982 年柬埔寨领海基线关系不大，它以 1957 年的领海基线为准；第二，1982 年柬埔寨修订领海基线后，它未据此调整其大陆架的外部界；第三，不论柬埔寨的远洋岛屿是否可以作为基线的基点，根据国际法的规定符合"岛屿"的地质结构与陆地一样，可以享有领海、毗连区、专属经济区和大陆架。也就是说，即使这些远洋岛屿或者群岛不作为领海基线的基点也可以享有与陆地相同的海洋权利。如果赋予这些岛屿上述海洋权利，那么柬埔寨主张的大陆架范围也基本与限制主张的海域范围一致。因此，1982 年柬埔寨的领海基线不管是否再做修改，从实践来看对柬埔寨主张的海域范围影响不大。

但是从柬埔寨领海基线的整体变化来看，它似乎对相关的国际法规解读有误，或者未准确把握、研究，这可能与其国家长期处于动荡有关。

第五节　越南领海基线与基点

一、越南领海基线与基点的选择

1977 年 5 月 12 日越南就颁布一份关于"领海、毗连区、专属经济区和大陆架"的法规，但是这份法律文件直到 5 年后才生效。

1982 年 11 月 12 日，越南再次颁布了《越南关于领海基线的声明》。① 这份声明详细说明了越南直线基线的位置并附了基点的地理坐标。1982 年越南颁布的领海基线与 1982 年柬埔寨和越南确定的共同历史性水域衔接起来，构成完整的越南领海基线。

越南的领海基线总长 846 海里，共 11 个基点，10 段基线。其中最长的基线长 161.8 海里，平均基线长度为 84.6 海里。它的基点不仅分散而且远离海岸，最远的基点距离海岸 80.7 海里，平均距离越南海岸 39.4 海里。

就越南泰国湾的领海基线而言，其采用直线基线比采用正常基线使越南内水的面积增加 31.7%，约 1843 平方海里。这样越南内水总面积达 5805 平方海里。越南据此获得的领海面积为 948 平方海里，这比适用正常基线所管辖的领海多 830 平方海里，约增加 97.6%。从这组数据可以看出，与适用正常基线相比，采用现有直线基线的划法，大幅增加了越南主权管辖海域的面积。

二、越南领海基线的效力

1982 年 12 月 6 日美国对越南的直线基线提出抗议，认为越南的海岸既不存在"极度曲折"的情况，岸边也没有"分布着一系列岛屿"，选取的基点距离海岸过于遥远，其基点之间的距离过大，基线的长度过长，尤其是基点 C9 与 C10 的基点明显偏离了越南海岸的一般方向。② 1985 年 11 月 22 日泰国外交部发表声明，抗议越南的领海基线主张。③ 1986 年 12 月 5 日新加坡常驻联合国大使照会

---

①　参见 Statement of 12 November 1982 by the Government of the Socialist Republic of Viet Nam on the Territorial Sea Baseline of Viet Nam，联合国网站：http：//www. un. org/depts/los/LEGISLATIONANDTREATIES/STATEFILES/VNM. htm，2015 年 5 月 13 日访问。

②　参见 United States Department of State，Straight Baselines：Vietnam，Limits in the Seas，No. 99，Washington D. C.：Bureau of Intelligence and Research，12 December 1982。

③　1985 年 11 月 22 日泰国外交部发表声明，抗议越南的海域主张。联合国大会文件 A/40/1033，1985 年 12 月 12 日，第 2～3 页。参见 Office for Ocean Affairs and the Law of the Sea，the Law of the Sea：Current Developments in State Practice，Vol. 2，New York，1989，pp. 84-85。

联合国，抗议越南的做法。①

　　有的学者也称越南的做法既不符合国际习惯法也不符合国际条约的规定。它的领海基线没有国际法依据。② 例如，越南将婚姻岛（Hon Nhan）作为领海基点的这段领海基线，距离其海岸约 150 公里。③

　　越南在泰国湾的海岸线相对比较平滑，没有极度弯曲的情况，其沿岸也未分布着大大小小的岛屿。但是，越南主张其领海基线为直线基线。如果仅从这一点看，越南的实践也非个例。而且鉴于国际法对于基点之间的距离、基点与陆地海岸的距离、海岸线的一般方向，低潮低地是否可以作为基点、远洋岛屿是否可以作为基点都没有作出明确的说明，因此，它并非绝对无效。越南领海基线是否有效主要取决于越南与柬埔寨主张的共同的历史性水域的有效性以及与其存在海域划界的争端当事国的态度，如柬埔寨、泰国和马来西亚对它的态度。需要注意的是，区域外国家的指责和学者的观点对于越南不具有法律约束力。无论是根据国际法理论还是国际实践，一国领海基线的有效与否并不取决于非当事国的态度和学者的观点。

本 章 小 结

　　关于领海基线的类型。根据现行国际法关于领海基线的规则，领海基线有两种类型：一类是正常基线，也称低潮线；另一类是直线基线。有相当一部分学者和国家主张对"直线基线"的适用进行

---

① 参见 Office for Ocean Affairs and the Law of the Sea, the Law of the Sea: Current Developments in State Practice, Vol. 2, New York, 1989, pp. 84-85。

② 参见 J. A. Roach & R. W. Smith, United States Responses to Excessive Maritime Claims, Martinus Nijhoff Publishers, 1996, p. 102。

③ 参见 Geographer, Straight Baselines: Vietnam, Limit in the Seas, No. 99, Washington, DC, US Department of State, 1983, p. 6。

严格解释，认为直线基线是正常基线的例外情况。① 例如，美国以及部分学者认为领海基线在一般情况下应该是正常基线，直线基线只是特殊海域确定领海基线的例外，② 主张领海基线的实践应以正常基线为主。③ 如果适用直线基线，或者混合使用两类领海基线，当事国要承担举证责任。④ 但从领海基线的国际实践来看，不论联合国秘书处的研究报告，还是各国的实践，均倾向于对相关的国际法规则进行扩大解释。⑤ 据统计，全球约 150 个沿海国约三分之二的领海基线全部或者部分采用直线基线的划法。实践中往往各国并不考虑海岸线是曲折还是平滑，而倾向于适用直线基线而非正常基线作为领海基线。换言之，实践中各国家更普遍地适用直线基线而非正常基线。各国以本国海域内最外缘的地质构造为基点，而不考虑这个基点是否远离海岸，基线是否偏离海岸的一般方向。泰国湾诸国也不例外，也均将直线基线作为领海基线。泰国湾沿海四国之所以这么做，一方面是因为直线基线可以使各国管辖的海域面积增加，另一方面是因为泰国湾的油气资源主要分布在泰国湾的中部。泰国湾各沿海国为了获得更多的海域资源，必须将其管辖的海域尽量地向泰国湾中部拓展。这也是泰国湾国家频频修订其领海基线的原因。从国际实践以及泰国湾沿海各国的海域实践来看，直线基线

---

① 参见 Reisman W. Michael and Westerman Gayle, Straight Baselines in International Maritime Boundary Delimitation, St. Martin's Press, 1992, pp. 43-44; W. Smith, Straight Baselines, The Need for a Universally Applied Norm, Ocean Development and International Law , Vol. 31, 2000, pp. 47-48。

② 参见 J. Ashley Roach & Robert W. Smith, United States Responses to Excessive Maritime Claims, Martinus Nijhoff Publishers, 1996, pp. 58-59; Rene Jean Dupuy, The Sea under National Competence, Cambridge University Publisher, 1991, p. 25。

③ 参见 Clive Howard Schofield, Departures from the Coast, International Journal of Marine and Coastal Law, No. 27, 2012, pp. 723-724。

④ 参见 W. Michael Reisman & Gayl S. Westerman, Straight Baselines in Maritime Boundary Delimitation, Lgrave Macmillan, 1992, p. 92。

⑤ 参见姜皇池：《国际海洋法》（上册），台湾学林文化事业有限公司 2004 年版，第 170 页。

呈扩大适用的趋势。实践中，正常基线与直线基线的唯一区别可能就是，前者是自然形成的，后者是人为确定的。虽然根据现行国际法，二者是一般与例外的关系。但是国际实践则相反。直线基线之所以得到沿海国的普遍使用主要可能是因为：第一，它的划法简便；第二，它能够将国家管辖海域范围最大化；第三，它的稳定性较强，不容易受自然因素影响；第四，它位置确定，便于沿海国管理。

关于领海基线的划法，从国家实践来看，一国领海基线类型有三种可能：其一，正常基线；其二，直线基线；其三，混合基线，即混合适用直线基线和正常基线，这种情况最为普遍。

泰国湾沿海各国像大多数国家一样适用直线基线。但上述国家的大部分领海基线主张遭到其他国家的质疑。它们认为泰国湾沿海四国领海基线的划法既不符合国际习惯法也不符合国际条约的规定。但笔者认为泰国湾沿海大部分国家的领海基线并非极端过度的海域主张。第一，由于现行海洋法未对"极为曲折""海岸线的一般方向"以及"临近沿岸的一系列岛屿"等进行明确的说明或者给出数学的或者地理的判断标准，而且国际法也没有对基线的长度和基点之间的距离做限制，因此很难就判定泰国湾沿海各国的领海基线的划法不合法。第二，与有关的国家实践相比，泰国湾沿海各国的做法并不是个例，也不是最过分的海域主张。第三，泰国湾各国领海基线的实践很难说损害了"航行自由"等国际社会的利益。因为泰国湾属于半闭海，它对沿海各国至关重要，但该海域的国际影响力有限。由于泰国湾特殊的地理位置，其沿海各国的领海基线和基点的选择，说到底只涉及有关当事国之间的利益。从国际法意定法的特点来看，主要当事国同意则领海基线划定并不违背国际法一般原则和精神。这也是国家主权的具体体现。而且泰国湾海域划界实践，也说明当事国同意这种领海基线的做法。因此，不能说上述这些国家的领海基线无效。而且根据国家主权平等和和平解决争端的原则，只要当事国之间没有异议，那么可以说泰国湾沿海各国的领海基线都是合法有效的。最后，虽然有的国家和学者从理论上指出泰国湾各国领海基线有瑕疵或者提出上述国家的直线基线的做法应该接受一定的限制，但是这些限制既未形成国际习惯也未形成一般国际法规则，因此，这些国家和学者的主张对泰国湾四国不具有法律约束力。

结合国际法关于领海基线的规定、其他国家的实践以及泰国湾沿海各国的领海基线实践，可以得出这样的结论：领海基线属于一国内政，完全应该由沿海国自身裁定，只要不损害相关国家的利益和国际社会的利益，领海基线适用何种类型、采取何种划法，属于一国主权范围内的事务，由当事国自主决定。其效力关键取决于海域争端当事国的态度，与其他国家或者学者的态度关系不大。也可以说，如果争端当事国认可或者容忍对方的领海基线那么就可以说领海基线是有效的。至于学者的观点或者某些无关国家提出的标准，并不具有普遍约束力，对一国的领海基线的效力影响有限。

第三章　泰国湾各国管辖海域的实践

上一章对泰国湾沿海四国的领海基线实践做了分析研究，本章将着重对泰国湾各国主张的不同管辖海域进行分析，顺便简要介绍各国由此产生的划界争端。

虽然泰国湾沿海四国是不同海洋法公约的缔约国——越南和马来西亚既是 1958 年《领海和毗连区公约》的缔约国也是 1982 年《联合国海洋法公约》的缔约国，而柬埔寨和泰国只是 1958 年日内瓦海洋四公约的缔约国，但是它们都根据习惯国际法或者《联合国海洋法公约》的规定主张对领海、专属经济区和大陆架的海域管辖权。除了马来西亚，泰国湾其他三国都主张对毗连区的管辖权。越南和柬埔寨曾主张过专属渔区。此外，除了马来西亚外，泰国、柬埔寨和越南都主张了历史性水域。①

第一节　领海和毗连区实践

泰国湾沿海四国都主张 12 海里领海。除了马来西亚，泰国湾其他三国还主张 12 海里毗连区。在泰国湾，马来西亚与泰国、泰国与柬埔寨、柬埔寨与越南之间均存在领海划界问题。

一、马来西亚的相关主张

马来西亚未提出毗连区的主张，对领海的主张由 3 海里拓展到 12 海里。马来西亚曾是英国的殖民地。在被英国统治期间，1927

---

① 关于柬埔寨和越南共同历史性水域的问题将在第五章中重点研究，因为本质上属于划界前的临时措施。

年 10 月 19 日英国政府曾颁布《领水法案》(the Territorial Waters Act)，规定领海宽度为 3 海里。1957 年马来西亚独立后，继续沿用英国殖民时期关于领海的法规和制度。1964 年 9 月 10 日马来西亚签署了 1958 年《领海与毗连区公约》。随后，马来西亚将其领海拓展到 12 海里。1969 年 8 月 2 日马来西亚通过紧急发令 (Emergency Ordinance)的形式正式将其领海宽度定为 12 海里。[1] 1979 年 12 月马来西亚国家测绘局公布了《马来西亚领海和大陆架地图》，明确了其领海界线。

值得注意的是，虽然马来西亚主张 12 海里的领海，但是从马来西亚和泰国的领海边界来看其领海范围超出了 12 海里的界线，领海的宽度为 13.8 海里。

在泰国湾，马来西亚仅与泰国存在领海海域划界争端。该争端已经解决。1979 年 10 月 29 日两国签署了《马来西亚和泰王国关于两国领海的划界协议》。

二、泰国的相关主张

泰国既主张领海，也主张毗连区。它的领海宽度也由最初的 3 海里拓展到 12 海里。

泰国位于中南半岛和马来半岛之间，地理位置特殊，作为东南亚两大殖民势力英国和法国的缓冲地带，一直保持独立。在资本主义势力全球扩张时期，泰国关于海洋管辖权的法规和制度主要参照西方国家的相关制度。泰国早在罗摩三世(1824—1851 年)就颁布法令对近海的渔业活动征税。1938 年泰国颁布了泰国船舶法案(the Thai Vessels Act)规定泰国领海属于泰国全权管辖。泰国这时虽然没有明确规定其领海的范围，但是实践中领海的范围应该是 3 海里。与英国当时的海洋实践一致。[2] 1966 年泰国颁布了《关于领海

---

[1] 参见 Emergency (EssentialPowers) Ordinance No. 7 of 2 August 1969。这种紧急发令一般在特殊时期才使用，比如说战争、动乱时期。

[2] 参见 P. Tangsubkul, ASEAN and the Law of the Sea, Institute of Southeast Asian Studies, 1982, p. 21。

宽度的声明》(Proclamation Establishing the Breadth of the Territorial Waters)。① 泰国声明其领海宽度为自基线起 12 海里。1995 年 8 月 14 日泰国公布了《泰王国关于建立毗连区的公告》。

目前，泰国与马来西亚的领海边界已经划定，而与柬埔寨的领海边界尚未划定，还在谈判中。需要注意的是，泰国和马来西亚划界的领海宽度均大于 12 海里。

三、柬埔寨的相关主张

柬埔寨既主张领海也主张毗连区。

在被法国殖民统治之前，柬埔寨及有关主管当局未颁布任何与领海有关的规章制度。在法国殖民统治时期，柬埔寨虽然没有确定领海的范围，但是，根据当时柬埔寨和法国的领海实践，可以推定当时柬埔寨的领海为 3 海里。

柬埔寨独立后，于 1957 年在一份法令中主张对领海和毗连区的管辖权，规定领海为 5 海里，毗连区为 7 海里。但是这份法令没有对外公开。②

1964 年柬埔寨成为 1958 年《领海与毗连区公约》的缔约国。虽然该公约未规定领海的最大限度，但是柬埔寨成为《领海与毗连区公约》缔约国两年后，即 1966 年 9 月 27 日宣布其领海为 12 海里。后来，柬埔寨多次强调其 12 海里领海主张的立场。1972 年 8 月 12 日柬埔寨颁布一项法令(Kret No. 518172-PRK)强调其领海宽度为 12 海里。1978 年 2 月 15 日柬埔寨外交部重申领海 12 海里的宽度。1982 年 7 月 31 日柬埔寨国会又颁布了《关于领海的法令》(Council of State Decree on Territorial Waters)，强调其领海宽度为 12 海里。

1978 年和 1982 年，柬埔寨曾两次立法宣布对 12 海里毗连区进行管辖。根据国际法规则，柬埔寨在毗连区制定并执行有关海

---

① http：//www. un. org/Depts/los/LEGISLATIONANDTREATIES/PDFFILES/THA_1966_Proclamation. pdf。

② 参见 Clive Howard Schofield, Maritime Boundary Delimitation in the Gulf of Thailand, Durham University, 1999, Note 2, p. 210。

关、财政、移民或卫生的法律和规章。

柬埔寨在泰国湾与泰国和越南存在领海边界争议，至今尚未解决。

四、越南的相关主张

同柬埔寨一样，在被法国殖民统治之前，越南没有颁布关于领海的任何规章制度。在被法国殖民期间，法国当局也未明确越南领海的宽度。但是根据当时法国的领海实践，1965 年南越关于领海的声明以及当时泰国湾沿海国的普遍做法，当时越南的领海宽度应为3 海里。

越南摆脱殖民统治后，分裂为两部分，北越曾于 1964 年宣布领海为 12 海里。① 而南越 1965 年 4 月 27 日曾经发表的一份宣言，声称越南领海为 3 海里。1974 年南越宣布将其领海拓展到距离其领海基线 50 海里。1976 年越南统一后，沿用北越有关领海的主张，越南的领海宽度统一为 12 海里，并主张 12 海里毗连区。

在泰国湾，越南只与柬埔寨存在领海划界争端，目前还未达成划界协议，但是双方曾达成一个共同的历史性水域协议。

第二节　专属渔区实践

泰国湾关于专属渔区的实践主要与柬埔寨和越南有关，马来西亚和泰国没有类似主张。

20 世纪 30 年代，柬埔寨和越南一样，几乎未颁布与领海界线有关的法规制度。在法国殖民统治时期，当时法属印度支那总督对越南和柬埔寨沿岸的渔业活动进行管理，并视其为职责所在。基于此，1936 年 9 月 22 日法国当局正式颁布了一项以保护和管理柬埔寨和越南沿海渔业资源为主的法案。该法案规定，禁止外国渔船在距离两国海岸 20 海里的海域内捕鱼，但是该法案并未明确采取何

---

① 参见 Clive Howard Schofield, Maritime Boundary Delimitation in the Gulf of Thailand, Durham University, 1999, Note 14, p. 214。

种方法测算 20 海里的起止。两国独立后仍然沿用这一法案。

摆脱殖民统治后，在这一方案的基础上，1972 年 12 月 26 日南越颁布一项法令，宣布 50 海里的专属渔区。两年后，柬埔寨也采取南越的做法，于 1974 年宣布领海以外 50 海里为柬埔寨的专属渔区。

越南统一后，河内政府在主张专属经济区之前，继承了南越关于 50 海里专属渔区的主张。

第三节 专属经济区实践

随着专属经济区制度在国际法的确立，泰国湾沿海各国纷纷主张 200 海里专属经济区。但是由于地理因素的限制，泰国湾沿海四国均无法充分主张 200 海里专属经济区，需要与相邻或者相向的国家划界确定专属经济区的范围。

一、马来西亚

1984 年马来西亚颁布一项《专属经济区法令》(Exclusive Economic Zone Bill)。该文件，宣布马来西亚对 200 海里专属经济区享有专属的管辖权。除了文字说明外，马来西亚没有提供任何地图、海图或者地理坐标。因此，其专属经济区的外部界线不明确。

二、泰国

在专属经济区制度建立之前，泰国就在泰国湾内捕鱼。专属经济区制度建立后，泰国渔民被泰国湾其他国家以非法进入其专属经济区捕鱼为由驱逐、扣留和惩罚。泰国一直抵制专属经济区制度。但是，其一国之力无法扭转专属经济区成为国际习惯法的发展趋势。因此，泰国只能接受失去大量传统渔场的现状，转而借专属经济区制度保护和管理本国专属经济区内的渔业资源。1981 年 2 月 23 日，泰国出于无奈宣布建立专属经济区。泰国专属经济区的外部界线也不明确。泰国颁布的相关法律文件主要有：1981 年 2 月 23 日，泰国发表了《泰国湾关于专属经济区的宣言》;① 1992 年 8 月 11 日,泰国总理府颁布了《直线基线和内水的公告》;② 1988 年 2 月 18 日,泰国颁布了《泰王国关于邻接马来西亚的专属经济区的声明》;③ 同年 7 月 18 日,泰国公布了《泰王国关于专属经济区的公告》。④

三、柬埔寨

柬埔寨是泰国湾沿海四国中最早宣布专属经济区的国家。它于 1978 年 1 月 15 日就宣布柬埔寨享有 200 海里专属经济区。柬埔寨专属经济区的外部界线也不明确。

四、越南

越南于 1977 年 5 月 22 日颁布了关于专属经济区的声明,也主张 200 海里专属经济区。越南与泰国湾其他国家一样,都没有明确其专属经济区的外部界线和具体位置。

第四节　大陆架实践

20 世纪 50 年代,为了主张对近海海底资源的权利,美国最先

---

①　参见 Royal Proclamation Establishing the Exclusive Economic Zone of the Kingdom of Thailand, 23 February 1981, 联合国网站:http://www.un.org/depts/los/LEGISLATIONANDTREATIES/STATEFILES/THA.htm。

②　参见 Announcement of the Office of the Prime Minister Concerning the Straight Baselines and Internal Waters of Thailand, 11 August 1992, 联合国网站:http://www.un.org/depts/los/LEGISLATIONANDTREATIES/STATEFILES/THA.htm。

③　参见 Proclamation Establishing the Exclusive Economic Zone of the Kingdom of Thailand Adjacent to the Exclusive Economic Zone of Malaysia in the Gulf of Thailand, 18 February 1988, 联合国网站:http://www.un.org/depts/los/LEGISLATIONANDTREATIES/STATEFILES/THA.htm。

④　参见 Proclamation establishing the Exclusive Economic Zone of the Kingdom of Thailand in the Andaman Sea, 18 July 1988, 联合国网站:http://www.un.org/depts/los/LEGISLATIONANDTREATIES/STATEFILES/THA.htm。

提出大陆架概念，后得到国际社会承认，成为国际法上的制度。为了利用海洋油气资源，泰国湾沿海四国也纷纷主张大陆架，但地理范围的限制，造成泰国湾内广泛的、复杂的海域划界争端。

一、马来西亚大陆架主张及外部界线①

马来西亚海洋油气产业发展较早也较发达，其陆地和海上石油储量都比较丰富。早在 1966 年马来西亚就正式主张大陆架并单方面确定了与邻国的海域分界线。

（一）马来西亚主张的大陆架及海域边界

1966 年 5 月 28 日马来西亚颁布了《大陆架法令》（the Continental Shelf Act）。其大陆架的外部界线同时采取 200 米海水深度和可开采标准，与 1958 年《大陆架公约》第 1 条的规定一致。根据该法令，马来西亚主张大陆架的总面积为 3210 平方公里。②

马来西亚单边主张的与邻国间的海域界线是通过等距离方法确定与泰国和越南的大陆架界线。马来西亚单边提出的海域界线未考虑邻国远洋岛礁的划界效力，例如泰国的鼠岛（Ko Losin）和越南的土珠岛（Tho Chu），原因是这些岛屿距离所属国的海岸太远。但是，马来西亚却赋予本国岛礁全部划界效力，不论远近。例如，它赋予距离其海岸较远的"热浪岛"（Redang island）完全划界效力。

马来西亚主张的这条海域边界起于马来西亚和泰国的陆地边界。该线大致可以分为三部分：第一部分，马来西亚与泰国相邻海岸的领海与大陆架界线。以两国海岸线为准，通过等距离线方法划分与泰国的海域边界。由马来西亚和泰国陆地边界起向东北方向延

---

① 需要注意的是，泰国湾沿海各国正式宣布海域界线是指各国单方面颁布的与邻国的所有海域的分界线，而不仅仅是其主张的大陆架外部界线。为了方便讨论起见，将二者放在本部分讨论。

② 参见 Clive Howard Schofield, Maritime Boundary Delimitation in the Gulf of Thailand, Durham University, 1999, p. 225。

伸，然后转向东南，与位于泰国湾中部的马来西亚-泰国-越南三国海岸等距离的点相连。它不仅与1973年泰国颁布的大陆架界线一致，而且与1979年10月29日马来西亚和泰国签订的大陆架谅解备忘录中两国近海大陆架的界线一致，并且与后来马来西亚和泰国共同开发区的点A、点B和点C重合。第二部分，是与海岸相向的越南的大陆架界线。这部分基本上是两国海岸的中间线，但是未考虑越南海域内的岛屿的划界效力，例如土珠岛的划界效力。第三部分是马来西亚、越南、印度尼西亚三国海岸的等距离点，然后与马来西亚和印度尼西亚海域界线的相连。其中部分基点与马来西亚和越南的共同开发区的坐标点E、F重合。

(二)评析

马来西亚早在1966年就颁布了大陆架法令，确定了管辖海域的外部界线。它与1979年马来西亚泰国、马来西亚与印度尼西亚的海域边界和1992年马来西亚越南的共同开发界线相重合。这应该不是巧合，可能早在达成上述划界协议或者海上共同开发协议之前，马来西亚就对其海域划界及海域争端的解决有了整体的方案。这些划界或者共同开发协议只是马来西亚国内海洋方案的具体落实。

马来西亚主张的与邻国的海域外部界线，给予不同国家所属的岛礁不同的效力。换言之，马方采取双重划界标准对待泰国湾内岛礁。例如，马来西亚赋予本国岛礁完全划界效力，而几乎给与邻国所属的岛礁零划界效力。

马来西亚处理海域争端的态度比较务实，对于容易达成海域划界共识的就采取海域划界，对于划界难度较大的海域就采取共同开发。其与邻国泰国对于两国近海海域划界没有较大的分歧，因此两国达成了领海和近海大陆架划界协议；而在远海，由于与泰国和越南关于各自所属的岛礁划界效力持不同观点，未能达成划界协议。详言之，马来西亚与泰国对泰国所属的鼠岛划界效力存在分歧，因此根据两国主张的海域分界线确定了共同开发区达成了共同开发协议；同样，马来西亚与越南对越南所属土珠岛的划界效力持不同意见，两国就根据各自主张的海域分界线确定了共同开发区达成共同开发协议。

马来西亚处理海域划界争端的方式比较灵活，尽量争取海洋权益最大化，而并非态度立场强硬不容改变。例如，马来西亚在处理与泰国海域争议时，让泰国放弃了近海原来的主张，最后划定的界线偏向泰国一侧。再如，马来西亚在处理与越南的海域争端时，并没有因为越南海域主张明显不合理，或者因为它是发展中国家、整体综合实力较弱，或者因双方的意识形态不同而采取强硬的态度，反而同意以越南主张的海域界线确定了共同开发区。

二、泰国大陆架主张及外部界线

由于泰国陆地石油资源贫乏，泰国非常重视海洋石油的开发与利用。泰国很早就开始从事海洋石油的勘探开发及相关立法活动，并且在大陆架主张和划界问题上的态度比较强硬。

(一)泰国主张的大陆架及海域边界

泰国在正式宣布大陆架之前就开始在有关海域进行石油开发活动。例如，邀请国际石油公司投标开发泰国大陆架的石油资源。

1967 年泰国颁布了《泰国石油法案》(Thailand Petroleum Act) 和《石油税收法案》(Petroleum Income Tax)。同年 6 月 21 日，泰国开始正式向国际石油公司招标。同时，为了标示石油区块，泰国分别于 1967 年、1971 年和 1972 年绘制了一系列的地图。由于这些地图都不是正式的大陆架地图，这些地图上标示的属于泰国水域的大陆架界线的具体位置有差异。值得注意的是，这些地图标示的大陆架界线与泰国正式宣布的大陆架界线相比，之前地图上标示的与柬埔寨的大陆架界线偏向泰国一侧，之后正式宣布的大陆架界线偏向柬埔寨一侧。也可以说，泰国当时认为位于泰国湾中部的大部分海域属于柬埔寨。而与柬埔寨之间的大陆架界线不同，泰国主张与马来西亚大陆架界线则与正式公布的大陆架界线相比，地图上标示的偏向马来西亚一侧，但泰国正式宣布的大陆架界线反而偏向了泰国一侧。泰国主张的大陆架界线的变化是否与相关当事国的实力强弱对比有关,有待考证。

1968 年 7 月 2 日泰国正式签署了 1958 年《大陆架公约》。泰国主张与邻国的海域划界按照 1958 年《领海和毗连区公约》和《大陆架公约》的有关条款确定。1973 年 5 月 18 日,泰国政府颁布了《泰王国关于泰国湾大陆架的声明》(Royal Proclamation Establishing the Continental Shelf of the Kingdom of Thailand in the Gulf of Thailand)。①与马来西亚的做法不同,泰国不仅在这份法案中附上了地图,而且标上了具体的地理坐标。泰国特别强调泰国具有在该海域勘探和开发自然资源的权利。该线内泰国的大陆架总面积约为 51027 平方海里。②

与 1973 年之前地图上标示的单边海域边界相比,泰方主张的两国海域向柬埔寨一侧偏转。这么做可能是对柬埔寨 1972 年颁布的单边海域边界的反制。③ 而它与马来西亚的海域界线,则向泰国一侧偏转。这可能与马来西亚反对泰国的鼠岛享有划界效力有关。泰国颁布单边海域边界时,放弃了鼠岛享有海洋权利的主张;退而求其次,只将鼠岛作为领海基点。

泰国单边确定的海域边界可以分为三部分:第一部分属于海岸相邻的柬埔寨的领海和大陆架界线。泰国海域边界线的起始点为柬埔寨与泰国的陆地海岸分界点,以 1957 年柬埔寨颁布的领海基线和 1970 年泰国的领海基线为准。值得注意的是,在 1972 年柬埔寨曾对其 1957 的领海基线做过修订,但泰国仍以 1957 年柬埔寨的领海基线为准。这表明,泰国不承认柬埔寨 1972 年的领海基线。泰国用角平分线得出的一条等距离线,将两国陆地海岸边界与点 1 到点 2 用一条直线连接起来。但是,它不是严格的等距离线,而是一条简化的等距离线。但是,有学者指出这条线并不是两国领海基线

---

① 参见联合国网站:http://www.un.org/depts/los/LEGISLATIONAND-TREATIES/STATEFILES/THA.htm。

② 参见 Clive Howard Schofield, Maritime Boundary Delimitation in the Gulf of Thailand, Durham University, 1999, Note 26, p.230。

③ 具体原因将在柬埔寨的大陆架主张中详细阐述。

的角平分线，也可能泰国计算出错了①。第二部分虽然还是柬埔寨和泰国之间的海域界线，但是属于海岸相向的海域划界。这部分共有 13 个点，是一条自北向南的中间线。这部分没有考虑两国的领海基线，而是以柬埔寨海岸和泰国海岸为准，得出的一条中间线。这部分也没有考虑柬埔寨沿岸岛屿的划界效力。第三部分是泰国与马来西亚之间的海域划界，属于海岸相邻国家之间的大陆架和领海划界。泰国原本主张鼠岛是有效的基点，并享有领海、专属经济区和大陆架的海洋权利。但是，在最后公布其大陆架界线时，泰国改变其原有的主张，只将鼠岛作为一个基点处理，而不享有任何海洋权利。这条等距离线以两国的领海基线为准。

（二）评析

目前，泰国与马来西亚和越南的海域划界争端已经基本解决，但是与柬埔寨之间的海域争端还在谈判中。从上述泰国大陆架主张及与邻国柬埔寨和泰国的互动可以看出，泰国与柬埔寨之间的划界问题并不见得就比与马来西亚之间的划界问题复杂，但是之所以产生不同的效果，除了法律因素外，还受争端当事国之间的历史、政治、外交、经济等因素影响。

泰国在对待岛礁划界效力的问题上也持双重标准。以其所有的鼠岛为例，在泰国解决与马来西亚海域争端时，它接受了马来西亚的意见，放弃鼠岛享有划界效力的主张，但是在其解决与柬埔寨和越南海域争端时，仍主张鼠岛具有完全的划界效力，但不承认对方的岛屿具有划界效力。

值得注意的是，泰国与马来西亚近海的界线与两国 1979 年达成领海和近海大陆架协议的界线完全一致，而且远海大陆架的界线也与马泰两国的共同开发界线重合。泰国和马来西亚可能早在

① 参见 J. R. V. Prescott, Maritime Jurisdiction on Southeast Asia: A Commentary and Map, East West Center 1981, p. 28; Maritime Jurisdictional Issues, p. 85, in Kent, G. and Valencia, M. J. (eds.) Marine Policy in Southeast Asia, University of California Press, 1985。

1973 年就解决两国海域争端的方式达成了一致意见。

三、柬埔寨大陆架主张及外部界线

柬埔寨经济发展落后，陆地资源少，海洋地理不利，因此也异常重视海洋资源，是泰国湾最早进行大陆架立法的国家。

（一）1957 年的大陆架主张

柬埔寨是泰国湾最早主张大陆架的国家。早在 1957 年 12 月 30 日，柬埔寨就颁布了一份法令，该法令第 4 条是关于柬埔寨大陆架的主张，并规定其大陆架外部界线以 50 米等深线为准。1969 年 9 月 27 日，柬埔寨主张对其大陆架享有主权，可以开发大陆架的资源。但是没有说明大陆架的外部界线。

（二）1970 年的大陆架主张

为了确定柬埔寨大陆架的外部界线，它先后授权商人海洋服务机构（the Merchant Maritime Service）和柬埔寨大陆架委员会进行研究。1969 年，柬埔寨还组成一个专门研究其大陆架界线的专家委员会（expert of committee），确定与泰国的大陆架界线是该委员会的主要任务。柬埔寨与泰国大陆架界线的确定问题主要涉及两个方面：其一，柬埔寨沿岸岛礁的划界效力；其二，泰国所属狗骨岛（Koh Kut）的划界效力。在一个法国专家的指导下，在之前研究成果的基础上，该委员会提出四种确定柬埔寨和泰国大陆架界线方案供柬埔寨政府参考。第一种方案，以两国的领海基线为准，用角平分线确定两国的等距离线。需要注意的是，这里指的领海基线是 1957 年柬埔寨的领海基线。因为，1972 年柬埔寨才首次修订了大陆架界线。但是鉴于这种方案对柬埔寨最不利，专家委员会对该方案做了调整，以柬埔寨所属的普林斯岛、波罗威群岛和泰国所属的彭南岛、苏梅岛等作为基点得出一条等距离线，该线未考虑泰国所属的鼠岛和象岛的划界效力。第二种方案，画一条垂直于两国海岸的直线。这种方案与第一种方案相比，对柬埔寨比较有利。但是没有考虑柬埔寨与越南存在争议的三个主要岛礁的划界效力，这些岛礁分别是波罗威群岛、玉岛（越南称"富国岛"）和波罗般洋群岛（越南称"土珠岛"）。第三种方案唯一与第二种方案不同的就是将上述三个岛屿作为柬埔寨的基点考虑他们的划界效力。第四种方案以 1957 年柬埔寨的领海基线和泰国的领海基线为准求得一条等距离线，赋予波罗般洋群岛全划界效力，但同时只给予狗骨岛部分海洋权利。该线位于 1972 年泰国单边颁布的两国大陆架边界以西，即偏向泰国一侧。1970 年柬埔寨正式颁布法令，采纳了第四种划界方案。1972 年 2 月 21 日，柬埔寨正式将开发其大陆架的权利授予法国埃尔夫石油公司。

（三）1972 年的大陆架主张

在上述对大陆架界线研究的基础上，1972 年柬埔寨再次对其单边海域边界做了调整。与 1970 年柬埔寨的单边海域界线相比，1972 年 7 月 1 日柬埔寨宣布的单边海域边界的主要变化是对泰国狗骨岛的不同处理。该线大体上可以分为四个部分：第一部分是柬埔寨与泰国相邻海岸之间的内水、领海和大陆架划界。根据该法案第 1 条，柬埔寨与泰国相邻海岸之间的界线以 1907 年《法泰边界条约》为准，"从 A 点到 P 点是两国陆地海岸分界点与狗骨岛最高点的连线的延伸线"。P 点的坐标为北纬 11 度 32 分，东经 101 度 20 分。[①] 与 1970 柬埔寨主张的单边海域界线相比，该海域边界向泰国方向偏转，增加了柬埔寨管辖的海域面积。第二部分是两国相向海岸的划界，它是两国的中间线。根据该法案第 2 条，两国相向海岸的划界不是以两国的领海基线为准，而是选取了两国海域内的一些点，然后画出中间点，最后将这些点用直线连接起来。例如，根据点 Pck1 也就是柬埔寨所属的卡斯罗威岛（Koh Kusrovie）、灿岛（Koh Charn）和泰国所属的石头岛（Hin Bai）的中间线。但是，从两国海岸岛屿的构造来看，柬埔寨沿岸分布的岛礁，根据国际法的规定普遍具有岛屿的特征，而泰国海域中的地质结构普遍都

---

① 参见 Clive Howard Schofield, Maritime Boundary Delimitation in the Gulf of Thailand, Durham University, 1999, Note 26, p. 217。

是岩礁而不是岛屿。也就是说，这一部分不论是岛还是礁均一律给予了全划界效力。该段由点 Pck1-6 构成，是两国海岸岛礁之间的中间线。第三部分是与马来西亚海岸相向国家的大陆架划界，也是一条中间线。它选取一些分别属于两国的岛礁，然后画出这些岛礁之间的中间线。最后一段，是点 Pck13-B 与柬埔寨和越南陆地边界的连线。严格地说，这一部分不是越南和柬埔寨两国海岸的等距离线，既未考虑两国的领海基线，也未考虑两国海岸岛礁的划界效力。

这条修订后的柬埔寨单边主张的海域边界，一方面增加了柬埔寨的管辖海域的面积，使柬埔寨领海和大陆架的总面积达 25304 平方海里；另一方面导致柬埔寨与越南、泰国的双边重叠主张海域面积扩大，新增争议海域面积约 4402 平方海里。

在修订了其大陆架界线后，柬埔寨将增加海域内的石油资源开采权授予香港海洋协会（Marine Associates of Hong Kong），面积约 6564 平方海里。①

此后，柬埔寨又颁布了一系列与大陆架有关的法律文件。如 1982 年柬埔寨外交部发表关于领海、毗连区、专属经济区和大陆架的公告②；1982 年柬埔寨政府又颁布了关于领海和大陆架的法令③。需要注意的是，1973 年后柬埔寨的大陆架界线没有随着领海基线的调整再进行相应的调整。如 1982 年柬埔寨重新修订了其领海基线，并且解决了与越南的岛屿主权争端，但柬埔寨主张的单边海域边界未进行相应的调整。

---

① 参见 Clive Howard Schofield, Maritime Boundary Delimitation in the Gulf of Thailand, Durham University, 1999, Note 26, p. 220。

② 参见 Statement Issued by the Spokesman of the Ministry of Foreign Affairs of 15 January 1978, 联合国网站：http：//www. un. org/depts/ los/LEGISLATION-ANDTREATIES/STATEFILES/KHM. htm。

③ 参见 Decree of the Council of State of 13 July 1982, 联合国网站：http：//www. un. org/depts/los/LEGISLATIONANDTREATIES /STATEFILES/KHM. htm。

（四）评价

从柬埔寨多次修订其大陆架主张和海域外部界线来看，一方面说明柬埔寨极为重视对泰国湾海洋资源的管辖权；另一方面，也说明柬埔寨受限于自己的经济实力、技术水平和对国际法规则的研究能力，无法一次性准确地确定其海域外部界线，甚至还需要借助国外智力资源才能完成其海域主张，如其海域边界的确定主要是在法国专家的指导下完成的。另外，柬埔寨上述海域界线的划法并未严格遵循国际相关规则，至多是相关国际规则的简化适用。

四、越南大陆架主张及外部界线

（一）越南主张的大陆架和海域边界

早在 1967 年 12 月 7 日南越就发表一份声明，主张对领海以外依其陆地领土的全部自然延伸，扩展到大陆边外缘的海底区域的海床和底土享有专属的开采海洋资源的权利，完全受南越的管辖和控制。1970 年 12 月 1 日南越政府又颁布法令，未明确大陆架外部界线的具体位置，只是明确了确定其大陆架外部界线的标准——"海水深度不逾二百公尺，或虽逾此限度而其上海水深度仍使该区域天然资源有开发之可能性者"。1971 年 6 月 6 日南越正式提出大陆架主张，明确了其外部界线。其主张的单边海域界线由 33 条直线连接而成。以与柬埔寨有争议的波罗威群岛、富国岛和土珠岛为基点。其中点 11 和点 12 与马来西亚和泰国的共同开发区重叠。点 12 到点 16 位于泰国湾中部，属于海岸相向泰国与越南的大陆架界线。这部分海域边界未给予泰国所属的鼠岛和象岛任何划界效力，但是赋予越南所属岛礁全划界效力。从点 16 开始该线向东偏转。点 17 和点 18 属于海岸相向的柬埔寨和越南划界，是越南声称享有主权的波罗威群岛和柬埔寨所属普林斯岛、通岛之间中间线。从点 18 开始，该线由北转向东北最后终于越南的塞米岛（Koh Themi）。该线延伸至富国岛附近，然后连接富国岛与柬埔寨海岸的中间线。并且把海盗群岛（the Priate Island Group）划在越南海域内。

越南统一后继承了南越的大陆架主张和单边海域边界。该线内越南管辖的领海和大陆架面积约为 22988 平方海里。

自此越南主张的单边海域边界未发生任何改变。越南与柬埔寨岛礁争端的解决也未影响越南单边主张的海域边界位置。需要注意的是，越南统一后，其 1977 年颁布的《越南关于领海、毗连区、专属经济区和大陆架的宣言》反而未公布越南单边海域界线的具体位置，也没有颁布相关的地图。

（二）评析

从越南颁布的与大陆架相关的法律政策看，其极为重视海洋油气资源。并且，越南前后的大陆架政策保持了连贯性和一致性。例如，越南统一后继承了原来南越关于大陆架的主张。

第五节　历史性海域实践

除了马来西亚外，泰国湾沿海其他国家不仅主张对领海、专属经济区和大陆架的管辖权，还提出了对"历史性水域"的主张。1959 年，泰国主张布莱特湾（Blight of Thailand）为历史性海湾。1982 年，越南和柬埔寨主张共同的历史性水域。这些国家均主张，线内水域的法律性质为内水，适用内水制度。

一、泰国的布莱特湾

1959 年泰国将布莱特湾（Blight of Thailand）当做历史性海湾，其封口线内的水域为内水。因为布莱特湾一直归泰国管辖，而且符合 1958 年《领海和毗连区公约》第 4 条第 4 款的规定，"有关地区所特有的、并经长期惯例清楚地证明为真实而重要的经济利益"。同时，它也符合 1982 年《联合国海洋法公约》关于"历史性海湾”的定义。① 总地来说，布莱特湾作为历史性海湾既合法又合理。因此，它没有招致外界的质疑。

二、越南与柬埔寨的历史性水域

1982 年 7 月 7 日，在越南控制柬埔寨期间，两国签署了《越南和柬埔寨历史性水域协议》（Agreement on Historic Waters of Vietnam and Kampuchea）。② 根据该协议，该水域的性质为内水，面积约 8000 平方公里。③

越南和柬埔寨共同历史性水域的主张，招致美国、法国、泰国、马来西亚等多国反对和抗议。1987 年美国照会联合国秘书长表示对两国上述做法的抗议。美国抗议柬埔寨和越南的做法，认为根据习惯国际法和国家实践有效的历史性水域要具备以下要件：其一，主张国以公开的方式主张；其二，主张国在相当长的一段时间里持续地对该水域行使了管辖权；其三，该主张获得其他国家的认可。虽然越南和柬埔寨在其协议中称“该历史性水域长久以来属于柬埔寨和越南”，但是两国关于上述水域的公开的主张始于 1982

---

① 参见本书第二章第三节标题一的论述。

② 1959 年 9 月 26 日，泰国总理府发表了关于历史性海湾的声明。参见 The Text of This Agreement May Be Found in IV FBIS Asia & Pacific, July 9, 1982, No. 132, atK3-K4。

③ 美国学者扎瑞克认为越南和柬埔寨的历史性水域的面积约为 8600 平方公里。参见 Daniel J. Dzurek, Maritime Agreement and Oil Exploration in the Gulf of Thailand, in Gerald Blake (eds.), Boundaries and energy: Problems and prospects, Springer, 1998, p. 120; Article 3 of the agreement on Historic waters of Cambodia and Vietnam: Pending the settlement of the maritime border between the two States in the historical waters…Patrolling and surveillance in these territorial waters will be jointly conducted by the two sides. The local population will continue to conduct their fishing operations and the catch of other sea products in this zone according to the habits that have existed so far. The exploitation of natural resources in this zone will be decided by common agreement; Nguyen Hong Thao, Joint Development in the Gulf of Thailand, International Boundary and Security Bulletin, Autumn1999, p. 97, Note 5。

年 7 月 7 日，到 1987 年还不足 5 年。这明显不符合历史性水域的第二个要件。而且，目前尚未有任何一个国家以"该水域的地理位置对于两国的国防和经济至关重要"为由主张历史性水域。美国认为，两国的主张既不符合习惯国际法，也不符合 1958 年《领海和毗连区公约》的规定或 1982 年《联合国海洋法公约》的规定，更不符合有关国家实践。另外，柬埔寨和越南的主张并没有得到包括美国在内的国际社会的承认，因此美国保留对此海域的任何权利。① 泰国和新加坡也通过照会的形式对越南和柬埔寨的主张向联合国秘书长提出抗议。② 另外，两国都认为当时的柬埔寨政府不是合法有效的政府，③ 因此它们认为柬埔寨和越南关于共同历史性水域的主张不合法且无效。

三、评析

虽然目前国际法尚未形成关于历史性权利的国际法规则，但一般认为，一国在特定海域内享有"历史性权利"需要满足以下的条件：首先，一国需有效行使管辖权。所谓"有效"相关的管辖活动能够代表国家，而且该类活动依据的是国家的法规或者政策，能够代表国家主权。私人活动不具有这样的效力。其次，这种权利的行使具有公开性和持续性。需要注意的是，这种权利先具有历史性，才具有法律性。它本质上属于一种习惯做法获得法律效力，而

---

① 参见 United States Mission to the United Nations in New York Note dated June 17, 1987, reprinted in U. N. LOS BULL. No. 10, Nov. 1987, at 23 and U. N. Office for Ocean Affairs and the Law of the Sea, The Law of the Sea: Current Developments in State Practice No. Ⅱ, at 86, U. N. Sales No. E. 89. V. 7, 1989; Roach. J. A & Smith. R. W, Excessive Maritime Claims, International Law Studies, Vol. 66, Newport, RI: US Naval War College, 1994, pp. 23-24, 26-27, 45, 48。

② 泰国发给联合国秘书长的照会 U. N. Doc. A/4011033, 新加坡发给联合国秘书长的照会 U. N. Doc. A/41。

③ 参见 Clive Schofield, Maritime Claims, Conflicts and Cooperation in the Gulf of Thailand, Ocean Year Book, Vol. 22, 2008, p. 85。

非因为符合法律规定而具有法律效力。

　　需要注意的是，历史性权利的主张可能不符合当时有效的国际法规则，但是由于其长期以来一贯的做法，可能获得其他国家的容忍或者承认，因而获得法律效力。正如在英挪渔业案中，菲茨摩里斯（Fitzmaurice）法官指出，法院承认是历史性权利是一种虽然可能不符合一般国际法，但基于长期执行并获得其他国家的默许或不反对而获得有效性的权利。①

　　泰国关于布莱特湾的主张，既符合泰国长期以来利用该湾的历史事实，也符合习惯国际法和国际条约的规定。因此，泰国的此项主张合法合理。像柬埔寨和越南共同性历史性水域的主张之所以受到质疑，并非因为其安全或者经济因素的理由不合理，而主要是因为它不具备历史性。在两国宣布"共同的历史性水域"之前，并没有公开地持续地对海域进行有效的管辖。例如印度和斯里兰卡主张的保克湾（Palk Bay）和保克海峡（Palk Strait）与柬埔寨和越南的主张有相似之处。但是，印度和斯里兰卡的主张有大量证据证明长期以来其确实属于印度和斯里兰卡。② 也就是说印度和斯里兰卡的主张具有历史性，而柬埔寨和泰国的主张不具有历史性。此外，柬埔寨和越南关于"共同历史性水域"的主张，在以下五个方面也存在瑕疵：首先，从起源来看，它是 20 世纪 50 年代随着科技发展，海洋资源被人类广泛关注，在海洋油气产业的发展推动下，沿海各国扩大海洋管辖权的国际背景下产生的。这种主张不是由于"长期惯例"自然而然形成的。其次，从主张的依据来看，主张历史性海湾的依据应该是一国长期对特定海域的经营和管理，并颁布相关的法规政策。而柬埔寨和越南宣布之前未曾颁布过相关

---

　　① 参见 Fitzmaurice G, The Law and Procedure of International Court of Justice, 1951-1954: Points of Substantive Law, British Yearbook. of International Law, Vol. 1, 1954, p. 382。

　　② 参见 Clive Schofield, Maritime Claims, Conflicts and Cooperation in the Gulf of Thailand, Ocean Year Book, Vol. 22, 2008, p. 277。

的法规政策，象征国家主权的管理和经营活动也甚少。再次，从主张的利益理由看，很少国家主张历史性海域是基于特殊的地理条件，一般是基于重大的经济利益或者防卫利益，攸关国家的生存和渔民的生计。虽然柬埔寨和越南也称该海域对于两国国防和经济具有特别重要的意义，但是客观来讲较为勉强。又次，从国际社会的反应看，越南和柬埔历史性水域建立的时间比较晚，不仅没有取得国际社会的普遍承认，泰国和马来西亚也对其合法性持坚决反对的态度。对于"历史性水域"是否需要以他国承认为要件，不同的学者持不同观点。但即使按最低标准，相关国家只需对"历史性权利"的主张默认或容忍即可。柬埔寨和越南的主张也不符合。最后，从地域范围来看，一般主张海湾是"历史性水域"，海湾需要满足三面被陆地包围的条件。而柬埔寨与越南主张的"历史性水域"是相对开放的水域，是从两国海岸向泰国湾海域的延伸。这与一般的历史性水域国家实践不同。综上所述，柬埔寨和越南主张的"共同的历史性水域"存在较大的瑕疵。

本 章 小 结

泰国湾沿海四国根据国际条约规则和习惯国际法主张领海、毗连区、专属经济区和大陆架，部分国家还主张"历史性水域"。在大陆架和专属经济区制度产生之前，泰国湾的海域争端仅限于马来西亚泰国、泰国柬埔寨和柬埔寨越南之间的双边领海划界问题。各国主张大陆架和专属经济区后，海域划界争端普遍存在于泰国湾沿海国之间，不仅有双边海域划界争端，还存在三边和四国海域划界争端。从上述分析可以看出，泰国湾沿海各国关于专属经济区和大陆架的主张是导致泰国湾广泛而复杂海域划界争端的直接原因。而泰国湾沿海四国对渔业资源和海洋油气资源的争夺是导致相互之间关系紧张的根本原因。

殖民时期的海域实践对泰国湾沿海各国的海域管辖权具有重要影响。这是泰国湾沿海各国海域主张的突出特点之一。如19世纪到 20 世纪 70 年代前，大部分泰国湾沿海国受法国和英国的影响主张 3 海里领海和专属渔区。又如，1972 年柬埔寨大陆架界线以 1907 年《法泰边界条约》的管辖分界线为准。

泰国湾沿海四国海域主张的另外一个特点是，多次修订其海域主张和外部界线尤其是泰国和柬埔寨。① 根据国际法的相关规定，各种海域都应从领海基线起算。但从泰国湾各国实践来看，其领海基线对其海域外部界线的影响有限。有的国家调整了领海基线，但是并没有相应调整其大陆架及其他海域的外部界线。例如，1982 年柬埔寨重新大幅修订了其领海基线，但是其 1972 年公布的海域外部界线依然有效。再如，1992 泰国增加了区域 4 的领海基线，但是仍然沿用 1973 年颁布的海域外部界线。而且从理论上和逻辑上讲，各国海域界线的起算应该以最后一次修订的领海基线为准。但是在海域划界时，有时上述四国并非以最后一次修订的领海基线为准。其海域划界比较随意、混乱。

此外，泰国湾沿海各国为了海域管辖权最大化，对国际法的相关规定进行任意解读。这主要体现在以下四个方面：第一，泰国湾沿海四国主要通过将最远的岛礁作为领海基点的方式，多次调整领海和大陆架主张，其目的是将自己的管辖海域最大化。对于岛屿、岩礁和低潮高地并不加以区分。只要是最远的岛礁即赋予其划界效力或者将其作为领海基点。第二，同时采取多种划界方法和划法。虽然各国都主张适用"等距离-中间线"的方法划分与邻国海域界线，但是，确定"等距离线"或者"中间线"又有很多种不同的数学方法，例如角平分线、垂直等分线、大地线、恒向线和斜航线等。各国采用的方法不同导致最终海域边界位置不同。同时各国选取的标准也不同。例如，海域争端当事国，有时以大陆架的界线为准，划分海域边界；有时以两国领海基线为准划分两国的海域边界；有时以陆地海岸为准。第三，各国赋予同一或者类似的地质构造不同的划界效力。1973 年泰国在与柬埔寨划界谈判大陆架外部

----

① 除了马来西亚以外。

界线时主张鼠岛不具有任何划界效力，但是在与马来西亚划界谈判时主张鼠岛享有完全的划界效力。再如，马来西亚确定其大陆架界线时，忽略越南和泰国所属岛礁的划界效力，却赋予其所属的岛礁划界效力。第四，制造岛礁主权争议。越南通过占有等方式制造岛礁争议，主张其享有主权的岛礁享有专属经济区和大陆架权利，继而扩大海域管辖权。

综上所述，泰国湾沿海四国确定领海基线和海域外部界线的方式比较随意，倾向适用一切可能的手段尽可能扩大自己海域管辖权以获得尽可能多的海洋资源。

第四章　泰国湾划界前的临时措施

如前所述 20 世纪 50 年代后，马来西亚、泰国、柬埔寨和越南纷纷提出了大陆架主张。这是导致泰国湾海域划界争端复杂化的原因之一。泰国湾争议海域面积增至 24179 平方海里，占泰国湾总面积的 29%。[①] 此前，泰国湾争议海域面积较小，海域划界争端也较为简单。

由于泰国湾海域划界争端复杂，各国为了尽快利用争议海域的资源，尤其是海洋油气资源，纷纷通过共同开发这种划界前临时安排解决海域争端。20 世纪 90 年代末期，泰国湾争端当事国通过以下安排解决了大部分争议海域划界争端。它们分别是：1979 年《马来西亚和泰王国为开发泰国湾两国大陆架划定区域内海床资源而建立联合管理局的谅解备忘录》（以下简称 "1979 年《马泰谅解备忘录》"）和 1990 年《马来西亚和泰王国政府关于建立马来西亚—泰国联合管理局及其他事项的 1990 年协定》（以下简称 "1990 年《马泰协定》"）；1992 年《马来西亚和越南社会主义共和国关于两国大陆架划定区域内石油勘探和开采的谅解备忘录》（以下简称 "1992 年《马越谅解备忘录》"）；2001 年《柬埔寨和泰国关于重叠海域的谅解备忘录》（以下简称 "2001 年《柬泰谅解备忘录》"），还有 1982 年《越南和柬埔寨历史性水域协议》（Agreement on Historic Waters of Vietnam and Kampuchea）。通过上

---

① 参见 Clive Howard Schofield, Maritime Boundary Delimitation in the Gulf of Thailand, Durham University, 1999, Note 26, p. 238。

述安排，泰国湾争议海域面积降至 7755 平方海里)。① 除了上述已经达成的这些划界前的临时措施外，泰国与柬埔寨已就海洋共同开发达成原则性共识，目前马来西亚、泰国与越南间的海上共同开发正在谈判中。

本章将重点研究泰国和马来西亚、马来西亚和越南以及越南和柬埔寨达成的上述划界前达成的临时措施及共同开发协议产生的背景、主要内容、意义和法律效果等。

第一节　关于划界前临时措施的国际法规则

现行国际法鼓励不能划界的海域临时安排利用海洋资源。海上共同开发成为国际社会最普遍接受的划界问题解决前的临时措施。

一、海上共同开发产生的背景

从 20 世纪 50 年代中后期开始，石油取代煤炭，在全球一次性能源消费结构中的比例跃居第一位，成为攸关国家经济建设、政治稳定和军事安全的重要战略物资。经过数十年的大规模开采，有的陆地油气资源即将告罄，有的地区已经枯竭，无法继续满足人类对能源的旺盛需求。而海洋勘测、钻探和开采技术的发展使人类开发海洋油气资源成为可能。因而，沿海国开发海洋油气资源的愿望日趋强烈。

各国开发海洋资源的迫切愿望推动了大陆架和专属经济区制度的确立。这些新的法律制度一方面使沿海国享有对 200 海里内的海洋自然资源的管辖权，另一方面也导致大面积争议海域的产生。这在一定程度上影响了相关国家和地区的和平与安全，同时也阻碍了对海洋资源尤其是油气资源的利用。于是海域划界成为各国迫切要解决的问题。虽然划界能够明确各国的海域范围和海域管辖权，但是国际法关于类似闭海半闭海等复杂海域的划界规则并不明确。复杂海域划界异常困难且充满争议，这导致大部分争议海域的当事国

---

① 参见 Clive Howard Schofield, Maritime Boundary Delimitation in the Gulf of Thailand, Durham University, 1999, Note 26, p. 238。

无法达成划界协议。① 而且，由于海洋油气资源流动性和油气矿藏统一性、封闭性的特点，无论争议海域划界与否，相关国家都需合作勘探和开发海域资源。由此，共同开发海洋资源的制度应运而生，并且日益受沿海国青睐。

二、海上共同开发相关的国际法规则

1958 年 2 月 22 日巴林和沙特阿拉伯签订了《关于波斯湾大陆架划界协定》（Bahrain-Saudi Arabia Boundary Agreement），确立了世界上第一个海上共同开发制度。20 世纪 70—80 年代爆发了两次石油危机。海洋油气资源的开发利用成为直接关系国家生存和发展的迫切问题。由此，世界各国尤其是经济快速发展的国家，掀起了开采利用海底油气资源的热潮。共同开发如雨后春笋般遍布北海、西非、中东、东南亚、东亚、加勒比海以及南大西洋等地区。实践证明，共同开发有效地解决了因海域资源特点和争议海域权属不明而产生的油气资源权属和利益分配问题，并且是人类按照海洋地质特点和生态需要共同管理海洋的有益尝试。

1982 年《联合国海洋法公约》第 74 条第 3 款和第 83 条第 3 款即是对共同开发国家实践的反映。从上述条款的磋商过程和内容来看，它鼓励相关国家划界前尽量作出临时安排。虽然《联合国海洋法公约》没有明确"临时安排"的含义，但显然共同开发是符合《联合国海洋法公约》的最常见的一种临时安排。②

国际判例也支持相关国家通过共同开发解决争议海域资源利用的问题。例如，1969 年"北海大陆架案"（North Continental Shelf Case），国际法院的判决认为"在维护矿床完整性的问题上，共同开发这个解决办法显得尤为妥当"。③ 杰塞普（Jessup）法官在该

---

① 据估计目前存在 430 处海域划界争端，但是只有 160 处完成海域划界。

② 参见何海榕：《争议海域油气资源共同开发五要素及对中国的启示》，载《武大国际法评论》2016 年第 2 期。

③ The North Sea Continental Shelf Cases（Federal Republic of Germany/Denmark，Federal Republic of Germany/Netherlands），Judgments，I. C. J. Reports 1969，available at http：//www. icj-cij. org/docket/files/52/5561. pdf.

案的个别意见中强调，在重叠主张的大陆架区域，共同开发的方法更适合。① 又如，1982 年"突尼斯和利比亚大陆架案"（the Tunisia and Libya Continental Shelf Case），国际法院也对海上共同开发予以支持。特别是艾文森（Evensen）法官在他的个别意见中指出："若一个油田位于边界线或超出共同开发区界线的两侧，当事国应该加入关于完整性条款（通过共同开发）以解决跨界矿藏的问题。"②

从《联合国海洋法公约》的规定来看，海上共同开发具有临时性，是划界前的临时安排。它是鼓励海域争端当事国积极利用海洋资源的一种措施，而不是解决海域争端的最终手段。可是从国际实践来看，海上共同开发既可以替代海域划界，也可以成为永久解决海域争端的手段。

就目前的国际法规则和国家实践来看，海上共同开发是国际法上的概念。它既不是国际法规则，也不是习惯国际法。如果争端当事国希望通过共同开发达到利用争议海域资源的目的，就需要当事国通过谈判为争议海域资源的勘探和开发建立一套法律制度。

第二节　泰国湾海上共同开发的国家实践

如前所述，到 20 世纪 90 年代，泰国湾争端当事国通过一些共同开发安排妥善解决了大部分双边海域划界争端。

一、马来西亚泰国的海上共同开发

马来西亚泰国海上共同开发是泰国湾第一例海上共同开发案，

---

① 参见 Separate Opinion of Judge Jessup, in the North Sea Continental Shelf Cases（Federal Republic of Germany/Denmark, Federal Republic of Germany/ Netherlands），Judgments, I. C. J. Reports 1969, p. 83, available at http://www. icj-cij. org/docket/files/52/5561. pdf。

② Dissenting Opinion of Judge Evensen, in the Tunisia and Libya Continental Shelf Case, Judgment of 24 February 1982, available at http://www. icj-cij. org/ docket/files/63/6281. pdf.

也是泰国湾最成功的海上共同开发案之一。

（一）两国海上共同开发的背景

20 世纪 70 年代泰国约九成石油依赖进口。两次石油危机令石油价格飞涨，导致泰国对外贸易赤字严重，物价上涨，国民经济处于崩溃边缘。迫于自身经济发展对能源的需要，泰国迫切希望开采海上石油资源。由于技术条件的限制，泰国只能授权外国石油公司开发其海洋石油资源。其中部分授权的合同区块位于马泰两国的争议海域。马来西亚虽然作为能源出口国不存在能源安全的问题，但是当时油价高企，它也希望尽快开发争议海域资源，以支持国内经济更快发展。外国石油公司很快在授权的合同区块内发现了具有商业开采价值的油气资源。在此背景下，1978 年在马来西亚的要求下，两国决定谈判解决争议海域的划界问题。泰国暂停了对该海域的单边勘探活动。

在协商解决领海和大陆架的海域边界过程中，两国对泰国所属鼠岛（Ko Losin）的划界效力存在分歧。泰国主张鼠岛是岛屿，认为它是有效的领海基点且享有领海、毗连区、专属经济区和大陆架。马来西亚则认为，鼠岛对划界不产生任何影响。因为该岛是一个无人居住的荒芜的高潮时仅高于海平面 1.5 米的岩礁，根据《联合国海洋法公约》的规定，它属于"不能维持自身的经济生活"的岩礁，因此该岛不享有专属经济区和大陆架；而且，马来西亚认为该岛距泰国海岸 29 海里，亦不宜作为直线基线的基点。双方在这个问题上各持己见，两国划界谈判一度陷入僵局。最后，两国同意暂时搁置该海域的划界，通过共同开发的方式利用争议海域的油气资源。

（二）两国共同开发协议的主要内容

为了尽快开发两国争议海域的油气资源，马来西亚和泰国1979 年 2 月 21 日签署了《马来西亚和泰王国为开发泰国湾两国大陆架划定区域内海床资源而建立联合管理局的谅解备忘录》

（Memorandum of Understanding between Malaysia and the Kingdom of Thailand on the Establishment of the Joint Authority for the Exploitation of the Resources of the Sea Bed in a Defined Area of the Continental Shelf of the Two Countries in the Gulf of Thailand）（以下简称"1979年《马泰谅解备忘录》"）和1990年《马来西亚和泰王国政府关于建立马来西亚—泰国联合管理局及其他事项的1990协定》（以下简称"1990年《马泰协定》"）。事实上，二者是一个整体，是两国共同开发的法律依据，前者相当于两国的共同开发协议，后者相当于前者的补充协议，后者以前者为依据，是对前者的补充和解释。①

　　1979年《马泰谅解备忘录》一共由8个条款组成，主要明确了共同开发区范围、共同开发与划界的关系、共同开发的机构及其职能、跨界矿藏、共同开发与两国其他海洋权利的关系、该区域刑事管辖权的行使以及争端解决等基本问题。该文件的条款属于一般性的规定。具体而言，《马泰谅解备忘录》第1条明确了泰国和马来西亚共同开发区的范围。马泰共同开发区的形状呈不规则的五边形，命名为"共同开发区"（the joint development area）。该区域面积大约7250平方公里。② 该条还确定了共同开发区的具体地理位置，该区域由7个坐标点构成，并由直线连接而成。③ 该区域主要采用1967年版英国第2414号海军航海图的标示，其各点的坐标如下：

---

　　① 参见何海榕：《马泰与马越共同开发案的比较研究》，载《太平洋学报》2015年第12期，第83页。

　　② 参见 M. J. Valencia and M. Miyoshi, Southeast East Sea：Joint Development of Hydrocarbons in Overlapping Claims Areas？, Ocean Development & International Law, Vol. 16, 1986, p. 63；David M. Ong, The 1979 and 1990 Malaysia-Thailand Joint Development Agreements：A Model for International Legal Cooperation in Common Offshore Petroleum Deposits？ The International Journal of Marine and Coastal Law, Vol. 14, 1999, p. 222。

　　③ 1979年《马泰谅解备忘录》第1条。

A	北纬 6°50′.0	东经 102°21′.2
B	北纬 7°10′.25	东经 102°29′.0
C	北纬 7°49′.0	东经 103°02′.5
D	北纬 7°22′.0	东经 103°42′.5
E	北纬 7°20′.0	东经 103°39′.0
F	北纬 7°03′.0	东经 103°06′.0
G	北纬 6°53′.0	东经 102°34′.0

　　其第 2 条是关于两国海域划界的规定，明确表示该协定不影响未来两国对该海域划界。其规定，双方应按照"国际法原则和国际惯例，特别是遵照泰马两国于 1978 年 2 月 27 日至 3 月 1 日举行的，关于划分马来西亚和泰国在泰国湾和南海大陆架划界的官方会议所达成的协议备忘录中的条款"，本着"合作原则"，同时考虑"两国的安全利益"，采取协商谈判或双方同意的其他和平手段，来解决两国在泰国湾的海域划界问题。

　　其第 3 条主要是关于共同开发的管理机构——联合管理局的职责、组成、先存权以及跨界矿产的问题。本条是共同开发协议中的核心条款。双方建立"联合管理局"的目的是勘探和开发两国重叠主张大陆架海床和底土中的非生物自然资源。两国共同开发的期限为 50 年，自该备忘录生效之日算起。联合管理局"代表双方享有和承担勘探及开发"共同开发区海床和底土非生物自然资源事宜所有的权利和义务，以及与共同开发区域内开发、控制和管理相关的所有权利和义务。但是，联合管理局享有的权利和承担的义务"不得以任何方式影响或减损任何一方迄今授予的特许权、已签发的许可证、协定或安排的有效性"。也就是说，泰国之前授予外国石油公司开采该海域资源的权利不受影响。为了体现两国平等的地位，该条规定联合管理局由每国派遣一名职位相称的官员，共同担任联合管理局的主席。该机构的成员也由每国指派数量相同职位相称的人员组成。联合管理局代表两国行使与共同开发区内勘探和开发海床及底土非生物自然资源所必需的、有关的以及附带的所有权利。在共同开发区活动所产生的费用由两国平均分担，收益由两国共同分享。此外，该条还包含了"跨界矿藏条款"。油气矿藏的位置和分布不受人为界线限制。因此，对于可能位于共同开发区边界的跨界矿藏的开发方式做预先的规定很有必要。它能够预防因此产生的纠纷，以及为可能的跨界矿藏的合作提供法律依据。① 该条规定，对于任何单一的地质石油或天然气构造或油气田，或其他任何类型的矿床延伸至本备忘录第1条所规定的共同开发区界线外，由联合管理局和有关当事国交换所有信息，并就最有效地开发方式进行谈判。这有效地避免了发现跨界矿藏而可能产生的纠纷。

其第4条是关于该区域内两国其他海洋权利的规定。两国根据国际法在该海域享有的海洋权利和颁布的国内相关法规政策依然有效。该条规定"泰国或者马来西亚有关渔业、航行、水文和海洋勘测等合法的海洋权利，以及为防止和控制海洋污染及其他类似事项所享有的管辖权和为此制定法规制度适用于该海域"，还强调联合管理局应承认并尊重两国上述权利、管辖权和规章制度。同时，该条还指出两国应在共同开发区内构建协调一致的安全机制。

其第5条是关于刑事管辖权的规定。根据该协定，两国的海洋权利及于整个共同开发区，但是规定两国分区行使各自的刑事管辖权。该协定对共同开发区做了临时划分。共同开发区的点X是点C和点D直线连线上的中间点。点X与点A的连线就是两国刑事管辖权的分界线。该线西侧是泰国的刑事司法管辖范围，该线东侧是马来西亚的刑事司法管辖范围。本条还强调关于刑事司法管辖范围的划分，既不构成依据第2条确定的共同开发区内两国的大陆架界线，也不损害任何一方在共同开发区内的主权权利。也就是说，两国共同开发的任何安排不影响两国关于争议海域的立场和主张以及两国的主权与权利。刑事管辖权的分区行使只是出于管辖便利的一种临时安排。这也说明共同开发的安排只具有临时性的性质，不是两国解决争议海域划界的最终方法。

---

① 参见何海榕:《泰国湾海上共同开发法律问题研究》，武汉大学出版社2020年版，第112页。

其第6条是关于两国海上共同开发与边界关系以及该协议有效期的规定。如果两国在该协定终止前达成关于该海域的划界协议，那么联合管理局解散，相关债权债务由两国平均分担。如果在该协议期满后，两国未能达成划界协议，那么该协议继续有效。

第7条是关于争端解决的规定。该条规定，凡是与本协定解释和适用有关的争端由双方通过协商或谈判的方式和平解决。这说明，两国主张通过政治的方法而非法律方法解决两国海域争端。

第8条是关于该协定生效的规定。该条规定该协定自双方互换批准文书之日起生效。

1979年《马泰谅解备忘录》签署后一直未实施，主要是因为两国未就联合管理局的权限达成共识。直到十一年后，两国才就联合管理局等事项最终达成共识，签署了1990年《马泰共同开发协定》，详细规定了共同开发的实施细则和相关机制安排等具体问题。此时，两国共同开发才真正付诸实践。

1990年《马泰共同开发协定》是1979《马泰谅解备忘录》的补充协议。该协定继承了1979年《马泰谅解备忘录》的原则性规定，如目的，收益分配，以政治方法解决争端以及有效期等规定均与1979年《马泰谅解备忘录》的相关规定一致。1990年《马泰共同开发协定》是在1979年《马泰谅解备忘录》的基础上对两国共同开发机制的进一步完善。

1990年《马泰共同开发协定》共由7章22条组成。其第1章是关于联合管理局的法律地位和组成规定。该协定明确联合管理局具有独立的法律人格和相应的权利能力。它详细规定了任用联合管理局工作人员的程序，并指出相关工作人员的职责、薪资以及相应的职责。其第2章是关于联合管理局的职责和产品分成制的规定，即共同开发区内的责权利该如何分配。其第3章是关于共同开发区财政审计的规定。其第4章是关于共同开发区法规制度的建设以及联合管理局与其他机构关系的规定。其第5章是关于本协定修订事项的规定。其第6章是关于共同开发区的关税、消费税等税务制度。其最后两章是关于未尽事宜的规定、争端解决方式以及该协定生效和终止的规定。

1990 年《马泰共同开发协定》与 1979 年《马泰谅解备忘录》相比，主要的不同在于"联合管理局"权限。1979 年《马泰谅解备忘录》第 3 条第 2 款规定，联合管理局代表双方享有和承担勘探及开发共同开发区内海床和底土非生物自然资源事宜所有的权利和义务，以及共同开发区域内开发、控制和管理及相关的所有权利和义务。但是，在 1990 年《马泰共同开发协定》第 7 条第 1 款关于联合管理局的权限表述为："联合管理局应当管控共同开发区内所有勘探和开发非生物自然资源的活动，也应负责制定政策。"从上述表述可以看出，联合管理局的权限大大缩减，只限于管控海上共同开发区的活动和负责制定相关政策，而不享有全部的管理权和决策权，重大事项需由马来西亚和泰国审批。这样的变化可能是两国出于避免共同开发影响两国关于争议海域主张、立场和权利的考虑。

（三）两国海上共同开发的意义

马来西亚和泰国的上述关于海上共同开发的法律文件实施后，主要取得了以下积极的效果：

第一，海上共同开发达到了高效率地利用了争议海域油气资源的目的。1990 年两国最终完成共同开发协议的签署，1994 年联合管理局成立，一年后即 1995 年马来西亚泰国共同开发区开始石油生产活动，该年 8 月在 A-18 合同区块发现了天然气田并钻探成功，11 月在 B-17 合同区块发现油田，随后钻探成功。2005 年共同开发区的天然气进入商业化生产阶段。截止到 2014 年 6 月底，该海域开发井数总共为 217 口，其中 115 口位于 A-18 区块，102 口位于 B-17 和 C-19 区块，[1] 其中在共同开发区钻探的初探井和评估井一共 72 口，其中 A-18 区块钻了 38 口井，B-17 和 C-19 区块一共钻了 22 口井，B-17-01 钻了 12 口井。

第二，海上共同开发不仅满足了两国对油气能源的需求，而且

---

[1]　马泰联合管理局网站：http://www.mtja.org/potential.html，2021 年 11 月 7 日访问。

保障了两国的能源安全。这对泰国的意义尤为突出。通过海上共同开发两国争议海域的油气资源，泰国彻底改变了油气资源完全依赖进口的局面。共同开发前，泰国的原油主要依靠进口。据统计，1980 年石油在泰国的能源消费结构中约占 73.1%，而进口原油约占泰国原油需求总量的 75%。[①] 而 20 世纪 90 年代后泰国进口原油大幅降低。泰国原油自给自足的能力大大提高。

第三，海上共同开发促进了两国油气产业的发展。通过海上共同开发，两国的石油产业水平不断提高。以泰国为例，通过与马来西亚合作开发争议海域资源，不仅完善了国内的石油开采法规，而且建立国家石油公司，还建成东部沿海石化工业基地，同时采取一系列节能环保等措施发展石化工业。这一系列政策和措施，推动泰国石油产业技术的独立并形成了完善的石油化工体系。自此，石化产业成为泰国国民经济的支柱产业。目前，泰国已是东南亚地区的石化产品生产大国和净出口国，而且在区域和全球粗具规模和影响力。海上共同开发，使马来西亚在原有石油产业的基础上，其海洋开发技术尤其是深海开发实力日趋成熟。马来西亚由一个普通的石油出口国成为世界上重要的石油生产国和出口国，并成为石油输出国组织的成员国。

第四，海上共同开发增加了两国的财政收入。两国不仅通过对共同开发区的石油作业活动征税，获得可观的财政收入，而且开采出的油气资源为两国创造了大量的财富。据报道，仅 2010 年海上共同开发的油气资源为马来西亚和泰国带来的净收益约 3.9 亿美元。[②] 此外，两国海上的油气资源除了满足国内的能源需求还可用于出口。这不仅增加了两国的收入，而且创造了大量的外汇。

第五，海上共同开发促进两国产业结构完善。对泰国而言，海上共同开发不仅促进了其海洋油气产业的发展，还优化了其能源结

---

① 参见谢志鹏：《两次石油危机对泰国经济的影响》，载《南洋问题》1984 年第 3 期，第 80 页。

② 参见孙广勇：《南海"共同开发"的马泰模式》，载《能源》2012 年第 2 期，第 77 页。

构和其他产业结构。两国海上共同开发后，泰国经济发展加速，实现了从农业国向工业国的转型，成为世界的新兴工业国家和世界新兴市场经济体之一，是亚洲经济增长率比较高的国家之一，跻身成为"亚洲四小虎"之一。对马来西亚而言，与邻国顺利解决海上争议是马来西亚经济腾飞的主要原因之一。20 世纪 90 年代后马来西亚发展突飞猛进，成为"亚洲四小虎"国家之一。其经济增长率连续 50 年保持在 6% 以上，是东南亚排名第三、世界排名第二十九位的经济体。马来西亚已成为亚洲地区引人注目的多元化新兴工业国家和世界新兴市场经济体。据统计，2014 年到 2015 年马来西亚的经济竞争力在亚洲排第六位，世界排名第二十位。[1] 2014 年马来西亚的国民收入为 7468.21 亿美元，在亚洲位居第三，在世界位居二十八。[2] 目前，它已经从一个新兴发展中工业国家变为一个中等发达工业化国家。马来西亚正在向发达国家的发展水平迈进。

第六，海上共同开发为两国最终解决海域划界争端铺平了道路。海上共同开发明显改善了海域争端国的敌对关系。在两国达成共同开发谅解备忘录 8 个月后，两国即签署了领海和近海大陆架划界协议。

第七，海上共同开发增进了两国关系。海上共同开发后，两国在传统友谊的基础上在各个领域均建立了广泛的合作关系，如贸易与投资、安全、教育与职业培训、青少年发展和体育、旅游等社会经济领域。截止到 2011 年两国贸易总额达 229.5 亿美元。[3]

（四）评析

相关国家能否实现共同开发的关键是达成共同开发协定。而签

---

① 参见 Johnleemk, Malaysia, A Statist Economy, Jun 2, 2007, visited on Nov. 1, 2014。

② 参见 Rupa Damodaran, Malaysia's GDP grows 6 percent in 2014, http：//www.nst.com.my/node/72681？d=1, visited on Feb2, 2014。

③ 参见 Anifah will host his Thai counterpart, Bernama via New Straits Times. Oct. 7, 2012。

订共同开发协议受多重因素的影响，谈判与签订的过程一般较漫长。从马来西亚泰国海上共同开发实践来看，其共同开发协定最终生效历经 11 年之久。1979 年《马泰谅解备忘录》与 1990 年《马泰共同开发协定》相隔 11 年。两国海上共同开发协定的签订之所以这么久，主要是因为受以下因素影响：第一，两国国内舆论压力。1979 年《马泰谅解备忘录》是在两国政府总理的积极推动下签署的，但当时遭到了国内舆论的反对和异议。① 泰国国内舆论对两国海上共同开发的反对尤为严重。泰国国内舆论强调争议海域的油气资源主要分布在靠近泰国一侧，认为泰国应该在谈判中为本国争取更多的利益，获得更多的资源，反对与马来西亚平均分享争议海域的资源。第二，后期两国缺乏合作的政治意愿。由于 1979—1990 年期间两国政府领导人换届和更替，加之国内反对的声音，新上任的领导人不愿意用自己的政治生命为代价去推动两国海上共同开发这件费力不讨好的事情②，因此两国海上共同开发进程延迟。第三，两国关系曾因渔业争端一度紧张。如前所述，随着专属经济区制度的确立，泰国在泰国湾失去大面积传统渔场，泰国渔民为了生存不得不到马来西亚、柬埔寨和越南专属经济区的外海去捕鱼。但是，泰国渔船经过上述海域时仍然进行捕捞活动。根据专属经济区制度，这侵犯了上述国家的主权权利。其中马来西亚海岸警卫队与泰国渔民的冲突与对抗最为激烈。马来西亚指责泰国渔民在其专属经济区非法捕鱼，而泰国则指责马来西亚对泰国渔船逮捕和

---

① 当时泰国的总理是江萨·差玛南（Kriangsak Chomanan），任职期间为 1977—1980 年；当时马来西亚的总理是侯赛因·奥恩（Datuk Hussein Bin Onn）任职期间为 1976—1981 年。

② 参见 M. J. Valencia, National Marine Interests in Southeast Asia, in Kent, G. and（eds.）Marine Policy in Southeast Asia, University of California Press, 1985, p. 40; W. G. Stormont and I. Townsend-Gault, Stormont, and Townsend-Gault, Offshore Petroleum Joint Development Arrangements: Functional Instrument? Compromise? Obligation?, in Blake et al（eds.）The Peaceful Management ofTransboundary Resources, Graham and Trotman 1995, p. 65。

扣押的行为是对泰国船舶享有无害通过权的侵犯和对泰国渔民的非法伤害。由此，两国关系一度紧张。这也是两国共同开发延迟的主要原因。第四，关于"先存权"的问题。① 在共同开发之前，泰国授予美国的德士古石油公司和特里顿石油公司开发其大陆架的石油资源。起初马来西亚反对继续保留这些石油公司在马泰共同开发区的开采权。随后，泰国又与上述两公司因开采权的问题发生商业纠纷。泰国想终止德士古石油公司在共同开发区的开采权，而德士古石油公司则以签订合同在先为由拒绝承认马泰联合管理局的合法性。泰国与特里顿石油公司的争议主要缘于石油区块的界线。在泰国与马来西亚解决海域争端的谈判过程中，1973 年泰国调整了自己的大陆架界线。特里顿石油公司以合同约定石油区块的界线为泰国的国际边界为由，要求参与开发共同开发内的石油资源，泰国一开始同意该石油公司的诉求而后来又反悔。为此，两国的共同开发因为外国石油公司的"先存权"而延迟。第五，两国石油管理制度不同。泰国石油开采为许可制，而马来西亚石油开采适用的是产品分成制。泰国政府后来同意在共同开发区石油产品分成制。但是特里顿石油公司仍以已经签订合同在先为由反对适用产品分成制合同。泰国面临两难选择：要么撤销已经授予外国石油公司的许可权，接受由此导致的国际投资对泰国石油产业的不信任并承担违约责任；要么放弃与马来西亚的共同开发，失去与海洋石油开采技术和实力都较强的马来西亚合作的机会。基于上述因素的影响马泰共同开发被一再延迟。最终，两国在与国际石油公司协商下，于 1990 年达成《马泰共同开发协定》，达成使当事国和国际石油公司均满意的结果。

虽然两国海上共同开发经历了反复和波折，但通过海上共同开发的实施两国获益匪浅。在经济上，海上共同开发不仅满足两国对能源需求、创造了大量的就业机会和外汇，而且两国的海洋石油产业得到发展，并改善了国民经济状况，还保障了国家能源安全；在政治上，两国的合作将海域划界当事国之间敌对的竞争关系变为友

---

① 参见何海榕：《论争议海域的"先存权"》，载《山东警察学院学报》2015 年在第 12 期，第 44 页。

好的合作关系，促进了相互之间的交流与合作，建立了互信，增进了国家友谊，促进了海域划界争端的和平解决，最终为泰国湾和整个地区的和平与稳定作出贡献。此外，在两国海上共同开发的示范效应下，还推动泰国湾其他国家和平解决海域争端的进程。1992年越南与马来西亚达成海上共同开发协议。泰国和越南也通过海上共同开发成功解决两国的海域划界争端，1997年两国达成了大陆架划界协议，彻底解决了两国海域争议①。另外，柬埔寨也希望与泰国按照马来西亚和泰国海上共同开发的方式对两国的争议海域进行开发，它于2001年与泰国达成了就争议海域共同开发继续谈判的谅解备忘录。② 此外，马来西亚、泰国和越南正在就三边重叠海域的共同开发问题积极谈判。

二、马来西亚越南的海上共同开发

1992年6月5日马来西亚和越南达成《马越谅解备忘录》。据此两国建立共同开发区，合作开发、共同分享争议海域内油气资源。

（一）两国海上共同开发的背景

冷战后，越南经济面临全面复兴，其希望通过发展海洋油气产

---

①　1997年8月9日，泰国和越南达成边界协议（Agreement between the Government of the Kingdom of Thailand and the Government of the Socialist Republic of Viet Nam on the delimitation of the maritime boundary between the two countries in the Gulf of Thailand）。这是越南与邻国达成的第一个海域划界协议，也是自1982年《联合国海洋法公约》生效以来，泰国湾达成的第一个大陆架划界协议。两国彻底解决了海域划界争议和渔业纠纷。根据该协议，将两国重叠海域的三分之一的海域划归越南，其余部分属于泰国。该协议与1998年2月27日生效。参见 Clive Schofield, Maritime Claims, Conflicts and Cooperation in the Gulf of Thailand, Ocean Year Book, Vol. 22, 2008, p. 99。

②　2001年6月18日两国达成《泰国和柬埔寨关于重叠海域的谅解备忘录》（Memorandum of Understanding Between Thailand and Cambodia regarding the Area of their Overlapping Maritime Claims to the Continental Shelf），两国同意就采取共同开发的方式解决争议海域资源利用的问题。但是该文件只是约定双方应为尽快解决重叠海域问题继续谈判（an agreement-to-agree）。

业，改善国民经济和民生状况。从20世纪80年代中期起，马来西亚经济腾飞，海洋油气产业成为其提升国家经济实力的支柱产业。马来西亚先后特许两家外国石油公司勘探开发两国争议海域的石油资源。这些石油公司在两国争议海域先后钻探了近300口油井。美国石油公司埃索（Esso）预估该海域拥有近20亿桶石油和2万亿立方米天然气的储量。① 1991年马来西亚授权的汉密尔顿石油公司（Hamilton）在两国争议海域发现了一块日产4400桶石油的油田。它估计该海域含有1万亿立方米的天然气。② 1991年5月30日越南公开抗议马来西亚单边勘探开发争议海域的行为，并向马来西亚外交部发出照会，强调基于双方友好合作的精神，马来西亚不应单方授予第三国石油公司开发该争议海域内资源的权利，越方同时表达了愿意在尊重国家主权及和平解决争端的国际法基本原则的基础上，同马来西亚谈判解决大陆架划界问题。随后，马来西亚暂停了争议海域的勘探开发活动，接受了越南关于谈判解决争议海域争端的建议。两国很快于1992年达成海上共同开发协议。

（二）两国海上共同开发协议的主要内容

1992年《马越谅解备忘录》共8个条款。它主要明确了海上共同开发区的范围、开发方式、利益分配方式、管理方式、"不影响条款"、争端解决以及生效终止等基本问题。

该谅解备忘录第1条是关于两国海上共同开发区的规定。马来西亚和越南的海上共同开发区呈狭长三角形。③ 该区一共由6个坐标点构成，长度超过50千米，但是宽度不足5千米。④ 两国一致

① 参见 Nguyen Hong Thao, Vietnam and Joint Development in the Gulf of Thailand, Asian Yearbook of International Law, 1999, p. 140。

② 参见 Nguyen Hong Thao, Vietnam and Joint Development in the Gulf of Thailand, Asian Yearbook of International Law, 1999, p. 140。

③ 参见何海榕：《马泰与马越共同开发案的比较研究》，载《太平洋学报》2015年第12期，第87页。

④ 参见 Hazel Fox et al, Joint Development of Offshore Oil and Gas, British Institute of International & Comparative Law, Vol. Ⅱ, 1990, p. 126。

同意，以 1971 年南越主张的海域外部界线和 1979 年马来西亚主张的海域外部界线为准确定的双边重叠海域为两国的海上共同开发区，同时排除了与泰国的三边重叠海域部分。该区域的面积约1000 平方千米①。该条还标注了每个点的地理坐标，并用 1967 年版第 2414 号的英国海军航海图标示。但是，该条又规定未来各点的具体位置"应该由双方主管当局以互相同意的方式确定"。这里的主管当局是指马来西亚国家测绘局或者其授权的个人和越南社会主义共和国地理制图部和海军地理制图部门及其授权的个人。这说明，两国海洋勘探测量技术不成熟，需要借助外国的海图标注海上共同开发区的具体位置，而且共同开发区每个坐标点的具体位置并不确定，须待两国具备条件时再确定。

该谅解备忘录第 2 条是关于跨界矿藏和利益分配的规定。该条规定两国通过相互合作，在本谅解备忘录的有效期间内，按照本协定的相关规定，勘探和开发区域内石油资源。如果存在"跨界矿藏"，例如一块油田如果部分位于两国海上共同开发区块内，部分位于马来西亚或者越南社会主义共和国无争议的大陆架范围内，这就需要双方就该油气矿产的勘探和开发达成共识。最后规定，双方应共同分担海上共同开发区块内勘探和开采石油等产生的所有费用，平均分享其产生的收益。

该谅解备忘录第 3 条是关于海上共同开发的开发和管理问题的规定。根据两国海上共同开发协议，共同开发区内的油气资源由马来西亚国家石油公司（Petronas）和越南国家石油公司（Petrovietnam）合作开发，具体合作事宜由上述石油公司达成具体的勘探和开采的商业安排，经两国批准后生效。同时，指出之前存在的"先存权"不受两国共同开发的影响，继续有效。②

---

① 参见 Nguyen Hong Thao, Joint Development in the Gulf of Thailand, International BoundariesResearch Unit Boundary and Security Bulletin, 1999, p. 82。

② 参见何海榕：《马泰与马越共同开发案的比较研究》，载《太平洋学报》2015 年第 12 期，第 88 页。

该谅解备忘录第 4 条是"不影响条款"。① 该条规定，本谅解备忘录不影响任何一方对"划定区域"的立场和主张，也不影响授予任何非当事国的任何人在"划定区域"与石油资源相关的任何权利、利益或者特权。一般海上共同开发协议均包括这种条款，这也符合《联合国海洋法公约》第 74（3）条和第 83（3）条关于临时性安排的规定。

该谅解备忘录第 5 条是关于未尽事宜的规定。出现任何没有规定或者需要解决的事项，"双方在一定时间内通过外交换文的方式进一步细化"。这一条有效地避免马来西亚和越南因为未规定的事项而产生纠纷。

该谅解备忘录第 6 条是关于海上共同开发争端解决的规定。本条规定任何"因本谅解备忘录条款的解释或履行而产生的争端"，双方应该通过协商或谈判的方式和平解决。可见，马来西亚和越南也选择通过政治方法而非法律方法解决海域争端。

该谅解备忘录第 7 条是关于该谅解备忘录生效方式的规定。本谅解备忘录自"互相交换外交文书之日"起生效。

该谅解备忘录第 8 条是关于一些概念的界定。马来西亚和越南将双方的海上共同开发区称为"划定区域"。"石油"是指任何自然状态下（casinghead petroleum spirit）矿物石油或者相关的碳氢物和天然气，包括沥青页岩和其他可以提炼出石油的积层。"油田"是指由单一储油层或者多层储油层构成的区域。但后者具有或者有相关的单一地质构造的特征，或者具有石油商业开发的地质条件。"石油"和"油田"主要是限定两国合作开发的海上资源。"PETRONAS"是马来西亚国家石油公司（马来语：Petroliam Nasional Berhad）的缩写，该公司根据 1965 年马来西亚公司法成立；"PETROVIETNAM"是越南国家石油和天然气公司的缩写，该公司根据 1990 年 7 月 6 日

①　由于争议海域的共同开发是在缔约国的重叠主张海域，一般争端当事国均不愿意对划界主张妥协。因此缔约方不希望共同开发的安排影响各自的主张和立场。因此采取制定"不影响条款"的方式表明各自的立场。该条款能够让缔约国之间就划界争议问题增信释疑，促进缔约国之间为了开发资源目的的合作，对于缔约国诚意履行共同开发协议具有重要意义。

No. 250/HDBT 法令成立。这两家石油公司是两国授权代表两国开采海上共同开发区块的石油公司。越南在两国共同开发之前没有独立的石油公司，该公司是为海上共同开发专门建立的。

（三）两国海上共同开发的意义

马来西亚和越南共同开发对于两国也同样具有经济、政治、法律等多重积极意义。

首先，海上共同开发实现了两国尽快开发争议海域油气资源的愿望。1992 年两国达成海上共同开发协议。1993 年代表两国的石油公司签订了开发海上共同开发区油气资源的商业安排。1994 年石油公司开始在海上共同开发区作业。[1]

其次，海上共同开发完善了两国油气产业及相关法规制度。从这个层面可以说，海上共同开发对越南的意义比马来西亚更大。越南通过与马来西亚合作开发争议海域资源，让石油产业成为其国民经济举足轻重的产业，其从无油国变为原油出口国。[2] 两国海上共同开发实施后，越南超过文莱，成为东盟第三大能源供应国。越南石油化学工业也逐渐走向独立，并不断发展石油下游产业，其石化产品的加工能力明显增强。越南石油产业链不断完善，从进口石化产品变为自己生产石化产品。越南建立以石油炼化和加工为主的榕橘工业园，该产业园以炼油为主并生产石油化工产品。此外，越南与石油开发相关法规政策逐渐完善。越南与马来西亚海上共同开发之前，国内没有相关的石油法规。1992 年两国海上共同开发协议签订后，1993 年 7 月 6 日越南颁布了第一部石油开发法——《越南社会主义共和国石油法》。该法对保护、开发和利用石油资源作出了规定，为越南油气产业的发展和对外经济合作提供了法律依据和保障。1996 年 3 月越南通过了《越南矿产法》，进一步规范和调整越南矿产资源的开发活动。2000 年它又对《越南石油法》进行

---

① 参见 Clive Schofield, Unlocking the Seabed Resources of the Gulf of Thailand, Contemporary Southeast Asia, Vol. 29, No. 2, 2007, p 297。

② 参见陈继章：《越南经济的支柱产业——石油天然气业》，载《东南亚纵横》2004 年第 9 期，第 18 页。

了修订。它为越南油气开采的国际合作彻底铺平了道路。

再次，海上共同开发增加了两国财政收入。越南与马来西亚合作开采海洋石油后，原油成为该国的第一大出口产品，为其创造了巨额外汇。① 据报道，2010 年越南国家石油公司外汇收入达 92.2 亿美元。② 这对于越南贸易收支平衡至关重要。③ 越南还不断提高生产高附加值石油产品的能力。越南石油产值占其 GDP 的 30%。④ 据报道，2010 年越南国家石油公司（PETROVIETNAM）总收入约 245.3 亿美元，相当于越南 GDP 的 24%，上缴国家财政约 66 亿美元，占当年政府财政总收入的 30%。⑤ 石油产业的发展还促进了相关法规政策的完善。2007 年越南当局根据《至 2020 年海洋战略规划》提出 2020 年前实现海洋强国的目标。为了落实海洋战略、实现海洋强国目标，2012 年 6 月 21 日越南国会以 495 票赞成通过《越南海洋法》。⑥

---

① 参见王越：《发展中的越南石油工业》，载《中国矿业》2010 年第 4 期，第 21 页。

② 中国驻越南使馆经商处：《越南央行行长称该国外汇储备没有减少》，2011 年 2 月 24 日，参见：http：// vn. mof com. gov. cn/aarticle/jmxw/201102/20110207416641. html。

③ 越南外汇储备仅有 100 亿多美元，且对外贸易长期处于逆差。

④ 参见付碧莲：《媒体称越南靠盗采南海石油成石油出口国占其 GDP 达 30%》，载《国际金融报》2014 年 06 月 30 日，http：//finance. ifeng. com/a/20140630/12625661_0. shtml，2015 年 5 月 30 日访问。

⑤ 参见 General Statistics Office of Vietnam, Statistical Yearbook 2005 of Vietnam; Vietnam Chamber of Commerce and Industry, PetroVietnam Produces 24.41M Tons of Oil Equivalent in 2010, Jan 8, 2011, http：// www. vccinews. com / news_detail. asp? news_id = 22382。

⑥ 该法核心内容包括：第一，明确该法的适用范围包括越南主张的各种管辖海域、各岛屿与群岛，强调"发挥越南全民族的力量，采取各种必要措施"保卫越南在海域、岛屿和群岛的主权、主权权利和管辖权；第二，根据《联合国海洋法公约》，确定了越南的海域制度，规定采用直线基线法确定其领海基线，特别提及大陆国家很少使用的"群岛"概念；第三，强调发展海洋经济，推动开展国际和区域合作；第四，明确了海上巡逻和检查力量。

海上共同开发后，两国增强了政治互信，外交关系全面发展。一方面，马来西亚向越南提供了大量的技术和经济援助，例如1994 年马来西亚成为越南第二大投资国；另一方面，马来西亚给予越南大力的政治支持，比如 1995 年在马来西亚的支持下越南加入东盟。目前，两国经贸合作势头强劲，尤其在信息技术、教育和安全等领域关系密切。2000 年两国签署了《共同打击跨国贩毒和执法合作的协议》(Agreement on Bilateral Efforts in the Suppression of Trans-national Drug Trade and Law Enforcement)。2004 年两国分别签署了三个谅解备忘录，分别是关于信息技术、教育和外交关系。2008 年两国又签署了关于军事演习和共同防务的谅解备忘录，深化两国安全合作，尤其是海上安全合作，如渔业纠纷和打击海盗。2009 年 5 月 6 日马来西亚和越南共同向联合国大陆架界线委员会提交了共同的外大陆架划界方案。

(四)评析

马来西亚越南通过海上共同开发，避开海域划界障碍，对争议海域的油气资源实现有效管理和公平合理利用，和平解决了当事国的海域资源纠纷。当事国通过合作开发争议海域的油气资源，不仅在经济上获益，在政治上增进互信，而且建立了友好合作的外交关系，还为海域争端的解决创造了良好的气氛。同时，两国通过沟通与合作，了解并相互理解了各自的海域主张和立场。这些有助于两国海域划界争端的最终解决。

三、柬埔寨泰国海上共同开发的意向

柬埔寨与泰国之间也存在大面积的争议，由于双方在划界主张上均不愿意妥协，而又迫切希望开发争议海域资源，因此两国尤其是柬埔寨希望双方合作开发争议海域油气资源。

(一)两国海上共同开发的背景

在泰国湾，泰国与柬埔寨争议海域的面积最大。两国多年谈判未能就海域划界达成共识。泰国主张划界解决两国海域争端，柬埔

寨则倾向于在近期内不能达成划界协议的情况下，尽快合作开发两国争议海域的油气资源。

東埔寨海域油气资源丰富，由于多年深陷战乱，民不聊生，经济发展长期停滞。因此，进入和平时期后東埔寨重视海洋石油产业的发展，希望以此为契机带来国民经济的发展。東埔寨自身不具备独立开发海洋油气资源的能力，主要依靠外国石油公司开发其海洋油气资源。据估计，3.7万多平方公里的東埔寨海域可能蕴藏丰富的石油和天然气资源。① 東埔寨海上石油勘探开发起步于20世纪50年代。自从20世纪70年代，由于持续战争，東埔寨国内政局不稳，政策法规不完善，国内投资环境恶劣，20世纪90年代末国际石油价格低迷，外国投资者纷纷从東埔寨撤资。此后，東埔寨采取措施改善投资环境，吸引外资。例如，颁布新的外资法，修订产品分成合同，给予外国石油公司更优惠的政策；健全财政、金融政策，完善法律制度；加大沿海城市的配套基础设施建设等。通过这系列措施，東埔寨投资环境明显改善。2002年，国际能源供应紧张的状况加剧，油价节节攀升。在国内外因素的共同作用下，東埔寨重新引起国际石油界的关注和兴趣。2007年，国外资本在東埔寨海域开始新一轮油气投资热潮。目前，来自世界各地10多个石油公司在東埔寨海域从事油气资源的勘探和开发。勘探表明東埔寨大部分海域油气资源丰富。② 但是与邻国尤其是与泰国海域划界争

---

① 参见 Clive Schofield, Unlocking the Seabed Resources of the Gulf of Thailand, Contemporary Southeast Asia, Vol. 29, 2007, p. 303。

② 最初，美国雪佛龙石油公司(Chevron)估计该海域石油储量约为400-500万桶，天然气储量为2万~3万亿方尺。随着勘探深入，由于技术等原因的限制，石油公司认为商业价值油气资源并没有之前估计的乐观。参见"ChevronTexaco finds oil in four wells drilled in Offshore Cambodia Block A", Press Release, 12 January 2005, available at：http：www. chevron. com/news/press/2005/2005-01-12. asp；"Cambodian windfall sparks corruption concern", Radio Free Asia, 14 July 2005, available at http：www. rfa. org/english/features/ lelyveld/2007/03/12/ cambodia_oil/；"Blow for Cambodian hopes", Upstream Online, 7 June 2007, available at http：www. upsteamonline. com/live/article l34885. ece。

议的存在，始终制约着柬埔寨海洋石油产业的发展。

泰国陆地能源匮乏，海洋油气资源丰富，其海上油气矿藏主要分布在泰国湾。① 它是泰国湾内最早进行海洋石油开发的国家。1968 年在其批准 1958 年大陆架公约 5 个月后，就对外招标，授权外国石油公司开发泰国湾海域油气资源。1971 年对其海洋石油开采条例修订后，泰国石油产业开始蓬勃发展。石油在其能源结构中占 80% 的比重。在 20 世纪 90 年代前，其石化能源几乎全部依赖进口。两次能源危机使泰国政治经济几乎处于瘫痪的状态。此后，泰国致力于发展自己的石油化工产业，极为重视对海洋油气资源的开发。

(二)两国海上共同开发达成的主要意向

在马来西亚泰国和马来西亚越南成功的海上共同开发示范效应下，2001 年 6 月 18 日两国达成《泰国和柬埔寨关于重叠海域的谅解备忘录》(以下简称 2001 年《柬泰谅解备忘录》)（Memorandum of Understanding Between Thailand and Cambodia regarding the Area of their Overlapping Maritime Claims to the Continental Shelf），两国同意采取海上共同开发的方式解决争议海域资源利用的问题。② 需要注意的是，柬埔寨和泰国达成的这份谅解备忘录并不是海上共同开发协议，并没有确立双方海上共同开发的权利和义务，而只是表明两国政府同意就争议海域进行共同开发的意愿。它本质上是一份政治宣言，不具有法律约束力。

为了继续推进两国海上共同开发的谈判，根据该备忘录柬埔寨和泰国成立了联合技术委员会。目前，两国将重叠主张区划分为两部分：北部拟划界，南部拟共同开发。按照双方达成的共识，共同开发区划分为 4 个区域。第 1、第 2 区域交美国和日本公司开发；第 3 区域交荷兰和澳大利亚公司开发，第四区域交澳大利亚和日本

---

① 泰国湾的探井成功率为 50%，远远高于世界 10% 的平均探井成功率。

② 参见 D. A. Colson and R. W. Smith, International Maritime Boundares, Vol. V, Martinus Nijhoff, 2005, pp. 3743-3744。

公司开发。此外，两国约定双方政府官员每年举行三到四次就海上共同开发事宜进行会谈。

（三）评析

这个文件的签署标志着两国向妥善解决两国间的海域划界争端迈出了积极的一步。但是，《柬泰谅解备忘录》与1979年《马泰谅解备忘录》和1992年《马越谅解备忘录》性质完全不同，不是一份具有法律拘束力的海上共同开发协议，而只是表明未来双方愿意就该海域的划界和共同开发继续谈判（an agreement-to-agree）①。它只是表明双方愿意就解决争议海域问题进行合作，同意共同开发仅是一种政治承诺，而不是对双方具有法律拘束力的法律文件。但它为两国争议海域共同开发提供了可能性。②

四、柬埔寨越南共同的历史性水域

（一）柬埔寨越南提出共同历史性水域的背景

当时《联合国海洋法公约》的草案已经形成，即将开放签署。该公约不仅明确了领海的宽度和大陆架的外部界线，而且确立了专属经济区制度。可能两国意识到，一旦公约生效，泰国湾内的水域会被瓜分殆尽，于是两国联合主张了共同的历史性水域，扩大自己管辖的海域。

另外，当时正值越南控制柬埔寨的特殊时期，越南趁机迫使柬埔寨接受越南关于一些岛礁主权和海域的主张。

（二）两国共同历史性水域的主要内容

1982年7月7日越南和柬埔寨达成《越南和柬埔寨历史性水域

---

① 参见 T. L. McDormnan, Maritime Boundary Delimitation in the Gulf of Thailand, The Chuo Law Review, No. 3, 2003, p. 277。

② 参见 Clive Schofield, Maritime Claims, Conflicts and Cooperation in the Gulf of Thailand, Ocean Year Book, Vol. 2, 2008, p. 114。

协议》(Agreement on Historic Waters of Vietnam and Kampuchea)，宣布建立起两国共同的历史性水域。

该协议只有 3 个条款。[1] 第 1 条主要是关于历史性水域的边界和法律地位。该水域大致呈长方形，面积约 2802 平方海里。[2] 该水域的一侧邻接越南的坚江省(Kien Giang Province)、富国岛(Phu Quoc Island)和土珠群岛(the Tho Chu archipelago)另一侧邻接柬埔寨的贡布省(Kampot Province)和波罗威群岛(the Poulo Wai group of islands)。该海域北部的界线位于波罗威群岛与土珠岛。两国主张该水域是两国的内水。同时，该条还明确了该海域各点的地理坐标。

第 2 条规定关于线内水域的两国边界，由两国后续在适当的时间，本着公平与友好的精神，在尊重两国独立、主权和领土完整以及合法权益的前提下，通过谈判解决。也就是说，两国的此项安排不影响两国日后就该水域的划界。

第 3 条规定，两国边界点 O 位于波罗群岛与土珠群岛的直线上，具体位置由两国协商确定。该点是测算两国领海的基点。同时规定 1939 年的布莱维线(the Brévié Line)是两国的岛屿归属线。此外，约定两国共同对该海域巡逻；两国的渔民在该海域的捕鱼活动不受影响；该海域资源由两国通过协议开发。

从该协议的规定看，这一协议也具有一些 1982 年《联合国海洋法公约》第 74 条第 3 款和第 83 条第 3 款规定划界前的"临时措施"的特征，只是两国强调该水域的法律性质是内水。而从公约规定的临时措施来看主要适用的海域是专属经济区和大陆架。因此，将该协议也一并放入本章讨论。

---

① 具体内容参见 K. Kittichaisaree, The Law of the Sea and Maritime Boundary Delimitation in South-East Asia, Oxford University Press, 1987。

② 参见 Schofield Clive Howard, Maritime Boundary Delimitation in the Gulf of Thailand, Durham: Durham University, 1999, p. 274, Available at Durham E-Theses Online: http://etheses.dur.ac.uk/4351/。

（三）评析

总地来说，越南与柬埔寨关于共同历史性水域的安排，类似海域划界前的临时安排。虽然两国也有鼓励尽快利用争议海域资源的目的，但是，两国的这种做法与前面泰国湾的划界前临时安排不同。越南和柬埔寨的这种做法，既不符合《联合国海洋法公约》的规定，也不符合一般的国家实践。两国将该海域定性为内水，这不符合《联合国海洋法公约》关于内水和"历史性海湾"的规定。而且这种做法也不符合"历史性权利"构成的一般要件。如前所述主要是不具备"历史性"的条件。另外，两国签订这份文件处于越南控制柬埔寨的特殊时期，这份协议和这种安排均欠缺合法性，而且也不合理。

两国达成的这份关于历史性水域的协议有以下几种：一是柬埔寨和越南确实曾经讨论过两国海域划界问题。但是越南将之视作对两国具有约束力的最终的海域界线。二是两国之间关于历史性水域的安排是临时性的，而不是最终的海域边界。而越南将之作为两国永久的海域边界。三是，洪森曾与越南有某种利益交换，达成过关于两国边界的秘密协议，但是未公开，柬埔寨政府不知晓，因此这个问题不能公开讨论，只能后续由两国继续磋商。

而且，越南官员兼学者阮洪涛（Nguyen Hong Thao）称 1997 年《泰国越南划界协议》是越南达成的第一个与邻国的划界协议。

综上所述，1982 年《越南和柬埔寨历史性水域协议》既不符合习惯国际法也不符合国际条约的规定，而且当事国对其效力也存在争议。

第三节　泰国湾海上共同开发涉及的基本法律问题

通过对泰国湾海上共同开发实践的研究，发现争端当事国通过谈判需要就以下问题达成共识，才能顺利缔结海上共同开发协议，将海上共同开发的构想付诸实践。海上共同开发，首先需要确定适格的主体，然后需要确定海上共同开发区的范围、利益分配比例、开发模式(石油开采制度的类型、承包商合作的方式等)、适用的法律、"先存权"以及第三方权利等问题。

一、海上共同开发的主体

从现有的包括泰国湾海上共同开发实践来看，海上共同开发的主体需要满足一定条件。

(一)海上共同开发的适格主体

所谓海上共同开发的适格主体，是指争议海域油气资源共同开发主体资格的问题。它既是海域划界争端的当事国，也是共同开发协议谈判、缔结和执行的主体。[①] 海上共同开发的适格主体需要满足以下条件：

首先，海上共同开发的主体须是国际法主体。[②] 海上共同开发制度是通过海上共同开发协议确立的。海上共同开发协议本质上属于国际条约。而国际法主体才具备缔约能力。因此，海上共同开发的主体必须要是国际法主体。虽然在共同开发实践中，石油公司具体负责争议海域资源的勘探和开发。但是，它不是国际法的主体，不具备缔约能力，不能缔结海上共同开发协议。海上共同开发实践中的石油公司不是海上共同开发的主体，只是具体履行和实施海上共同开发协议的主体。从现有的海上共同开发的实践来看，海上共同开发的主体均是国家。例如，最早的海上共同开发实践1958年巴林与沙特阿拉伯共同开发案，1974年日本与韩国共同开发案，1981年冰岛与挪威扬马延岛共同开发案等，上述案例的海上共同

---

① 参见何海榕：《争议海域油气资源共同开发五要素及对中国的启示》，载《武大国际法评论》2016年第2期，第324页。

② 参见何海榕：《争议海域油气资源共同开发五要素及对中国的启示》，载《武大国际法评论》2016年第2期，第324页。

开发主体都是国家。此外,各国学者对共同开发有不同的定义,例如,日本学者三友(Miyoshi)①、德国学者拉格尼(Lagoni)②、加拿大学者高尔特(Gault)③、荷兰学者塔弗恩(Taverne)④、中国学者高之国⑤和蔡鹏鸿⑥,但这些学者在共同开发的主体问题上是没有异议的,都认为共同开发的适格主体是国家。

其次,海上共同开发的主体需依法对特定海域的资源享有专属的主权权利。共同开发的主体需根据1958年《大陆架公约》第2条、1982年《联合国海洋法公约》第77条或者习惯国际法主张对大陆架的主权权利;或者依据1982年《联合国海洋法公约》第56或者习惯国际法主张对专属经济区的主权权利;或者依据1982年《联合国海洋法公约》第121条规定,享有相应的专属经济区和大陆架权利。这里有两个问题需要注意:一是理论上讲,海上共同开发的主体必须依符合国际法的方式取得上述权利。否则不能享有对海底油气资源的主权权利,不能成为海上共同开发的主体。例如,1982年《公约》第121条第2款和第3款的规定,岛屿和可以"维持人类居住或其本身的经济生活的岩礁"被赋予了与陆地同样的海

---

① 参见 Miyoshi Masahiro, The Basic Concept of Joint Development of Hydrocarbon Resources on the Continental Shelf, International Journal of Estuarine & Coastal Law, Vol. 3, No. 1, 1988, p. 3。

② 参见 Rainer Lagoni, Oil and Deposit Across National Frontiers, American Journal of International Law, Vol. 73, No. 2, 1979, p. 215。

③ 参见 W. G. Storement and I. Townsend-Gault, Offshore Petroleum Joint Development: Functional Instruments? Compromise? Obligation?, in G. H. Blake et al. (eds.), The Peaceful Management of Transboundary Resources, Graham & Trotman, 1995, pp. 51-76。

④ 参见 Bernard Taverne, An Introduction to the Regulation of the petroleum industry, Gram & Trotman 1994, p. 114。

⑤ 参见 Gao Zhiguo, The Legal Concept and Aspects of Joint Development in International Law, Ocean Yearbook, Vol. 13, 1998, p. 110。

⑥ 参见蔡鹏鸿:《争议海域共同开发的管理模式:比较研究》,上海社会科学研究院出版社1998年版,第10页。

洋权利。因此，一些国家企图通过非法占领岛礁的方式，宣称其对岛礁享有主权，从而主张享有相应的大陆架和专属经济区。根据国际法及其实践，非法取得的岛礁主权不产生权益。首先，根据一般国际法原则，"非法行为不产生权利"（jus ex injuria non oritur）。其次，国际判例也支持上述原则。例如在"东格陵兰案"（the Eastern Greenland case）中，常设国际法院认为东格陵兰不是"无主地"。丹麦享有先占权（prior title）。挪威不能依其 1931 年法令，宣称该地为"无主地"，从而享有该地主权。再次，国际法知名学者布朗利（Brownlie）指出"不法行为不获益"（no benefit can be received from an illegal act）。① 前国际法院法官劳特派特（Lautpacht）在他所著的《国际法上的承认问题》一书中也指出"违法者不能取得权利"的原则是国际法规则。他说："违反国际法的行为是无效的，不能成为违法者取得权利的根据。"②因此，如果一国非法取得岛礁主权，并不依此享有特定海域资源的专属性主权权利。例如，中国周边一些国家通过非法占领中国岛礁的方式主张对这些岛屿享有主权。这样的海域主张不具有合法性。因此，这些国家不可据此要求与中国进行共同开发。二是，享有其他合法海洋权利也不是共同开发的主体。例如，在南海，非南海海域划界争端国，如美国、日本、法国等享有航行自由权的国家，它们绝不可能是南海共同开发的主体，因为它不享有南海资源的专属主权权利。换言之，它们并非享有南海专属经济区或者大陆架权利或者历史性权利的主体，因此它们不可能是南海共同开发的主体。

最后，海上共同开发适格主体之间的海域主张具有重叠性、竞争性、同一性。③ 第一，国际法的主体需要根据 1982 年《联合国海

---

① 参见 Ian Brownlie, Principles of Public International Law（7th ed），Oxford University Press, 2008, p. 509。

② Lautpacht, Recogniton in International Law, Cambridge University Press 1947, pp. 402-421.

③ 参见何海榕：《争议海域油气资源共同开发五要素及对中国的启示》，载《武大国际法评论》2016 年第 2 期，第 326 页。

洋法公约》第76条或者国际习惯法的规定，沿海国享有专属的勘探、开发海底油气资源的主权或者主权权利。第二，两个或者两个以上的国家需对同一海域提出相同的资源专属权。这样的主体才可能是共同开发的适格主体。换言之，正因为重叠主张的存在才有共同开发的必要性。

此外，关于海上共同开发适格主体的数量。从理论上讲，未划界海域共同开发的主体只需满足上述条件，没有数量上的限制。海上共同开发主体的数量往往由重叠主张国的具体数量决定。不过，现有的海上油气资源共同开发实践都是双边的。① 究其原因主要在于：第一，多数海域划界争议仅为双边争议，涉及三方或者三方以上的争议比较少；第二，从条约执行角度而言，双边共同开发通常容易对权利义务、收益成本进行分配。一般海上共同开发多采取平均分享收益、共同分担费用的方式。如果涉及第三方或者更多的争端当事国，那么分配、执行、监管的问题就变得复杂。海上共同开发难以实现；第三，海洋油气资源开发本身是一项复杂工程，需要多个部门之间密切合作。海上共同开发即便只涉及两个国家，也牵涉多个政府部门和公司机构，要求多方协调和配合。倘若涉及三方或者三方以上，协调与合作的难度增大。因此，从海域划界争端的实际情况，共同开发协议的执行、监管和有效性以及海洋油气开发活动的特点来看，双边海上共同开发是首选。

（二）泰国湾海上共同开发的主体

泰国湾海上共同开发的谈判主要在越南与柬埔寨，柬埔寨与泰国、泰国与越南、泰国与马来西亚、马来西亚与越南之间展开。此外，越南、泰国和马来西亚还就相互之间的三边重叠海域的共同开发问题展开谈判。这些共同开发的主体完全符合前文对海上共同开

---

① 参见 Robert Beckman, Beyond Territorial Disputes in the South China Sea: Legal Framework for the Joint Development of Hydrocarbon Resources, Edward Elgar Publishing Limited. 2013, p. 155。

发主体的要求。

首先，海上共同开发谈判的主体是海域争端当事国。泰国湾共同开发谈判的主体相互之间都存在海域划界争端。这些国家都依据1958年《大陆架公约》和1982年《联合国海洋法公约》的相关规定以及习惯国际法主张专属经济区和大陆架权利，从而主张对特定海域的资源享有主权或者主权权利。例如，越南和柬埔寨对于两国共同的历史性水域资源享有主权。柬埔寨、泰国、马来西亚和越南对所主张的大陆架资源享有勘探和开发的主权权利。

其次，一般海上共同开发谈判的主体限于两国之间。虽然国际法对于海上共同开发谈判的主体数量没有限制，但是泰国湾海上共同开发的实践中，除了泰国、越南和马来西亚之间的三边谈判之外，其他海上共同开发谈判均限于两国之间，例如越南和柬埔寨、柬埔寨与泰国、泰国与越南、泰国与马来西亚、马来西亚与越南的谈判。

二、海上共同开发区的设立

海上共同开发区是指一块特定的海域，依据国际法两国或者两国以上的国家对该海域享有开发该海域资源的主权或者主权权利，当事国根据海上共同开发协议确定的一块特定的海域，在海域内争端当事国通过特定的合作方式开发该特定海域的资源。

(一)海上共同开发区的确定

界定海上共同开发区是海域划界争端当事国首先要解决的问题。海上共同开发区的建立，意味着当事国将共同开发该海域的资源。

首先，需要明确设立海上共同开发区的目的。因为，它与海上共同开发的对象，与海上共同开发的制度密切相关。不同的海洋资源开发和合作的方式不同，相关法规制度也不同。而海上共同开发的目的又与争端当事国的产业政策重点密切相关。不同国家产业政策的倾向性决定海上共同开发不同的对象。在实践中，有的国家设立海上共同开发区是为了利用和保护特定海域生物资源，有的则是为了开发特定海域的非生物资源。泰国湾沿海各国产业政策的重点是发展海洋石化产业。从前文对导致泰国湾海上争议的原因也可以看出，泰国湾各国扩大海域管辖权、争夺岛礁的主权、对岛礁的划界效力和与划界有关的历史事实根据有利于自己的原则进行解释，根本的目的就是为了获得更多的海域资源，尤其是海洋石油资源。① 因此，各国设立海上共同开发区的目的就是为了利用争议海域的油气资源。这在泰国湾达成的共同开发协议的前言中也有反映。例如，1979 年《马泰谅解备忘录》前言提到，"考虑到对重叠海域海床资源尽快进行开发符合两国的最佳利益"，鉴于此，两国达成海上共同开发协议。再如，1992 年《马越谅解备忘录》的前言也提及"考虑到搁置两国在马来西亚西部的东北部海岸和越南西南部海岸的大陆架划界，达成在重叠海域进行石油勘探和开采的临时安排，符合两国最大利益"。此外，泰国湾海上共同开发的宗旨就是为了当事国利益最大化。从马来西亚泰国海上共同开发协议和马来西亚越南海上共同开发协议的上述表述中可以看出，海上共同开发的安排是出于两国利益最大化的考虑。这也是争端当事国建立海上共同开发制度的基本原则。其次，需明确共同开发区的具体范围。

下面将结合泰国湾的实践，简要分析海上共同开发区的设立过程。

(二)越南柬埔寨海上共同开发区

越南和柬埔寨是海域相邻的国家。两国的领海基线都为直线基线，都主张 12 海里领海、24 海里毗连区、200 海里专属经济区和大陆架，并主张采取"等距离-中间线原则"和"单一划界原则"划分两国海域边界，都主张岛礁享有完全的划界效力。但是由于两国对

---

① 本书石油的概念采取广义的理解，包括一切碳氢化合物。本书除非特别声明，石油资源和油气资源同义。

该海域存在的"布莱维线"(the Brévié Line)和岛礁主权的归属持不同观点,两国在内水、领海、毗连区、大陆架的海域划界主张均存在重叠。两国争议内水面积约为 8600 平方公里,争议的大陆架海域面积约为 1000 平方公里。①

"布莱维线"是 1939 年法国人在印度支那殖民时期,为了行政管辖方便,在海上划的一条行政管辖分界线。越南和柬埔寨对该线的效力解读不同。这是导致两国海域界线主张存在争议的主要原因之一。越南认为,该线是岛礁归属线。该线两侧的岛礁分别归两国所有。土珠岛(柬埔寨称"波罗般洋群岛"Poulo Panjang)位于越南一侧,当然属于越南。波罗威群岛位于柬埔寨一侧,属于柬埔寨。虽然富国岛的大部分位于该线的西侧,但从 18 世纪以来,该岛一直由越南实际控制并实施管辖权,因此该岛属于越南。柬埔寨则认为"布莱维线"是海上分界线。两国应以"布莱维线"为两国海上分界线。按照柬埔寨的主张,该争议海域的 79% 属于柬埔寨。

此外,越南和柬埔寨关于一些岛礁主权归属也存在争议。柬埔寨和越南均主张对波罗威群岛、富国岛、布罗般洋群岛(越称"土珠岛",Tho Chu)享有主权,并且主张这些岛屿是有效的领海基点,且享有完全的划界效力。

由于对上述两个问题存在根本的分歧,两国无法就海域划界问题达成共识。

在越南控制柬埔寨时期,两国于 1982 年签订了历史性水域协议。该区域由两国的领海基线连接划定。两国约定该水域为两国的内水,该海域的划界日后由两国谈判确定。也就是说,在该水域由两国享有完全的排他的主权,不仅仅限于开发自然资源的主权权利。

虽然越南和柬埔寨设立的该共同区域的目的不是专门为了开发该海域的油气资源。但是两国约定,在该水域由两国巡逻,两国的

① 参见 Gerald Blake, Boundaries and energy: Problems and prospects, Springer, 1998, p. 124;有的学者认为越柬历史性水域面积为 13720 平方公里。参见 Clive Schofield, Unlocking the Seabed Resources of the Gulf of Thailand, Contemporary Southeast Asia, Vol. 29, No. 2, 2007, p. 294。

渔民可以继续在该海域捕鱼，开发该海域的资源需由两国共同协议
决定。因此，越南和柬埔寨设立的"共同历史性水域"也可以视作
两国的共同开发区。（见图2.1）

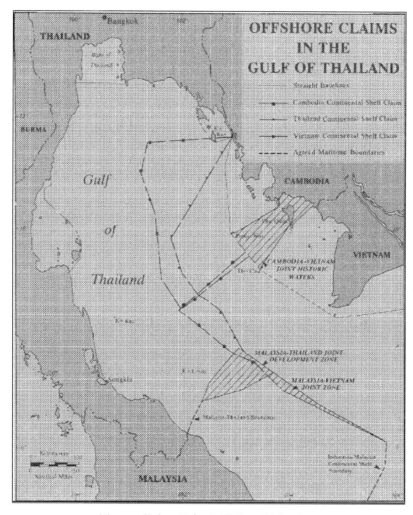

图2.1　越柬、马泰、马越海上共同开发区

Source：Daniel J. Dzurek, Southeast Asian Offshore Oil Disputes, Ocean
Year Book, Vol. 11, 1994, p. 161.

(三)柬埔寨泰国的海上共同开发区

柬埔寨和泰国重叠争议海域面积约为 27000 平方公里。[①] 1972 年柬埔寨颁布了大陆架界线。1992 年 8 月 17 日,泰国总理府颁布了《关于泰国领海和大陆架声明》。由于两国选取的领海基点、主张的岛礁划界效力以及对 1907 年《法泰边界条约》存在分歧,两国存在海域划界争端。

关于 1907 年《法泰边界条约》相关条款的解读。该条约是法国对中南半岛殖民时期与泰国签订的一个陆上边界条约,但是它对两国的海域划界有重要影响。泰国认为,1907 年《法泰边界条约》不具有划分两国海域的效力。首先,1907 年的海洋法制度除了领海就是公海,当时领海宽度约 3 海里,而该条约中提到的狗骨岛距离泰国海岸约 19 海里,狗骨岛与两国陆地分界点的连线不能视为划分两国的海域的依据专属经济区或者大陆架,因为当时没有专属经济区和大陆架制度,而且任何国家无权对公海进行占领和分配。因此,泰国认为 1907 年《法泰边界条约》不具有划分两国海域边界的作用。其次,根据"任何人不得转让超过自己原有的权利"原则(Nemo dat quod non habet),法国不可能让柬埔寨享有其当时不享有的权利。法国当时对该海域不享有主权,柬埔寨自然也不可能享有对该海域的主权。而柬埔寨则认为,1907 年《法泰边界条约》的规定具有划分两国海上边界线的效力。海上边界的分界点为狗骨岛上的最高点。因为,该条约明确规定"海上边界为狗骨岛"与"偏向东北与豆蔻山脉(Pnom-Krevanh)"陆地分界点的连线,这就是两国

[①] 参见 Gerald Blake, Boundaries and energy: Problems and Prospects, Springer, 1998, p. 122;有的观点认为两国重叠海域面积为 30000 平方公里。Captain Somjade Kongrawd, "Thailand and Cambodia Maritime Disputes", p. 1, http://172.31.255.127/files/20420000000CE18D/www.globalsecurity.org/military/library/report/2009/thailand-cambodia.pdf, Nov 12, 2014;有的观点认为两国重叠争议海域面积为 25895 平方公里。参见 Clive Schofield, Unlocking the Seabed Resources of the Gulf of Thailand, Contemporary Southeast Asia, Vol. 29, No. 2, 2007, p. 301。

海上分界线。

泰国以其所属的狗骨岛(中文名又称"沽岛","库特岛","阁骨岛",英文名分别为 koh kut, island of kut, kooh)、象岛(Ko Kra)和鼠岛(Ko Losin)作为基点,并主张这些岛礁享有 200 海里专属经济区和大陆架。但是,泰国认为柬埔寨所属的波罗威群岛(Poulo Wai)远离海岸,因此不可以作为领海基点,不具有任何划界效力。泰国根据"等距离-中间线"和"单一划界"原则,以泰国领海基线和柬埔寨的海岸线为准划分两国大陆架。这样使其主张的海域界线明显东移,向柬埔寨方向偏转。柬埔寨则认为狗骨岛是两国海上边界的分界点,自己所属的波罗威群岛享有完全的划界效力,但未给予泰国所属的狗骨岛(koh kut)和象岛(Ko Kra)和鼠岛(Ko Lsin)任何划界效力。这样柬埔寨主张的两国海域边界线向西移,向泰国方向偏转。

两国不能就上述问题达成共识,无法划界。两国对于海上共同开发区的范围也存在分歧。柬埔寨希望将全部争议海域作为两国海上共同开发区,而泰国主张争议海域的北部划界南部作为两国的海上共同开发区。2001 年 6 月 18 日两国达成《泰国和柬埔寨关于重叠海域的谅解备忘录》,两国同意采取合作的方式解决海域划界争端。柬埔寨和泰国依据各自的海域主张,将争议海域划分为两部分:北部拟划界,南部拟共同开发,以便尽快解决争议海域资源利用问题。两国海上共同开发区的性质属于大陆架。两国共同开发区的范围仅限于两国重叠大陆架主张的一部分。(见图 2.2)

(四)马来西亚泰国的海上共同开发区

泰国和马来西亚在泰国湾的海上争议面积为 8000 余平方公里。① 两国海域主张范围明确,并均颁布了大陆架法案。1992 年 8 月 17 日泰国总理府颁布了《关于泰国领海和大陆架声明》。1966 年马来西亚就颁布了大陆架法案,1972 年对该法案进行修订,2009

---

① 参见 Gerald Blake, Boundaries and energy: Problems and prospects, Springer, 1998, p. 126。

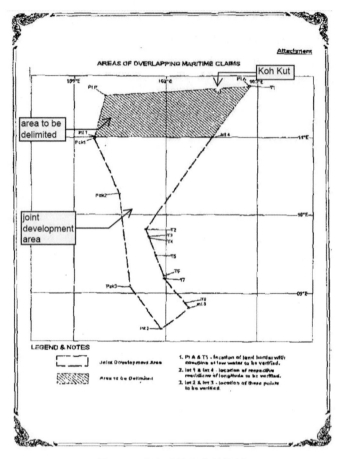

图 2.2　東泰重叠主张的海域

Source：http：//mfa. go. th/main/contents/files/media-center-
information-28017. pdf.

年对该法案再次进行修订。

　　1979 年，泰国和马来西亚划定领海和近海大陆架的海域边界。由于两国关于泰国所属鼠岛（Ko Losin）的划界效力存在分歧，无法就剩余的争议海域边界达成共识。泰国认为，鼠岛是有效的领海基点，且享有专属经济区和大陆架。马来西亚则认为，鼠岛是一个无人居住的高潮时高于海平面 1.5 米的岩礁，根据《联合国海洋法公约》的规定其"不能维持自身的经济生活",因此该岛不享有专属经济区和大陆架;而且该岛距泰国海岸29海里,① 不能作为直线基线的基点,认为该岛对划界不产生任何影响。

在后来的谈判中,双方都做了让步。马来西亚承认,鼠岛为有效的基点。泰国则放弃鼠岛享有专属经济区和大陆架的主张,并调整了其海域主张。在此基础上,两国承认存在重叠大陆架主张,并根据各自的海域主张划定了重叠主张区的范围。该区域即是两国的海上共同开发区,其法律性质属于大陆架。马来西亚泰国海上共同开发区的形状为不规则的五边形,名称为"共同开发区"(the joint development area)。该区域的面积大约7250平方公里。② (见图2.3)该区域由7个坐标点构成,并由直线连接而成。③各点的坐标如下:

A	北纬 6°50′. 0	东经 102°21′. 2
B	北纬 7°10′. 25	东经 102°29′. 0
C	北纬 7°49′. 0	东经 103°02′. 5
D	北纬 7°22′. 0	东经 103°42′. 5
E	北纬 7°20′. 0	东经 103°39′. 0
F	北纬 7°03′. 0	东经 103°06′. 0
G	北纬 6°53′. 0	东经 102°34′. 0

① 参见 J. R. V. Prescott, The Maritime Political Boundaries of the World, Methuen, 1985, p. 218。

② 参见 M. J. Valencia and M. Miyoshi, Southeast East Sea: Joint Development of Hydrocarbons in Overlapping Claims Areas?, Ocean Development & International Law, Vol. 16, 1986, p. 63; David M. Ong, The 1979 and 1990 Malaysia-Thailand Joint Development Agreements: A Model for International Legal Cooperation in Common Offshore Petroleum Deposits?, The International Journal of Marine and Coastal Law, Vol. 14, No. 2, 1999, p. 222。

③ 1979 年《马泰谅解备忘录》第 1 条。

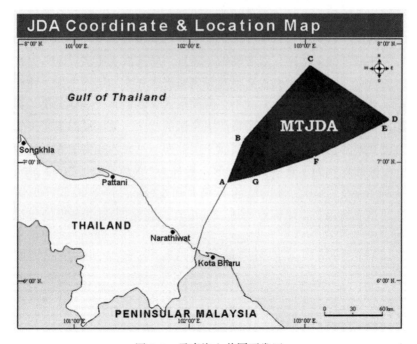

图 2.3　马泰海上共同开发区

Source：https：//www.mtja.org/about_jda.php

尽管调整后，两国完全可以根据"等距离-中间线"和"单一划界"原则，划定该海域边界。但是两国更倾向于合作开发该海域资源，共同分享该海域的石油资源利益。

（五）马来西亚越南的海上共同开发区

马来西亚和越南在泰国湾的海域主张非常明确。1966 年马来西亚颁布了大陆架法案。1971 年南越颁布了越南在泰国湾内大陆架界线。越南统一后，1977 年公布了《越南关于领海、毗连区、专属经济区和大陆架的宣言》，继承了南越关于泰国湾内的大陆架主张。

由于两国领海基点的选择和领海基线起算位置不同，其大陆架界线的位置也不同。两国的大陆架重叠主张海域面积约为 2500 平方公里。两国大陆架划界争议的焦点为越南所属土珠岛的划界效力。越南认为，土珠岛是名副其实的岛屿，其不仅是自然形成的高潮高地，而且能满足自身的经济生活，其上还有居民定居，因此是有效的领海基点，享有完全的划界效力。马来西亚则认为，该岛远离越南海岸，不符合《联合国海洋法公约》关于领海基点的规定，越南不能将土珠岛作为领海基点，以它为基点测算领海和大陆架范围。

马来西亚在谈判中承认"在马来西亚西部的东北部海岸和越南的西南部海岸的大陆架存在重叠"①，但强调这不意味着马来西亚承认越南海域主张的正当性。双方之所以承认存在重叠的海域主张，完全是为了尽快利用争议海域资源，愿意通过海上共同开发的方式共同利用重叠主张海域的资源。于是，两国根据各自的大陆架界线主张，确定了重叠主张海域的范围，并且排除了与泰国的三边重叠海域，将剩余的双边重叠海域作为两国的海上共同开发区。马来西亚泰国的海上共同开发区呈狭长的三角形，称为"划定的区域"(the defined area)。它面积约为 1500 平方公里，长度超过 100公里，但是宽度不足 10 公里。② (见图 2.1)

两国明确了海上共同开发区的具体地理位置。两国的海上共同开发区由以下 6 个坐标点通过直线连接而成。③

A	北纬 7 度 22 分	东经 103 度 42.5 分
B	北纬 7 度 20 分	东经 103 度 39 分
C	北纬 7 度 18.31 分	东经 103 度 35.71 分
D	北纬 7 度 3 分	东经 103 度 52 分
E	北纬 6 度 5.8 分	东经 105 度 49.2 分

① 1992 年《马越谅解备忘录》前言和第 1 条。

② 参见 Nguyen Hong Thao, Vietnam and Joint Development in the Gulf of Thailand, Asian Yearbook of International Law, 1999, p. 141。

③ 1992 年《马越谅解备忘录》第 1 条。

续表

| A | 北纬 7 度 22 分 | 东经 103 度 42.5 分 |
| F | 北纬 6 度 48.25 分 | 东经 104 度 30 分 |

两国还各自授权制图部门绘制共同开发区的地图。马来西亚的主管当局为马来西亚国家测绘局以及其授权的个人，越南社会主义共和国的主管当局为地理制图部和海军地理制图部门及其授权的个人。①

（六）评析

从上述泰国湾海上共同开发区的实践，可以得出以下几点结论：

第一，海域划界争端当事国的海域主张明确并承认海域划界争议的存在是当事国确立海上共同开发区的前提。泰国湾沿海四国的海域主张范围和法律性质都非常明确，而且当事国之间承认海域划界争议的存在，因此泰国湾海域划界争端当事国基本上都明确了海上共同开发区的范围。例如，马来西亚泰国海上共同开发区是根据泰国调整后的大陆架主张和马来西亚的大陆架主张确定的。马来西亚越南海上共同开发区也是依据两国的大陆架主张确定的。虽然在上述海上共同开发协议中，双方都约定海上共同开发不意味着承认对方或者放弃各自的海域主张和立场。可见，海上共同开发关键在于合作的意愿和经济的可行性、便利性，与争端当事国的海域主张和立场是否有效和正当无关。② 由于海上共同开发区是根据当事国的单边海域主张确定。如果当事国的海域主张完全符合国际法的规定或者公平合理，那么两国依据各自的海域主张确立海上共同开发区无可厚非。但是，如果双方或者一方的海域主张明显不符合国际法的规定或者不合理，那么是否要依据这样的海域主张建立共同开

---

① 1992 年《马越谅解备忘录》第 1 条。

② 参见何海榕：《争议海域油气资源共同开发五要素及对中国的启示》，载《武大国际法评论》2016 年第 2 期，第 321～336 页。

发区，是争端当事国应该认真考虑的问题。这也是一种"以利益换和平"的选择，未尝不可。如果依据过分或者不合理的主张确立海上共同开发区，那么就意味着这些不合理的海域主张在一定程度上是有效果的。在海上共同开发中可以获得更多的利益。以柬埔寨和越南共同的历史性海域主张为例。无论从习惯国际法和一般国际法的规则看，两国联合主张历史性共同水域的做法不合法且不合理。虽说马来西亚不承认越南海域主张的正当性，但是马来西亚越南海上共同开发区的建立，却意味着越南的海域主张在某种意义上获得了承认，对海域争端的解决产生了实际影响。越南通过其过分的海域主张获得了实实在在的经济利益。马来西亚之所以愿意与越南建立共同开发区，一方面与当时特定的时代背景有关，另一方面与两国争议海域面积较小有关。冷战结束后，国际格局和国际力量对比发生巨变。马来西亚希望东盟地区作为一个整体，对于国际事务有更多的发言权和主导权。而这时越南失去了苏联这个靠山，也希望加入东盟，改善同东南亚国家的关系。正是基于这种考虑，两国都希望通过海上共同开发的合作，改善两国关系，实现各自的政治目的。由此马来西亚虽然不认同越南的主张，但是愿意让渡一定的经济利益与越南，以实现两国的政治合作。而且两国海上共同开发区面积小，马来西亚的妥协不会造成经济上的重大损失，相反在政治上、外交关系上和地区和平与稳定等方面均起到了积极的意义。换言之，是否愿意依对方当事国的海域主张建立共同开发区，不仅仅是个法律问题，还与经济、政治、地缘政治等因素密切相关。是否依据对方的海域主张确立海上共同开发区，应由当事国根据各自的战略、政治、军事、外交和经济利益等综合因素来权衡。两国的海上共同开发实践也证实此举对两国有重要的积极影响。

第二，海上共同开发区是一块特定的海域。一般当事国都通过各自的海域主张确定其范围，然后排除第三方重叠主张海域，应该通过地理坐标的方式明确其位置和范围。一般来讲，海上共同开发区以双边重叠海域为主。这一方面与海域争议的情况有关。目前，大部分海域争议为双边海域争议，三边或者三边以上的海域争议存在，但是所占比例较小。另一方面与谈判的难易程度有关。共同开发本身是涉及国家主权和利益的敏感问题，两国之间谈判所需要协调和解决的问题就比较复杂，如果多个国家谈判，不容易就相关问题达成共识。因此共同开发区以双边重叠海域为主。概言之，多边共同开发不是不可行，而是概率比较小，实施比较困难。

第三，海上共同开发区的性质一般为大陆架海域。这主要与不同的海域，沿海国享有不同的权利有关。在内水，沿海国享有完全的排他的主权。在专属经济区和大陆架，沿海国仅享有有限的主权权利。一般国家都不愿将全部主权让渡，或者说与他国共享。所以，泰国湾沿海国倾向于领海（近海）划界，大陆架或者专属经济区（远海）共同开发。因此，共同开发区以大陆架或者专属经济区为主。但是，如果当事国同意也可以将内水作为共同开发区，例如越南和柬埔寨。

另外，海上共同开发区的名称、面积大小不同。这些名称都属于没有任何法律意义的中性语言，而未采用内水、领海、专属经济区、大陆架等具有特定法律意义的词语。这主要为了避免引起不必要的争议。比如，越南、柬埔寨称之为"共同的历史性水域"，柬埔寨泰国和泰国马来西亚称之为"共同开发区"，马来西亚和越南将之命名为"确定的区域"。海上共同开发区的面积有大有小。马来西亚越南的海上共同开发区面积比较小。马来西亚和泰国的海上共同开发区面积比较大。后者是前者面积的 7 倍之多。① 但是这些区域具备一些基本的共性。首先，都是由当事国海域主张的重叠区域；其次，区域内的资源都需由当事国共同分享、协商确定开发类型和开发制度；最后，这些区域都有明确的地理范围，一般当事国都通过画图、明确地理坐标的方式标明其具体范围。

概言之，海上共同开发区的确立需要具备这么几个条件：第一，海域资源丰富；第二，当事国都提出明确的海域主张并承认存在海域争议，承认重叠区域的存在；第三，当事国协商一致决定共同开发区的具体范围、面积大小和名称。

---

① 参见何海榕：《马泰与马越共同开发案的比较研究》，载《太平洋学报》2015 年第 12 期，第 87 页。

三、利益分配模式

海上共同开发的目的就是分享共同开发区内的油气资源。因此，利益分配比例或者说采取何种利益分配模式是当事国在共同开发谈判过程中最为关心的问题。相关国家是否能就此问题达成共识是决定共同开发能否付诸实践的关键问题之一。所谓海上共同开发的利益分配模式，是指对共同开发区内直接的和间接的经济利益按照一定的分配比例进行分配的方式。它与日后海上共同开发区适用的石油开采制度和财税制度密切相关。根据现有的海上共同开发国际实践来看，共同开发区利益分配的模式可以分为两类：一类是当事国平均分享共同开发区利益的模式，一类是当事国按约定有利于一方的比例分配共同开发区利益的模式。

下面将简要介绍泰国湾争端当事国的利益分配模式。

(一) 柬埔寨泰国海上共同开发的利益分配

2001 年柬埔寨和泰国确定了海上共同开发区，此后两国主要就共同开发区的利益分配方式展开谈判。

由于柬埔寨陆地能源缺乏，国家经济落后，因此它迫切希望通过开发两国争议海域的资源，改善国民经济状况。但是，它不具备单独开发海洋油气资源的资金、技术、管理经验和法规制度，因此希望通过与泰国合作开发争议海域油气资源。2003 年起石油价格一路攀升，2006 年石油价格处于高位。① 在此背景下，柬埔寨敦促泰国尽快就两国海上共同开发区利益分配的问题达成共识。柬埔寨建议通过平均分配的方式分配两国海上共同开发区的利益与责任。这样不仅公平合理，而且体现了两国主张的合法性和平等性。柬方认为，即使按五五分成，泰国还是可以获得 85% 的经济利润。因为开采出的天然气需要借助泰国的输送管道实现传输，然后由泰

---

① 参见孙建斌：《石油价格涨涨跌跌为哪般?》，2009 年 9 月 24 日，凤凰资讯网：http://news.ifeng.com/history/gongye/jiyi/zhanwang/200909/0924_7258_1363450.shtml。

国对油气进行加工、液化和分离。而且，这种简单便捷的分配方式可以使双方都尽快获得经济收益，满足各自所需，双方共赢。这不仅有利于柬埔寨的经济发展，也有利于满足泰国经济发展对油气资源需求，减少对进口油气资源的依赖。

泰国则建议将两国海上共同开发区再细化为一个中央区（a central zone）和两个侧翼区（flanking zone）。其中，中央区的收益分配比例为50：50，侧翼区则按有利于邻近一侧国家的分配，分配比例为85：15。① 这种分配方案，明显有利于泰国，对于将海洋油气资源视作改变现状的救命稻草的柬埔寨来讲无法接受。而泰国具备开发海洋资源的资金、能力和经验，并且随着马来西亚泰国海上共同开发的顺利实施，它对于能源的需求并不是非常迫切。而且两国因为帕威夏寺等领土问题一再交恶。泰国对于国际法院对上述领土主权的裁定一直不满，并对柬埔寨存在敌视情绪。因此，在海上共同开发利益分配的问题上，泰国立场强硬，坚决不同情柬埔寨的经济处境。况且，泰国不认可柬埔寨的海域主张。综上，泰国在与柬埔寨海上共同开发的利益分配问题上不愿意作出任何让步。而且2006年泰国总理他信下台，两国由领导人构建的亲密关系不复存在。自此，两国海上共同开发谈判没有再取得实质性的进展。

从两国上述实践可以看出，双方之所以未能就海上共同开发的利益分配达成共识，主要是因为作为强势一方的泰国不愿意作出任何经济上的让步，同时由于领导人的更替，两国海上共同开发的政治意愿并不是很强，因此两国在海上共同开发的关键问题上不能达成共识。

（二）泰国马来西亚海上共同开发的利益分配

泰国和马来西亚一直保持着传统的友谊，两国的意识形态相似、经济发展水平相当。20世纪70年代泰国的石油高度依赖进口，两次能源危机后，高油价使泰国经济处于崩溃的边缘。因此，

---

① 参见 Clive Schofield, Maritime Claims, Conflicts and Cooperation in the Gulf of Thailand, Ocean Year Book, Vol. 22, 2008, p. 114。

泰国迫切需要通过开发近海油气资源，降低对进口石油的依赖，促进国内经济平稳健康发展。马来西亚虽然作为能源出口国，不存在能源安全的问题，但是当时油价高企，它希望尽快开发海域资源，换取更多外汇，提高国内经济和人民生活水平。因此，两国合作意愿都比较强烈，所以很快就海上共同开发区的利益分配问题达成共识。而且，两国对于对方的海域主张基本认可。因此，两国对于平均分享海上共同开发区的所有收益、共同分担所有费用没有异议。

两国对于海上共同开发费用的承担、收益的分享以及缴纳税费的方式和比例均达成了共识。第一，两国约定平均分享海上共同开发区内的收益与共同承担相关费用。关于联合管理局的费用和收益，两国约定联合管理局在共同开发区的活动所产生的费用应由双方政府平等分担，所获收益也由双方政府平等分享。① 关于特许权使用费，承包商应向联合管理局缴纳石油总产量的 10% 作为特许权使用费，再由联合管理局向双方政府分别缴纳石油总产量 5% 作为特许权使用费。② 第二，两国约定与授权的石油公司平均分享海上共同开发区的收益。③ 详言之，共同开发区石油总产量的一半作为成本油扣除后，剩余的一半由缔约国和作为承包商的石油公司平均分享。第三，两国还约定两国授权的石油公司平均分担费用和分享收益。关于勘探开发成本由作为承包方的石油公司平均承担。④ 这些费用作为成本油，承包商可从石油总产量的 50% 中抵扣。⑤ 此外，承包商应从其收益中再向联合管理局支付石油总产量的 0.5% 作为研究经费。该经费用于石油公司投资的成本回收以及承包商利润油的分享。但是，这笔费用不能从共同开发区的石油产量中作为成本进行补偿。

从上述分配方案可以看出，泰国与马来西亚对共同开发区的利

---

① 1979 年《马泰谅解备忘录》第 3 条第 5 款。1990 年协定第 9 条第 1 款。

② 1979 年《马泰谅解备忘录》第 8 条第 2 款 b 项。

③ 1979 年《马泰谅解备忘录》第 8 条第 2 款 d 项。

④ 1979 年《马泰谅解备忘录》第 8 条第 2 款 e 项。

⑤ 1979 年《马泰谅解备忘录》第 8 条第 2 款 c 项。

益分配，与两国的地位、经济实力以及承担的权利与义务相称。

（三）马来西亚越南海上共同开发的利益分配

两国约定采取平均分配的方式分享共同开发区利益。两国同意"双方应平等分担'划定区域'内石油勘探和开采而产生的所有费用，平等分享其产生的收益。"①但是，无论是海域主张还是开发海洋资源的能力来看，马来西亚均处于优势地位。

就两国海域主张而言，马来西亚的海域主张明显优于越南的海域主张。② 从两国石油产业的发展水平来看，马来西亚明显处于优势地位。20 世纪 90 年代，马来西亚的石油产业已颇具规模，具有雄厚的资金、成熟的技术和管理经验，还有完善的石油开采法规制度。而越南在两国海上共同开发之前，石油产业主要依靠苏联的资金和技术，没有相关的法规制度。越南希望通过与马来西亚合作，利用马方的资金、技术和管理经验，尽快获得海上共同开发区的资源和收益。

就马来西亚海域主张和开发能力而言，马方明显处于优势的情况下，其仍同意与越南平均分享收益、分均承担成本，是对越南经济的巨大支持与援助。这种情况下，两国合作开发意味着马来西亚承担更多的资金和技术义务。

（四）评析

从上述泰国湾实践可以看出，海上共同开发的利益分配有以下一些特点：首先，关于海上共同开发利益与费用分配的比例，一般相关国家同意平均分享共同开发区的资源收益、共同承担相关税费和享有相同的权利和义务。但不是所有共同开发案的分配比例都采取均分的方式。例如在泰国和柬埔寨的谈判中，泰国坚持不同的共同开发区的次区域按不同的比例分配。其次，海上共同开发的三种重要利益关系需要协调好。它们分别是缔约国之间的利益关系，缔约国与作为承包商的石油公司之间的利益关系，还有作为承包商但

----

① 1992 年《马越谅解备忘录》第 2 条第 3 款。
② 主要是越南历史性水域的主张不符合国际法和国际惯例。

代表不同国家石油公司之间的利益关系。海洋石油产业是资本密集型产业，只有协调好上述三种的利益关系，这样当事国才有积极性合作，石油公司也有积极性作业。再次，海上共同开发区的利益既包括直接利益，也包括石油开采配套设施的建设、员工培训带来的间接利益。对于前者范围明确好分配，对于后者利益的分配很难做到完全公平。因此，需要在实践的过程由有关机构不断协调相互之间的利益分配问题，避免冲突的发生，保障共同开发得到有效地实施。最后，决定分配比例与所承担的权利和义务关系。从权利义务相称的关系和公平的角度看，利益分配比例应该与当事国所承担的权利和义务相称。但是，当事国也可以根据实际情况权衡采取何种分配方式。也就是说，共同开发区的利益分配比例既可以和当事国承担的权利和义务相称，也可以不与承担的权利和义务相匹配。至于采取何种分配比例，完全由当事国根据实际情况权衡。例如，马来西亚泰国海上共同开发的利益分配方式完全与两国的能力、地位和承担的义务相称。而马来西亚越南海上共同开发的利益分配方式表面上两国获得相同的利益、承担相同的费用。但是由于两国的经济水平、开发能力、相关的制度完善程度不同，马方需要承担更多的义务，但是却与越南获得同样的收益。这说明，决定利益分配方式的因素，除了与当事国承担的权利和义务、与国家的实力、海域主张的优劣、国家间的关系有关，还与国家政治、外交等综合因素有关。

四、海上共同开发的管理类型

(一)关于海上共同开发管理模式

海上共同开发管理的类型，国内学者多将之称为"共同开发模式"。① 它主要是指海上共同开发的当事国采取何种方式管理共同

---

① 参见蔡鹏鸿：《争议海域的共同开发模式：比较研究》，上海社会科学院出版社1998年版，第63~71页；萧建国：《国际海洋边界石油的共同开发》，海洋出版社2006年版，第227~228页；安应民：《论南海争议区域油气资源共同开发的模式选择》，载《当代亚太》2011年第6期，第133~134页。

开发区的石油开采活动，适用何种制度规范海上共同开发各主体的行为，如何协调当事国冲突的管辖权的制度。

　　一般学界将海上共同开发的管理类型分为三类。① 它们分别为"一国代理模式"（the single-state model）、"联合经营模式"（the joint-venture model）和"共同机构模式"（the joint authority model）。"一国代理模式"主要是根据当事国约定由一个当事国代表其他海上共同开发的当事国负责海上共同开发区事务的经营和管理。"联合经营模式"主要是指根据当事国的约定由所有争端当事国合作经营、共同管理海上共同开发区内事务，共享收益、共担风险。②"共同机构模式"即在海上共同开发区建立一整套开发石油的新的法律机制，往往设立一个共同机构代表相关国家管理海上共同开发区内油气资源的开发。③ 也有学者将海上共同开发的模式分为四类：第一种"超国家管理模式"。签约国双方同意将本国对海上共同开发

---

　　① 参见 David M. Ong, Joint Development of Common Offshore Oil and Gas Deposits: "Mere" State Practice or Customary International Law?, The American Journal of International Law, Vol. 93, No. 4, 1999, pp. 788-792; Ana E. Bastida, Adaeze Ifesi-Okoye, Salim Mahmud, JamesRoss, and Thomas Walde, Cross-Border Unitization and Joint Development Agreements: an International Law Perspective, Houston Journal of International Law, Vol. 29, No. 2, 2007, pp. 416-418; . Yusuf Mohammad Yusuf, Is Joint Development a Panacea for Maritime Boundary Disputes and for the Exploitation of Offshore Transboundary Petroleum Deposits?, International Energy Law Review, Vol. 4, 2009, pp. 132-133; Robert Beckman (eds.), Beyond Territorial Disputes in the South China Sea: Legal Framework for the Joint Development of Hydrocarbon Resources, Edward Elgar Publishing Limited, 2013, p. 145; 萧建国：《国际海洋边界石油的共同开发》，海洋出版社 2006 年版，第 122~127 页；蔡鹏鸿：《争议海域共同开发的管理模式：比较研究》，上海社会科学研究院出版社 1998 年版。

　　② 国内一些学者将之称为"强制经营模式"。参见萧建国：《国际海洋边界石油的共同开发》，海洋出版社 2006 年版，第 122~127 页。

　　③ 国内一些学者将之称为"超国家模式"（super-national authority）。参见萧建国：《国际海洋边界石油的共同开发》，海洋出版社 2006 年版，第 122~127 页。参见蔡鹏鸿：《争议海域共同开发的管理模式：比较研究》，上海社会科学研究院出版社 1998 年版，第 63~65 页。

区的管辖权转让给一个超国家机构来管理，并由该机构制定经营许可证的发放和管理的相关规定。于此管理模式中，允许领有经营许可证的经营人，对该海域的非生物资源拥有特定的所有权百分比，而签约国则从总额课征的税收中获利。第二种为"双方政府共同管理模式"。此管理模式是将海上共同开发区的管辖机构划分为两个层次：一是部长理事会；另一是联合管理局。将决策层次与经营操作管理层次明显地区分开来，把海上共同开发的真正权力集中于签约国双方政府之间的决策层，而把资源管理和开发功能交给联合管理局负责。此模式有利于双方政府直接指导共同开发区的勘探与开发工作。第三种模式"代理制模式"，即由缔约国协议，委请缔约国中的一国单独从事该海域的天然资源探采。关于共同开发的收益及费用则由缔约国依适当比例分配。第四种模式为"合资机构共同经营模式"，签约双方政府授权各自的特许权人进入共同开发区，然后双方特许权人订立共同经营协定（Joint Operation Agreement），以合资机构的形式对共同开发区内的矿物资源进行勘探与开发。特许权人可以根据经营协定，将特许权转让给双方指定或抽签决定的经营人。

笔者认为，现有对海上共同开发管理模式的分类只是对现有的共同开发案例表面现象的直接分类，未厘清共同开发管理的本质。上述分类方式容易让读者对海上共同开发的管理形成误解。另外"超国家"的表述方式也不准确。以马来西亚泰国海上共同开发中的联合管理局为例。这个机构并不具有超国家的性质，它只是两国的授权管理共同开发事务的机构。它的权限仅限于行政管理权。因此，无论从哪个角度它都不具备"超国家"的性质和特点。这种表述容易产生混淆和误解。

笔者认为，如果按照当事国承担的责任，可将海上共同开发类型分为"一国代理模式"和"当事国共同管理模式"。两种模式的主要区别是两国承担权利和义务的方式不同，前者主要由一国承担，后者由两国来承担。"一国代理模式"是指，海上共同开发区事务的管理、石油作业、法律适用都由一国代表两国来负责，但是利益由两国共享。由此可见共同开发的本质特征是共同分享共同开发区的利益。如果按这种分类方式，上述学者提及的"联合经营模式""共同机构模式""超国家管理模式""双方政府共同管理模式"均属于"当事国共同管理模式"。它们之间的区别表现为：有的当事国授权代表两国的石油公司对共同开发事务进行管理，有的当事国建立独立的专门机构对共同开发事务进行管理。但是不管采取哪种方式，都是代表争端当事国对共同开发事务进行管理，因此将这些归为一类。

共同开发实践中，当事国并不直接参与共同开发区石油的勘探和开发和管理，而是授权不同的机构或者组织代表当事国管理共同开发事务，行使管理权限。由此根据对海上共同开发事务管理的组织机构的不同，又可将共同开发的管理模式分为"石油公司代理模式"和"共同机构代理模式"。"一国代理模式"和"共同管理模式"根据具体管理的机构或组织又可以分为"石油公司代理模式"或"共同机构代理模式"。

下面将结合马泰和马越共同开发模式来进行具体分析。

（二）马来西亚泰国海上共同开发的管理类型

泰国和马来西亚海域主张没有明显的瑕疵，两国的经济实力和开发海洋资源的能力不相上下。两国国内关于海上石油开发的制度均比较完善。为了体现两国平等的地位，双方倾向于共同管理、共同开发特定区域的油气资源，并制定一套专门适用于海上共同开发区的石油开发制度，而不考虑交由一国负责管理共同开发事务或者适用一国的法规制度的模式。因此，泰国和马来西亚海上共同开发管理类型属于"共同管理模式"。

由于两国海上共同开发区的面积比较大，不适合授权石油公司负责海上共同开发事务，因此，两国决定设立管理海上共同开发事务的专门机构——联合管理局。两国授权该机构管理并制定相关的开发规则和制度。该机构代表两国对海上共同开发事务进行管理并对两国负责。由此，泰国和马来西亚海上共同开发管理类型又属于"共同机构代理的模式"。

两国对于联合管理局的职能、法律地位、目的、组成成员组成、议事程序、成员的责任、薪资、权利与职能等做了详细的沟通。① 但是，赋予联合管理局何种程度的职权问题困扰两国很久。起初，两国决定赋予联合管理局在共同开发区绝对的权力。两国约定"该机构代表两国全权行使对共同开发内油气资源勘探开发监督和管理的权利"。② 但是，后来两国认为这样容易导致海上共同开发的活动脱离两国的控制，可能会对两国海域的主张和立场造成不利影响。经过 11 年艰苦的谈判，两国最后决定，联合管理局在纯商业性事务上享有决策权;③ 对海上共同开发事务的行政管理享有广泛决定权;④ 但是在重大事项上须经两国政府批准。⑤ 也就是说两国政府在重大事务上享有最终决定权。从联合管理局的职能来看，该机构只是代表马来西亚和泰国对海上共同开发事务进行管理，而不具有超越于两国之上的权力，可见"超国家机构"的表述值得商榷。

（三）马来西亚越南海上共同开发的管理类型

马来西亚和越南的海洋石油产业发展水平和开采能力悬殊。因此，越南希望通过马来西亚合作获取开发海洋石油资源的资金、技术和管理经验，因此希望与马来西亚合作管理和开发共同开发区的油气资源。于是，两国决定采取"共同管理模式"。

马来西亚越南共同开发区面积较小。如果为了开发该海域的资源，设立专门的机构、制定专门的制度，不仅浪费时间、财力和精力，而且完全没有必要。因此，两国决定采取"石油公司代理"的管理模式，授权各自的国家石油公司全权负责两国海上共同开发区

---

① 详见 1990 年《马泰协定》第 1 条-第 13 条。

② 1979 年《马泰谅解备忘录》第 3 条第 2 款。

③ 1990 年《马泰协定》根据第 7 条第 1 款和第 2 款。

④ 1990 年《马泰协定》第 7 条第 1 款和第 2 款 c、d、f、i、j、k 的规定，

⑤ 1990 年《马泰协定》第 7 条第 2 款 a19; 0 年马泰协定第 7 条第 2 款 e 项;1990 年《马泰协定》第 11 条;《马泰协定》第 12 条。1990 年《马泰协定》第 14 条。

油气资源的开发与管理。①

（四）评析

从上述泰国湾海上共同开发实践的管理模式看出，它与当事国的国内石油开采机制、石油产业发展水平和开发海洋资源的能力、海上共同开发区的面积的大小以及当事国的价值取向密切相关。例如，马来西亚泰国两国实力相当，希望海上共同开发体现两国地位的平等，因此采取"当事国共同管理模式"。而且，两国的海上共同开发区面积大，根据管理的需要采取"共同机构代理模式"。而马来西亚和越南两国实力对比悬殊。越南希望通过与马来西亚的合作，共同管理海上共同开发区的石油作业，从而学习开发海洋资源的技术和管理经验，因此也决定采取"当事国共同管理模式"。但由于两国共同开发区面积小，因此决定授权两国石油公司全权负责共同开发事务，采取"石油公司代理模式"。由此，两国海上共同开发区适用的法律以两国现有的法规制度为主。但是当时未考虑到越南石油开发的法规不完善，无法履行共同管理、共同开发的义务，因此在实施的过程中变为"一国管理模式"。由此得出一个结论，在选择海上共同开发管理模式时，一定要结合两国经济实力尤其是石油产业发展水平和完善程度，来考虑当事国履约能力，选择最切实可行的开发模式。

从马来西亚泰国和马来西亚越南海上共同开发模式来看，管理模式对于海上共同开发区内的管辖权、石油开发权、法律适用和共同机构的职能等问题具有重大影响。从海上共同开发的谈判实践来看，马来西亚泰国海上共同开发的模式耗费的时间较长。从两国原则确定采取"共同机构代理的模式"到两国签订1990年马泰协定，期间谈判时间长达11年。这说明协调当事国不同的石油开发制度，制定专门适用于共同开发区的法规制度耗时费力。而马来西亚越南海上共同开发，授权两国石油公司全权负责，采取适用各自现有法律的方式，具体事宜由两国石油公司协商确定，谈判时间短。

---

① 1992年《马越谅解备忘录》第3条a款。

五、海上共同开发区适用的法律

法律适用是一国主权的具体表现，因此共同开发区法律适用问题也是谈判中的重点问题。

(一)海上共同开发法律适用的情况

从现有的共同开发实践来看，共同开发区法律的适用一般可以分为以下四个类型：其一，分别适用当事国各自的国内法；其二，统一适用一国国内法；其三，统一适用共同开发区的专门法;① 其四，以上述一种为主，其他为辅的综合类型。下面将结合泰国湾的实践进行具体分析。

(二)马来西亚泰国海上共同开发以适用专门法为主

泰国和马来西亚国内法规制度都比较完善，而且经济发展水平相当。但两国具体的石油开发相关的法规制度不同。例如，泰国和马来西亚的石油开采制度不同。泰国石油开发采用许可制。其国内法规定，由主管机构颁发许可证，将特定合同区块的勘探、开发和生产的专营权授予许可人，被许可人对开采出的石油资源享有所有权，向东道国缴纳矿区使用费、租金等，东道国通过"国家参股"、利润分享以及较优惠的财政安排与石油公司共享利润。而马来西亚采用产品分成制，即政府授权国家石油公司与外国石油公司订立合同，马来西亚国家石油公司享有石油资源的所有权，外国石油公司作为承包商取得合同区块的经营权。在东道国国家石油公司的全面控制下，外国石油公司单独承担所有开采风险和经营成本，由最先开采出的石油补偿其投资成本。外国石油公司收回成本后，东道国石油公司和外国公司分享石油收益，同时外国石油公司需就其收益向东道国缴纳所得税。近代以来，许可制和产品分成制的区别已经不是很明显。也就是说，两国的石油开采制度只是形式不同，本质

---

① 本书出现的"专门法"均指当事国制定的适用于共同开发的特殊的法规制度。

内容区别不大，都具有互惠互利性，更有利于资源国政府，条款标准化，内容灵活性增强的特点。① 但法律适用是一国行使主权的表现，各国都希望共同开发区适用本国的石油开发制度，而不希望适用另一国的法律制度。为了尽量体现两国的平等地位，同时平等对待两国石油公司和共同开发事务，双方最终决定制定专门适用共同开发区的管理和开发制度，而不适用任何一方现有的石油法规制度。但是石油开采制度种类不外乎许可制、产品分成制、服务合同、综合石油开采制度这几种。马来西亚和泰国不可能凭空创造出与上述类型完全不同的石油开采制度。为了实施的便利，两国对石油开采制度作出选择最为合理。最后，两国经过多轮的谈判，综合两国海洋开发的能力和经验，认为马来西亚产品分成制比泰国更具有优势，因此在马方在其他事项上作出让步的前提下，泰国同意共同开发区适用产品分成制。但是共同开发区的产品分成制不是简单地照搬马来西亚的产品分成制，而是专门适用于共同开发区的产品分成制度。②

其他与石油开采相关的法律制度，例如财政税收等法规制度，两国采取同时适用专门的法律制度和两国的国内法。这些专门法大多属于原则性的规定，因此需要结合各自国内法适用。这样既节省了精力，也充分体现了两国的平等性。

概言之，适用于马泰共同开发区的法律主要有：马泰共同开发协议，两国依据共同开发协议制定的适用于共同开发区的专门法，为了履行共同开发协议专门制定的国内法，为避免管辖权冲突的联合管理局与两国相关主管机构签订的各种合作协议或安排以及两国相关的国内法。但是，其中共同开发协议具有主导地位，其他法律适用以之为指导，并不得违反海上共同开发协议的规定。如果专门法与一国国内法发生冲突适用特别法优于一般法的原则。例如，泰国制定的《马来西亚—泰国联合管理局 2533 法案》第 3 条规定：

① 参见余劲松：《国际投资法》（第四版），法律出版社 2014 年版，第 77~84 页。

② 1990 年《马泰协定》第 8 条第 1 款。

"其他现行法律、法规和规章的规定与本法案不一致或冲突的，应以本法案规定为准。"马来西亚制定的《马来西亚和泰国联合管理局1990 年第 440 法案》第 25 条规定："若本法案条款与其他法律条款存在冲突或不一致，应优先适用本法案的规定。"

综上，泰国和马来西亚共同开发区的法律以专门法规为主，适用各自国内法为辅。

(三)马来西亚越南海上共同开发以适用马来西亚法为主

马越在谈判的过程中约定，各自相关法律制度适用于代表各方的石油公司。但由于越南尚未建立起完善的海洋石油开采法规政策，因此双方一致同意在马越共同开发区由适用两国的法律变为以适用马来西亚石油开发相关的国内法为主。虽然适用法律是一国主权的表现，但由于越南处于"无法可依"的情况，而且法规政策的建立也不是一朝一夕之功，需要一段时间，为了尽快开发两国争议海域资源，两国约定使用马来西亚成熟的法规制度。这对越南实属无奈的选择。此外，由于共同开发安排具有"不影响"和"临时性"的特点，这种安排并不意味着越南放弃自己的主张，承认马来西亚的海域主张和主权。总体而言，这样不会对两国的主权造成实质性的损害。马越这种共同开发法律适用的安排是以最小的成本换取最大效益的选择。客观来讲，这种安排是一种成本低、效率高的明智选择。

(四)评析

从泰国马来西亚和马来西亚越南共同开发的实践看，无论适用何种法律，采取何种类型，由当事国协商确定，以共同开发协议的规定为主。在实践过程中，也可以根据实际情况对共同开发区的法律适用的问题进行协商改变。例如，马来西亚越南海上共同开发就对适用的法律进行了改变。

值得注意的是，海上共同开发区法律的适用不对当事国的国家主权和海域主张产生任何实质性影响，也不意味对对方主权和海域主张的承认或者否认。使用何种法律规范，主要是从便利海洋石油开发的实用角度考虑，而不是从主权或者政治的角度考虑。

六、"先存权"问题

"先存权"(preexisting right)是指海上共同开发协议生效前，缔约国单方授予石油公司勘探或者开发原为争议海域现为共同开发区的部分或者全部的油气资源的权利。它先于海上共同开发存在，因此称为"先存权"。

(一)关于"先存权"的法律问题

在争议海域，争端当事国为了抢占先机，获得更多的海域资源，同时宣示该国对特定的海域享有主权，往往采取授权外国石油公司开采争议海域油气资源的方式。因此，如何妥善处置"先存权"的问题是争端当事国在海上共同开发之前需要解决的一个重要。

一般来讲，享有"先存权"的主体为外国石油公司。这主要是因为海洋石油开发是资本和技术密集型的产业，只有少数西方石油公司具备开发海洋油气资源的能力。所以，被授权方一般为外国石油公司。

"先存权"对于授权国来讲，具有以下几重意义：其一，经济意义。石油是工业的血液，开采争议海域资源可以满足授权国对能源的需求。石油产业是高回报的产业，授权国通过开发海域油气资源，可以增加本国的财政收入、改善民生。海洋石油产业又是技术、资本、知识密集型产业。而只有少数国家掌握海洋石油勘探和开发的技术与资金，特别是深海油气开采。因此，授权国通过与外国石油公司合作的方式，可以获得技术、资金和管理经验，加强其海洋石油产业基础设施建设、加快海洋油气资源开发、增加就业、改善国际收支，最终促进本国经济发展。其二，政治意义。授权国单边授权石油公司开发争议海域资源的行为具有宣示享有争议海域主权的意义。尤其在存在岛礁主权争议的海域，这一行为的用意更为明显。其三，战略意义。对于战略地位重要的争议海域，授权国通过授予外国石油"先存权"的方式，拉拢石油公司的母国共同抗衡其他争端当事国，并起到促进相关谈判达到解决海域争议的目的。[1]

---

[1] 参见何海榕：《论争议海域的"先存权"》，载《山东警察学院学报》2015年第12期，第44页。

（二）柬埔寨泰国争议海域的"先存权"

两国争议海域石油资源丰富。20 世纪 90 年代石油价格高企。1992 年柬埔寨工业部（Ministry of Industry）和泰国石油界的代表有意解决两国海域争议。柬埔寨希望参照马来西亚泰国海上共同开发模式，达成海上共同开发协议。1994 年泰国授权的外国石油公司在该海域发现了具有商业价值的油气矿藏，激发了两国解决该海域争议的积极性。① 1995 年 4 月泰国邀请柬埔寨就相关事宜进行谈判。1997 年 3 月柬埔寨抗议泰国在争议海域单边勘探的同时，授权外国石油公司勘探两国争议海域的油气资源。1997 年泰国总理访问柬埔寨，声称泰国将着手解决两国海域争端。1998 年泰国联合越南共同勘探三国重叠海域，引发柬埔寨抗议。泰国称这是为了探明矿藏以便开发。2001 年 6 月 18 日两国达成《柬泰谅解备忘录》。两国一致同意通过海上共同开发的方式解决争议海域资源利用的问题。② 两国根据该备忘录，成立了联合技术委员会。两国将重叠主张区划分为两部分：北部拟划界，南部拟共同开发。按照双方的协议，两国将海上共同开发区划分为 4 个区域，其中第 1 区、第 2 区交美国和日本公司开发，第 3 区域交荷兰和澳大利亚公司开发，第四区域交澳大利亚和日本公司开发。此外，约定双方政府官员每年举行三到四次会谈，但是至今两国合作的进展不大。然而，两国在海上共同开发还是部分划界部分共同开发以及利益分享等问题未能达成共识。此后，由于柬埔寨国内政变，泰国政府换届，以及历史问题如 2003 年两国因吴哥窟（Ankhor Wat temple）主权归属问题发生冲突等，两国会谈一度停滞。

2008 年柬埔寨再度公开向外国石油公司招标，勘探开发两国重叠海域的资源。③ 2009 年 6 月泰国总理阿披实上台。2009 年 11

①　参见 Gerald Blake, Boundaries and Energy: Problems and Prospects, Springer, 1998, 127。

②　参见 D. A. Colson and R. W. Smith, International Maritime Boundares, Vol. V, Leiden: Martinus Nijhoff, 2005, pp. 3743-3744。

③　参见 Vietnam, Cambodia to Share Oil Resources, Bangkok Post, http://www. bangkokpost. net/breaking_news/breakingnews. php? id=112371。

月柬埔寨任命泰前总理他信为柬政府经济顾问，两国交恶，互相召回了驻对方国家的大使。泰国单方面宣布撤销两国 2001 年《柬泰谅解备忘录》。2010 年 8 月他信辞去经济顾问职务，双方恢复大使级外交关系。2011 年，泰国外交部发表声明：第一，根据 1907 年《法泰边界条约》狗骨岛属于泰国；第二，2001 年两国谅解备忘录明确狗骨岛属于泰国，柬埔寨没有异议；第三，两国 2001 年谅解备忘录继续有效。2012 年在柬埔寨领导人访问泰国期间，柬方表示愿意加速与泰国海上共同开发谈判，希望双方就开发方式达成共识。但随后，泰国发生政变，双方共同开发的前景又处于不明朗。2014 年，应洪森总理邀请，泰国总理巴育率领代表团对柬埔寨进行正式访问。双方就泰国政局、两国合作、搁置边界争议、加强两国边境地区交流等议题交换意见。2014 年泰国又发生政变，两国在该海域谈判又处于不确定状态。由于两国未达成海上共同开发协议，因此未就争议海域的"先存权"的处置方式进行谈判。

（三）泰国越南争议海域的"先存权"

早在 1978 年泰国与越南就开始为解决海上争端而谈判。但是由于越南侵略柬埔寨两国谈判中断。1990 年泰国单方授权道达尔（Total）石油公司三个石油区块，面积约为 8000 平方公里。这三个石油区块与越南授予比利时石油公司（Petrofina）的部分石油区块重叠。1990 年 11 月，泰国外交部长访问越南期间，向越南外交部建议共同开发解决争议海域问题。两国之间的谈判重启。此后的谈判由于两国关于"土珠岛"的划界效力存在严重分歧，两国之间谈判进入僵持状态。1994 年道达尔石油公司在上述区块发现可开采的天然气，又激发了两国谈判的积极性，两国重新开始就海上争端进行谈判。

（四）马来西亚泰国争议海域的"先存权"

与马来西亚谈判解决海域争议之前，泰国就依照国内勘探开发石油许可制，向两家美国石油公司颁发了石油勘探开发许可权。这两家公司分别获得专属性经营权，且开发区块位于两国重叠大陆架主张海域。而马来西亚没有单方授权外国石油公司开发该海域的油气资源，随后发现该海域具有可观的油气储量。1978 年，两国决定谈判解决海域争议。泰国暂停了对该海域的单边勘探。两国谈判决定两国共同开发区内已经授予的"特许权、已签发的许可证或者已达成协定或安排"不受两国共同开发安排的影响，继续有效。①

（五）马来西亚越南争议海域的"先存权"

从 20 世纪 80 年代中期开始，马来西亚就在其与越南的重叠主张海域从事油气勘探工作，先后特许三个外国石油公司勘探开发该海域的石油资源。1991 年马来西亚授权的汉密尔顿石油公司（Hamilton）发现了一个日产 4400 桶的油田。1991 年 5 月 30 日越南公开抗议马来西亚的单边勘探开发行为，并给马来西亚外交部发了照会，强调基于双方友好和合作的精神，马来西亚不应该单方授予第三国石油公司开发该争议海域内的资源，同时表达在尊重主权和遵守国际法的原则下，愿意与马来西亚进行划界谈判。随后马来西亚暂停了在争议海域的勘探开发活动，接受越南关于谈判的建议。

两国谈判决定，存在于马来西亚越南海上共同开发区内的，马来西亚之前授予外国石油公司的开采权继续有效。② 通过保留马来西亚授权的石油公司"先存权"的做法，越南兑现了实实在在的经济收益和政治利益，③ 马来西亚则收获了对外资保护的声誉和外国投资对马来西亚的信心。

（六）评析

第一，关于"先存权"的效力。不同的学者持不同的观点。有的学者认为"先存权"明显违反了沿海国承担的"禁止单边开发"和"保持克制"的义务，因此是非法的。例如，加拿大学者高尔特（Ian Townsend-Gault）指出，国家单方面的行动，如给有关对方国家的矿藏或权利造成损害，是违法的。④ 再如，中国学者杨泽伟认为，沿海国因在争议海域单方面颁发勘探开发许可证而产生的"先

---

① 1979《马泰谅解备忘录》第 3 条第 2 款。

② 1992 年《马越谅解备忘录》第 3（c）条。

③ 在马来西亚的推动下，1995 年越南加入东盟。

④ 参见 Ian Townsend-Gault, The Frigg Gas Field-Exploitation of an International Cross-Boundary Petroleum Field, Marine Policy, Vol. 3, 1979, p. 302.

存权"，是与沿海国承担的相互克制的义务相冲突的。① 有的学者则认为，"先存权"不合理，但是国际法上并不存在"禁止单边开发"和"保持克制"的国际法义务，例如英国学者威廉姆·奥诺拉托和大卫·昂格(David Ong)。②

从国内法看"先存权"的效力，根据授权国的国内法"先存权"有效，一国依国际法享有专属的大陆架权利，国家完全自主地行使勘探开发大陆架资源的权利，不受任何外来干涉，任何人未经沿海国明示同意，均不得从事这种活动。③ 泰国湾沿海四国纷纷主张200海里大陆架，④ 并根据国内法授予外国石油公司勘探开发其主

---

① 参见杨泽伟：《海上共同开发的先存权问题研究》，载《法学评论》2017年第1期，第123页。

② 参见 William T. Onorato, Apportionment of an International Common Petroleum Deposit, International and Comparative Law Quartely. Vol. 26, 1977, p. 798；David M. Ong, The 1979 and 1990 Malaysia-Thailand Joint Development Agreements：A Model for International Legal Cooperation in Common Offshore Petroleum Deposits?, The International Journal of Marine and Coastal Law, Vol. 14, No. 2, 1999, p. 222。

③ 1982年《联合国海洋法公约》第77条第2款。

④ 早在1971年，南越就颁布了越南泰国湾内大陆架界线。越南统一后，1977年公布了《越南关于领海、毗连区、专属经济区和大陆架的宣言》继承了南海的大陆架主张。参见 Statement on the Territorial Sea, the Contiguous Zone, the Exclusive Economic Zone and the Continental Shelf of 12 May 1977, 联合国网站：http：//www. un. org/depts/los/LEGISLATIONANDTREATIES/STATEFILES/VNM. htm；柬埔寨于1972年颁布了大陆架界线。参见 Statement Issued by the Spokesman of the Ministry of Foreign Affairs of 15 January 1978, 联合国网站：http：//www. un. org/depts/los/LEGISLATIONANDTREATIES/STATEFILES/KHM. htm；泰国政府在1973年5月18日颁布了《泰王国关于泰国湾大陆架的声明》。参见 Royal Proclamation establishing the Continental Shelf of the Kingdom of Thailand in the Gulf of Thailand, 18 May 1973, 联合国网站：http：//www. un. org/depts/los/LEGISLATIONANDTREATIES/STATEFILES/THA. htm；马来西亚则早在1966年颁布了大陆架法案，并于1972年对其修订。参见 Continental Shelf Act l966 - Act No. 57 of 28 July l966, as Amended by Act No. 83 of l972, 联合国网 http：//www. un. org/depts/los/LEGISLATION AND TREATIES/ STATEFILES/MYS. htm，上述网站于2017年2月2日访问。

张的大陆架海域的油气资源。根据国内法,"先存权"的授权国——越南、柬埔寨、泰国和马来西亚有保护外国石油公司勘探开发权的义务。这四个国家有权对石油企业的准入条件,法律地位,税收及优惠,合法利益的汇出,征收、国有化及补偿等进行管理,可对投资争端的解决作出规定;但是需保证石油公司投资的安全性与稳定性,并维持有利的投资环境,且应保障开发企业自主权。并且东道国不得以承担国际义务为由,撤销外国石油公司享有的勘探开发特定海域资源的权利,也即不能擅自取消"先存权"。① 否则,会引起投资争端,甚至东道国和投资母国的外交争议。外国石油公司母国主要享有代位求偿权。②

从国际投资的规则看"先存权"的效力。根据国际投资法的理论和原则,外国石油公司享有的勘探开发油气资源的权利受保护。"先存权"本质上属于授权国与外国石油公司合作开发油气资源的一种国际合作形式。③ 通常授权国和石油公司签订协议,约定授权国对石油公司的投资开发活动提供政府保障,保证其在开发期间投资安全,避免政治风险;甚至订立稳定条款,使其利益不受以后法律变化的不利影响等。因此,授权国承担"约定必遵守"合同义务。如果授权国和投资母国签有投资协议,那么授权国还承担相应的条约义务。也就是说授权国具有保护石油公司合法利益的义务,除非在"紧急或者不可抗力"特殊情况下并给予充分补偿,否则随意干预外国石油公司的合法权益,容易引发投资争端甚至外交纠纷。况

---

① 参见 Hazel Fox et al(Eds),Joint Development of offshore Oil and Gas:A Model Agreement for States for Joint Development with Explanatory Commentary,British Institute of International & Comparative Law,1989,p. 172。

② 代为求偿权是指石油公司母国为保护本国石油公司海外投资的制度。政府通过建立专门的海外投资保险机构,为石油公司在授权国(也即资本输入国)可能遭受的政治风险提供担保,再由保险机构代位获得石油公司向受授权国索赔的权利。

③ 参见余劲松:《国际投资法》(第四版),法律出版社2014年版,第73页。

且，"先存权"本质上属于"既有权利"。而承认既有权利也是国际仲裁法庭承认的一般法律原则之一。① 例如，1958 年国际仲裁法庭在"阿拉姆科仲裁案"（Aramco Arbitration）的裁决中，认定 1933 年授予阿拉姆科的权利具有既得权性质，沙特阿拉伯和奥雷西斯的协议与沙特阿拉伯在阿拉姆科协议中所承担的义务相冲突，阿拉姆科的权利优先于授予奥雷西斯的权利。② 这就是说，作为授权国的泰国湾沿海四国有保护石油公司投资的义务，不得擅自撤销。

从海洋法看"先存权"的效力。由于泰国湾海域面积有限，沿海四国专属经济区和大陆架存在普遍的重叠主张。也就是说，上述授权外国石油公司开发的海域多为争议海域，尚未明确各国的海域管辖权范围。因此，从海洋法相关理论和规则看，上述沿海四国根据国内法单边授权外国石油公司开发争议海域的行为属于违法行为，违背了沿海国承担的如下国际义务：首先，"先存权"违背了善意谈判的义务。《联合国海洋法公约》第 74 条和第 83 条均规定，有关国家应基于谅解和合作的精神，尽一切努力作出实际性的临时安排。"尽一切努力"当然包括沿海国要利用谈判的方法解决海域争端。而且，国际法院和仲裁法庭的判决也表明争端当事国负有谈判的法律义务。例如，国际法院 1974 年"渔业管辖权案"（the Fisheries Jurisdiction Case Between the U. K. and Iceland）中明确指出，谈判是当事国间解决争端的最适当的方法，并且当事国在从事谈判时双方都应诚信合理地重视对方的法律利益和实际情况。③ 2007 年"圭亚那与苏里南仲裁案"（Guyana v Suriname）的裁决，也

---

① 参见 Vasco Becker-Weinberg, Joint Development of Hydrocarbon Deposits in the Law of the Sea, Springer 2014, p. 127。

② 参见姚梅镇主编：《国际投资法成案研究》，武汉大学出版社 1989 年版，第 216 页。

③ 参见 Fisheries Jurisdiction Case Between the U. K. and Iceland, Judgments of 25 July 1974, available at http：//www. icj-cij. org/docket/index，访问时间：2016 年 11 月 15 日。

提出了类似的看法。① 而越南、柬埔寨、泰国和马来西亚授予外国石油公司的"先存权"，是未与相关当事国谈判的情况下擅自授予石油公司勘探开发争议海域油气资源的行为，违反了其承担的善意谈判的义务。其次，单方授权开发争议海域资源的行为违背了"适当顾及其他沿海国权利"的义务。《联合国海洋法公约》第 56 条规定："沿海国在专属经济区内根据本公约行使其权利和履行其义务时，应适当顾及其他国家的权利和义务，并应以符合本公约规定的方式行事。"该公约第 78 条规定："沿海国对大陆架权利的行使，绝不得对航行和本公约规定的其他国家的其他权利和自由有所侵害，或造成不当的干扰。""许多学者都将公约的上述规定解释为一国不得采取单方面的行动。"②还有学者认为"沿海国在争议海域行使任何权利或管辖权都有可能侵犯另一沿海国的主权权利"。③ 因此，沿海国单方面颁发勘探开发许可证的行为违背了其承担的适当顾及其他沿海国权利的义务。再次，单边授权的行为违反了保持克制的义务。根据《联合国海洋法公约》第 73（3）和 83（3）条的规定，在争议海域有关国家应"不危害或阻碍最后协议的达成"。有的学者将这一条解读为有关国家承担着相互克制，不得单方开发的义务。这表明，在争议海域争端当事国承担克制的义务，不得从事导致争议恶化或者阻碍争端解决的单边行为。④ 换言之，单方开发行

---

① 参见 Guyana v Suriname（2007）Arbitral Tribunal Constituted Pursuant to Article 287, and in Accordance with Annex Ⅶ of the UN Convention on the Law of the Sea, available at http：//www. pca-cpa. org/show-page. asp, 2016 年 11 月 15 日访问。

② 萧建国：《国际海洋边界石油的共同开发》，海洋出版社 2006 年版，第 99 页；参见 Hazel Fox et al（eds.）, Joint Development of offshore Oil and Gas：A Model Agreement for States with Explanatory Commentary, London 1989, p. 214。

③ 参见 Rainer Lagoni, Interim Measures Pending Maritime Delimitation Agreements, American Journal of International Law, Vol. 78, No. 2, 1984, p. 365。

④ 参见杨泽伟：《论海上共同开发的发展趋势》，载《东方法学》2014 年第 3 期，第 74 页；Rainer Lagoni, Interim Measures Pending Maritime Delimitation Agreements, American Journal of International Law, Vol. 78, No. 2, 1984, p. 362。

为不符合公约规定，具有违法性。① 最后，"先存权"违背了合作的义务。国际合作原则是现代国际法基本原则。《联合国海洋法公约》第 74 条及第 83 条第 3 项规定：有关各国"应"（shall）基于谅解与合作精神，尽一切努力作出实际性的临时安排。《联合国海洋法公约》第 123 条规定："闭海或半闭海沿岸国在行使和履行本公约所规定的权利和义务时，应互相合作。"泰国湾属于半闭海，因此沿海四国上述擅自授权的行为违背了其承担的合作义务。

从国际责任法看"先存权"的效力。根据国际责任法的精神和原则，"先存权"是非法和无效的。在主权、海域管辖权和资源归属权不明的海域，争端国未取得其他争端当事国的明示同意，单边擅自授予"先存权"的行为违反了其承担的国际义务，因此属于"一般国际不当行为"。② 从主观上看，授权国存在"故意"，且该行为属于授权国国家机关的行为，可归因于授权国；从客观上看，该行为违反了授权国承担的善意谈判、合作和保持克制的义务。③ 因此，该行为无效，授权国应承担国际责任。具体而言：一方面，"先存权"损害了相关争端当事国的利益。首先，由于油气资源流动性，单边开发油气资源的行为，可能构成对原本属于其他国家油气资源利益的直接侵害。其次，由于油气矿藏的统一性和封闭性的

---

① 参见张辉：《中国周边争议海域共同开发基础问题研究》，载《武大国际法评论》第 16 卷第 1 期，第 50 页。

② 国际不当行为分为"一般国际不当行为"和"国际罪行"。"一般国际不当行为"是指违背一般国际义务的行为。参见梁西：《国际法》（第三版），武汉大学出版社 2003 年版，第 92 页。

③ 在未划界海域，争端当事国承担合作和不从事单边开发的义务。详见萧建国：《国际海洋边界石油的共同开发》，海洋出版社 2006 年版，第 99 页。参见 Zhiguo Gao, The Legal Concept and Aspects of Joint Development in International Law, Nonliving Resources, 1998, p. 122; Masahiro Miyoshi, The Basic Concept of Joint Development of Hydrocarbon Resources on the Continental Shelf, International Journal of Estuarine & Coastal Law, Vol. 3, 1988, pp. 10-14; David M. Ong, Joint Development of Common Offshore Oil and Gas Deposits: "Mere" State Practice or Customary International Law ?, American Journal of International Law, Vol. 93, No. 4, 1999, p. 798。

特点，单边开发会永久性改变油气矿藏的压力系统造成资源品质和可采量的变化，构成对相关国家资源利益的间接侵害。再次，根据"陆地决定海洋"的原则，海底资源和大陆架权利都具有属地性质，因此，国家授权的单边开发既是对相关国家资源主权的侵犯，也是对其主权和领土完整的侵犯。也就是说，"先存权"侵害了相关争端当事国合法权益并造成了损害后果；一方面，"先存权"违反了现行国际法。因此，越南、柬埔寨、泰国和马来西亚在未征得相关国家同意的情况下而授予外国石油公司勘探开发双边争议海域资源的行为是非法的。其一，不符合重要国际公约的原则和精神。例如，1969 年《维也纳条约法公约》第 18 条明确指出："一国负有义务不得采取任何足以妨碍条约目的及宗旨之行动。"1982 年《联合国海洋法公约》第 77 条规定，一国享有为勘探大陆架和开发其自然资源的主权权利，但是在重叠主张海域资源权属未定，一国开发争议海域资源的行为应该顾及其他国家海域主张国的权利。1982 年《联合国海洋法公约》第 78 条第 2 款特别强调，沿海国对大陆架的权利不得对"本公约规定的其他国家的其他权利和自由有所侵害，或造成不当的干扰"。泰国湾沿海国授予的"先存权"明显不符合上述公约的目的和宗旨以及相关的国际法规则。其二，不符合"和平解决国际争端"的国际法原则和精神。在争议海域，单边开发行为极易激化相关国家间的矛盾，产生冲突，甚至升级为战争，恶化国家关系，阻碍争议的解决。例如，泰国在柬埔寨和泰国双边争议海域授予"先存权"一度造成两国关系紧张。其三，国际判例也表明国家不应该从事导致争议恶化的单边行为。例如，在索菲亚电力公司和保加利亚案（Electricity Company of Sofia and Bulgaria）中，国际常设法院裁定，相关国家应采取措施防止争议恶化或者扩大。再如，在"南方黑鲔鱼案"（Southern Bluefin Tuna Cases）中，联合国海洋法庭表明，相关国家不得采取任何导致争议恶化的单边行为。①其四，"先存权"也不符合"公认的油田作业标准"（standards of good

---

① 参见 Southern Bluefin Tuna Cases（Australia v. Japan；New Zealand v. Japan）。

recognized oilfield practice)。单边行为会引发国家间竞争性开发，造成勘探开发基础设施的重复投资和建设。最后，如前所述"先存权"违背了其承担的善意谈判、适当顾及、保持克制和合作的国际义务。另一方面，授权国主观有过错。泰国湾沿海四国明知其授权开发的海域存在重叠海域主张，仍然授权外国石油公司开发该特定海域的资源。这些国家的行为明显存在主观的"故意"；而且"先存权"和给相关国家造成的损害之间具有直接的因果关系。由于争议海域资源权属未定，泰国湾沿海四国的"先存权"明显侵害了非授权的争端当事国的资源利益和国家主权。因此，"先存权"的授权国，也即泰国湾沿海四国应当承担相应的国际责任。①

第二，泰国湾沿海四国处理"先存权"具有以下特点：首先，争端当事国通过谈判"阻断""先存权"。例如在上述国家谈判启动后，授权国都暂停了争议海域的单边开发行为；其次，争端当事国采取"对等行为"或者"重新授权""直接同意"的方式，使授权国既履行其保护外国投资的义务也免除了"先存权"国际责任。具体而言，根据争端解决的结果不同，采取不同的处置方式：如果不能和平解决海域争端，通常未授权的争端当事国也会采取"对等行为"对抗先授权的争端当事国，如柬埔寨与泰国、越南与泰国；如果达成划界协议，相关国家在国家管辖范围内撤销或者继续各自授权的"先存权"，比如越南与泰国；如果达成共同开发协议，一般通过"重新授权"或者"直接同意"的方式，保留"先存权"而非撤销。例如，泰国与马来西亚、马来西亚与越南。

第三，"先存权"对解决泰国湾海域划界争端的意义。争端当事国单边授权行为也可以看作吸引或者推动相关国家谈判解决争议海域问题的策略。首先，"先存权"具有开启海域争端当事国谈判

①　如果根据"过失责任论"，过失责任的构成要件为：(1)损害事实存在，即损害行为实际上造成了损害后果；(2)加害行为必须违反了现行的法律规定或者属于法律禁止的行为；(3)加害行为人主观上有过错；(4)加害行为和损害结果之间有因果关系。如果根据"结果责任论或者说客观责任论"，只要国家行为违背了国际法或国际义务，国家就要承担国际责任。参见梁西：《国际法》(第三版)，武汉大学出版社 2003 年版，第 91~95 页。

的作用。由于海洋划界的国际法规则不明确，以及争端国出于政治、经济安全和地缘政治等因素的考虑，争议海域当事国一时不愿意或者无法解决海域争端。但是有些国家迫于经济发展或者自身利益的需要，希望尽快开发利用争议海域油气资源，于是采取单边授权的方式，迫使有关国家主动解决海域争端。例如，柬泰争议海域泰国授权的石油公司发现可观的油气资源，泰越争议海域泰国授权的道达尔石油公司发现了商业价值的油气资源，泰马争议海域泰国授权的美国石油公司发现了大量的油气资源，马越争议海域马来西亚授权的汉密尔顿石油公司发现了可开采的石油资源，由此双方开始解决海域争端的谈判。其次，"先存权"具有推动海域争端当事方谈判进程的作用。例如，由于历史、政治以及实力对比等原因，柬埔寨与泰国、泰国与越南的谈判一度停滞，柬埔寨和泰国分别采取"对等行为"对抗在先的授权国，随后双方的谈判重启。最后，在海上共同开发协议中一般"先存权"均得到保留，达到分享争议海域资源的目的。例如，泰国与马来西亚、马来西亚和越南分别通过"重新授予"和"直接承认"的方式，将一方授予的"先存权"纳入两国的共同开发中，而没有简单宣布"先存权"无效。这么做可能出于以下几点考虑：第一，妥善解决了"先存权"的问题，避免恶化当事国之间的争端和东道国与外国石油公司的投资争端和东道国与投资母国的外交争端。第二，兼顾了授权国、非授权争端当事国、投资母国和石油公司的利益。第三，和平解决了海域争端，符合国际法的原则和精神。

七、第三方权利的处理

海上共同开发的第三方的权利是指非海上共同开发主体，在海上共同开发区依法享有的权利。

如果按享有的主体可以分为两类：一类是对该重叠海域享有主权（权利）的国家，另一类是依国际法对重叠海域享有航行、铺设管道等权利的国家。对于前者，海上共同开发的谈判国一般采取排除的做法。例如，泰国马来西亚和马来西亚越南的双边重叠海域中，都有一小块海域与第三方的大陆架主张存在重叠。马来西亚泰国和马来西亚越南采取将三边重叠海域排除在共同开发区外的做法。这么做可能是因为：双边海上共同开发协议谈判比三边或者三边以上的谈判更容易达成协议。另外也更容易执行，避免纠纷的产生。对于后者，谈判当事国都表示海上共同开发的安排不影响任何一国依法享有的在该水域的权利。这一方面是由"共同开发"临时性的性质决定的，另一方面可能是因为"共同开发"具有"不影响"的特性。

本 章 小 结

实践证明，海上共同开发是符合《联合国海洋法公约》规定的一种具体的划界前临时安排。其目的是鼓励各国尽快利用海域资源。泰国湾海上共同开发的实践也证明，它对于争议海域以及争端当事国均具有积极意义。它不仅有效地解决了因海域资源流动性的特点和争议海域权属不明而产生的油气资源利用和利益分配问题，并且是人类按照海洋特点和生态需要共同管理海洋的有益尝试。①

马来西亚泰国和马来西亚越南的海上共同开发均属于《联合国海洋法公约》划界前的临时安排，目的都是为了利用争议海域的油气资源。上述国家的海上共同开发实践取得了巨大成功，不仅高效地开发了争议海域资源，且取得了显著的经济效益，并改善了争端当事国的关系，还促进争端当事国和泰国湾其他国家海域争端的解决。

2001 年柬埔寨和泰国达成的谅解备忘录也可以视作划界前的临时措施。只是与上述实践相比，这种临时措施合作的程度较低，两国只是承诺将就双方海上共同开发的问题继续谈判，双方除了同意继续谈判以外，既没有为双方创设权利，也没有为双方设定义务，不是真正意义上的海上共同开发。

根据《联合国海洋法公约》第 74(3) 和 83(3) 条的规定，柬埔寨和越南主张的共同历史性海域也属于划界前的临时措施。但是两国

---

① 参见何海榕：《争议海域油气资源共同开发五要素及对中国的启示》，载《武大国际法评论》，2016 年第 2 期，第 321~336 页。

的主张存在明显的瑕疵。而且它与上述海上共同开发实践有明显区别；第一，临时安排适用的海域性质不同。马来西亚泰国和马来西亚越南海上共同开发区的法律性质是专属经济区或大陆架，而柬埔寨与越南主张海上共同开发区的法律性质为内水。第二，临时安排的目的不同。马来西亚泰国和马来西亚越南海上共同开发仅为了开发争议海域的油气资源，越南和柬埔寨则主要是为了将两国管辖的海域面积最大化。第三，争端当事国合作的内容不同。马来西亚泰国和马来西亚越南海上共同开发仅限于争议海域油气资源方面的合作。越南和柬埔寨的划界前临时安排则是两国在各方面的合作，如渔业、油气资源开发、海洋管理和共同打击海上犯罪等。

如果是从海域管理和资源利用的角度看，无论是上述已经付诸实践的海上共同开发，还是正在谈判中的，亦或越南和柬埔寨共同的历史性水域，都是海域划界前争端国的积极努力。这均有助于促进争端当事国合作，有利于海域划界争端的解决。但是，划界前的临时安排首先需要当事国之间的真诚合作，其次要合法合理才能付诸实践，妥善解决海域划界争端。

海上共同开发区的期限由当事国协商确定。鉴于海洋油气开发的特点，一般海上共同开发的期限较长。例如，泰国和马来西亚两国约定，海上共同开发的期限为50年。但是如果两国达成划界协议，则海上共同开发协议自动终止。[1] 如果期满，两国仍未划定海上共同开发区界线，则海上共同开发协议继续有效。[2] 再如，越南马来西亚通过换文的形式约定，海上共同开发的期限为40年。

海上共同开发区的设立不影响最终海域划界。[3] 根据《联合国海洋法公约》第74条和第83条的规定，在达成划界协议前，有关各国应基于谅解和合作的精神，尽一切努力作出实际性的临时安

---

① 1979年《马泰谅解备忘录》第3条和第6条。
② 1979年《马泰谅解备忘录》第6条。
③ 参见王冠雄：《南海诸岛争端与渔业共同合作》，台北秀威出版社2003年版，第33页；廖文章：《国际海洋法论：海域划界与公海渔业》，台北杨智文化出版社2008年版，第69~70页。

排，并在此过渡期间内，不危害或阻碍最后协议的达成。这种安排应不妨碍最后界线的划定。从这一规定可以看出，海上共同开发作为临时安排的一种类型，并不影响海上边界的划定。① 例如，马来西亚泰国建立了海上共同开发区，但是两国仍将就该海域的划界问题进行谈判。② 而且，有时海上共同开发可以替代海洋划界。泰国湾大部分海上共同开发区都未划界。诚如有学者所指出的："共同开发区虽然可以替代海域划界，但无须一定这样做；在大多数国际实践中，海上共同开发至少在最初是被看作临时措施的。"如马来西亚越南海上共同开发，双方约定暂时搁置海域划界。③

根据对泰国湾海上共同开发实践的研究，海域划界争端当事国至少需要就以下基本问题达成共识，才能顺利缔结海上共同开发协议，将海上共同开发的构想付诸实践。这些基本的问题是：海上共同开发的主体，海上共同开发区的面积与具体位置，海上共同开发利益分配比例的协调，海上共同开发的模式（石油开采制度的类型、承包商合作的方式等），海上共同开发适用的法律，"先存权"以及第三方权利等。④

---

① 参见 Patrick Armstrong and Viv Forbes, Calming the Ripples：The Cooperative Management of Ocean Resources- The Falkland Islands Example and Some Southeast Asian Comparisons, in Gerald Blake etc. (eds.), Boundaries and Energy：Problems and Prospects, Kluwer Law International 1998, p. 356。

② 详见 1979 年《马泰谅解备忘录》的前言和第 6 条。

③ 1992 年《马越谅解备忘录》前言。

④ 参见何海榕：《南海共同开发需要解决的基本法律问题》，载《海南大学学报（人文社会科学版）》2022 年第 2 期，第 42~52 页。

第五章　泰国湾海域划界实践

目前，泰国湾大部分海域争议均得到妥善解决，其中部分争议海域通过上述海上共同开发解决，部分争议海域则通过划界得到彻底解决。本章将着重研究泰国湾海上划界实践。目前泰国湾已经达成的海上划界协议有：马来西亚与泰国领海和近海大陆架的划界协议、泰国与越南的海上边界协议。

第一节　关于海域划界的国际法规则

泰国湾划界实践主要涉及领海和大陆架，因此着重梳理领海和大陆架的划界规则。

一、关于领海划界的国际法规则

目前，国际法关于领海划界的国际法规则主要体现在 1958 年《领海和毗连区公约》和 1982 年《联合国海洋法公约》中。

（一）1958 年《领海和毗连区公约》的相关规定

1958 年《领海和毗连区公约》第 12 条规定："如果两国海岸彼此相对或相邻，在彼此没有相反协议的情形下，两国中任何一国均无权将其领海延伸至一条其每一点都同测算两国中每一国领海宽度的基线上最近各点距离相等的中间线以外。但如因历史性所有权或其他特殊情况而有必要按照与上述规定不同的方法划定两国领海的界线，则不适用上述规定。"根据该规定，领海划界需要争端当事国根据划界协议确定；如果相关当事国未达成划界协议，则两国的领海界线根据"等距离-中间线"的原则确定；但如果争议领海存在

"历史性所有权"或者"特殊情况"，则有关国家的领海划界可以不受"等距离-中间线"原则的约束。此外，该公约第12条还要求相关国家的领海界线要用双方官方都承认的大比例尺海图标明。

(二)1982年《联合国海洋法公约》的相关规定

在领海划界的问题上，1958年《领海和毗连区公约》和1982年《联合国海洋法公约》的规定基本没有变化。可以说，1982年《联合国海洋法公约》第15条基本上完全照搬了1958年《领海和毗连区公约》第12条的规定。

综上，领海的划界规则可以归纳为"协议-等距离或者中间线-特殊情况(包括历史性因素)"。

二、关于大陆架划界的国际法规定

与大陆架划界规则相关的国际公约主要是1958年《大陆架公约》和1982年《联合国海洋法公约》。

(一)1958年《大陆架公约》的相关规定

1958年《大陆架公约》将大陆架划界分为两类，一类是海岸相向国家的大陆架划界，一类是海岸相邻国家的大陆架划界。

关于海岸相向国家的划界，1958年《大陆架公约》第6条第1款规定，"界线由有关各国以协议定之"。倘无协议，除因情形特殊应另定界线外，以每一点均与测算每一国领海宽度之基线上最近各点距离相等之中央线为界线。也就是说，海岸相向国家大陆架划界规则可以归纳为"协议-中间线原则"。如果海岸相向的当事国能达成大陆架划界协议，则根据协议划界；如果有关当事国无法就大陆架划界达成共识，则按中间线原则划分大陆架。

关于海岸相邻国家的划界，1958年《大陆架公约》第6条第2款规定，"界线由有关两国以协议定之。倘无协议，除因情形特殊应另定界线外，其界线应适用与测算每一国领海宽度之基线上最近各点距离相等之原则定之"。换言之，相邻国家的大陆架划界可以总结为"协议-等距离原则"。也就是说如果海岸相邻的国家就大陆架划界能达成协议则按有关当事国的约定，如果有关当事国不能就大陆架划界达成共识则按等距离原则划分大陆架。

此外，根据该公约第6条第3款的要求，"应根据特定期日所有之海图及地理特征订明之，并应指明陆上固定，永久而可资辨认之处"。

概言之，根据1958年《大陆架公约》的规定，该公约的缔约国在确定大陆架界线时，首先应该以协议确定；但是如果无法达成协议，则根据"等距离-中间线原则"划定大陆架边界；但是如果存在特殊情况，那么有关当事国之间的划界可以不受"等距离-中间线原则"的约束①。

(二)1982年《联合国海洋法公约》的相关规定

与领海划界规则不同，1982年《联合国海洋法公约》关于大陆架划界规则不同于1958年《大陆架公约》相关规定。

《联合国海洋法公约》首先指出，海岸相向或相邻国家间的大陆架界线，应在《国际法院规约》第38条所指国际法的基础上以协议划定，以便得到公平解决。这在1958年公约中未提及。如果有关国家间存在现行有效的协定，"关于划定大陆架界线的问题，应按照该协定的规定加以决定"。这与1958年《大陆架公约》规定类似。但是，1982年《联合国海洋法公约》还规定了划界前的临时措施。该公约第83条第3款规定，在未达成大陆架划界协议前，有关各国应基于谅解和合作的精神，尽一切努力作出实际性的临时安排，并在此过渡期间内，不危害或阻碍最后协议的达成。这种安排不妨害最后界线的划定。虽然，该公约并未强制性要求争端当事国在划界前达成临时措施的义务，但是要求各国为此而努力。此外，该公约还规定如果公约的缔约国在合理期间内未能达成任何最终的或者临时性的协议，则应诉诸公约第15部分的争端解决程序解决

---

① 1958年《大陆架公约》第6条第2款。

大陆架划界争端。

另外，该公约还要求各国的大陆架界线"应在足以确定这些线的位置的一种或几种比例尺的海图上标出"。"在适当情形下，可以用列出各点的地理坐标并注明大地基准点的表来代替这种外部界线或分界线。"沿海国还应将这种海图或地理坐标表妥为公布，并应将各该海图或坐标表的一份副本交存于联合国秘书长，如为标明大陆架外部界线的海图或坐标，还应交存于海底管理局秘书长。

从上述两公约关于大陆架划界的规定来看，1982年《联合国海洋法公约》关于大陆架划界的规定与1958年《大陆架公约》不同，主要表现在划界方法或者划界原则的规定上。1958年《大陆架公约》指出，除非有特殊情况，"等距离-中间线"是争端当事国应该采取的划分大陆架的方法。对于1958年《大陆架公约》缔约国来说，"等距离线"或"中间线"是一种强制性的大陆架划界规则，除非存在特殊情况才排除这种强制性划界规则的适用。而1982年《联合国海洋法公约》则未作此规定。在第三次海洋法会议上，与会国认为，无论是1958年《大陆架公约》的缔约情况，还是1958年之后大陆架划界的国家实践和司法实践，"等距离-中间线-特殊情况"均不是习惯国际法。考虑到全世界争议海域的多样性和复杂性，只要求争端当事国根据国际法的原则精神和规则制度在协议的基础上确定大陆架边界，不论采取何种划界方法。换言之，有关当事国不论是否采用"等距离线"或者"中间线"，重要的是解决大陆架划界的过程公平并且划界结果公平，那么当事国合意的大陆架界线就是有效的大陆架界线。公平原则成为大陆架划界规则，而非1958年《大陆架公约》规定的"等距离-中间线"规则。

需要注意的是，1958年《大陆架公约》和1982年《联合国海洋法公约》关于大陆架划界的规定并不是决然割裂的，而是有联系的。二者都鼓励大陆架划界争端当事国通过协议划界。而且1982年《联合国海洋法公约》要求"公平解决"大陆架划界争端，并没有完全排除"等距离"或者"中间线"划界方法的适用，只是承认除了上述划界方法外，根据海域的客观情况当事国可以选择其他能够取得公平划界结果的划界方法。

三、关于专属经济区划界的国际法规定

专属经济区概念产生于 20 世纪 60 年代，因此第一次海洋法会议未涉及专属经济区划界的问题。所以，关于专属经济区划界的规定主要集中在 1982 年《联合国海洋法公约》中。其中第 74 条是关于专属经济区界线的规定。从条约的内容来看，专属经济区的划界规则与大陆架规则基本相似。在这里就不再赘述。

但值得注意的是，虽然二者的划界规则相同，而且实践中也有些国家主张专属经济区和大陆架适用一条海域边界，但这并不意味着专属经济区划界实践与大陆架划界实践完全相同，或者一者可以被另一者取代。因为，专属经济区和大陆架是两种完全不同的法律制度，二者划界时考虑的因素不同。

第二节 马来西亚泰国海域划界

马来西亚与泰国是泰国湾最早达成海域划界协议的国家。1979 年两国就达成了领海和近海大陆架划界协议。

一、背景

地理上两国相邻，历史上两国世代友好，政治、经济、文化往来密切。但是 20 世纪 60 年代后两国因为海洋资源频频发生纠纷。

20 世纪 60 年代后两国频频发生渔业纠纷。20 世纪 70 年代前，泰国不仅是泰国湾的捕捞强国也是世界排名前十的捕捞大国。20 世纪 60 年代后马来西亚的渔业也迅速发展。1982 年《联合国海洋法公约》确立了专属经济区制度。1984 年马来西亚正式主张专属经济区。这导致泰国丧失泰国湾内的大部分传统渔场。据统计，泰国失去近 300000 平方公里的传统渔场，每年由此损失 400000 ～

600000 吨渔获量。① 虽然马来西亚确立了专属经济区，但是泰国渔民仍然进入马来西亚专属经济区但原属泰国的传统渔场进行捕捞。据马来西亚官方统计，每年约有 2000 艘泰国的拖网捕捞渔船进入马来西亚专属经济区捕鱼，其中仅 10% 的渔船获得马来西亚主管部门的许可。② 两国频繁的渔业纠纷曾一度造成两国关系紧张。

20 世纪 70 年代两国开始争夺海洋油气资源。20 世纪 60 年代，泰国开始从农业向工业社会转型，由于其陆地石油资源匮乏，而且当时国际石油价格低廉，其石化能源主要依赖进口。70 年代两次石油危机，石油价格飞涨，导致泰国对外贸易严重赤字，物价上涨，国民经济处于崩溃的边缘。此时，石油公司发现泰国湾中部油气资源储量丰富。出于自身经济发展对能源的需要，泰国迫切希望开采海上能源。虽然马来西亚 20 世纪 70 年代末已经成为富有的石油生产国，石油是其国民经济的支柱产业和外汇的主要来源，但由于油价高企，马来西亚同样希望尽快开发争议海域的油气资源，获得丰厚的石油收益。

由于地理范围有限，两国的领海、专属经济区和大陆架都有重叠，而且泰国和马来西亚对争议岛礁的划界效力持不同观点，两国在泰国湾的争议海域面积约为 8000 平方公里。③

出于东盟倡导的平等与合作的精神，为了开发争议海域的油气资源和避免渔业争端对两国关系的影响，双方决定通过谈判解决渔业纠纷和海域划界争端，以便尽快开发该海域资源。

① 参见 N. Ganesan, Illegal fishing and illegal migration in Thailand's bilateral relations with Malaysia and Myanmar, in A. T. H. Tan and J. D. K Boutin, (ed.), Non-Traditional Security Issues in Southeast Asia, Singapore: Institute of Defence and Strategic Studies, 2001, p.507。

② 参见 Clive Schofield, Maritime Claims, Conflicts and Cooperation in the Gulf of Thailand, Ocean Year Book, Vol. 22, 2008, p.102。

③ 参见 Gerald Blake, Boundaries and energy: Problems and prospects, Springer, 1998, p.126。

二、马来西亚和泰国海域划界实践

1979 年 10 月 24 日两国签署《马来西亚和泰王国关于两国领海的划界条约》(Treaty between the Kingdom of Thailand and Malaysia relating to the Delimitation of the Territorial Seas of the two Countries)(以下简称"1979 年《领海边界条约》")。两国海岸线情况不是很复杂,因此领海划界相对比较简单。值得注意的是,两国的领海边界既没有考虑两国的领海基线,也没有考虑两国沿岸的岛屿,① 而是一条以两国海岸为准的等距离线。严格来讲,两国的领海界线是一条简化的等距离线。②

（一）1979 年《领海边界条约》的主要内容

1979 年马来西亚泰国《领海边界条约》共由 7 个条款组成。第 1 条是关于两国马六甲海峡领海界线的规定。由于本书主要研究泰国湾沿海四国在泰国湾内的海域实践,因此对此不作过多的讨论。

该条约第 2 条和第 3 条是关于泰国湾两国领海界线的规定。两国领海边界由一条直线连接将坐标为北纬 6°14′. 5 东经 I 02°05′. 6 的点与北纬 60°27′. 5 东经 102″10′. 0 连接起来,采用的是英国第 3961 号的海军地图(the British Admiralty Chart No. 3961)。该条约未说明这条"直线"是什么线。这条线是"斜航线"还是"恒向线"或是"大地线",无法根据条约规定判断。但是,根据两国关于领海的国内法和本条约的规定,两国领海分界线为两国陆地边界与领海外 12 海里的两点连线。虽然条约明确了基点的地理坐标,但是具体在海域的什么位置不清楚。因为上述采用的海图并不能精确表示具体坐标点的地理位置。由此该条约第 3 条又规定,这些点的具体位置由两国的适格机关协商采取两国共同同意的方式决定上述点的具

---

① 参见 J. I. Charney, and L. M. Alexander, International Maritim. e Boundaries, vols. Ⅰ and Ⅱ, Martinus Nijhoff, 1993, pp. 1091-1097。

② 参见 J. I. Charney, and L. M. Alexander, International Maritim. e Boundaries, Vols. Ⅰ and Ⅱ, Martinus Nijhoff, 1993, p. 1093。

体位置。这里"适格机关"是指马来西亚国家测绘局(National Mapping, Malaysia)和泰国水道测绘局(the Hydrographic Department, Thailand)或者其授权的个人。这两条规定说明，在政治上两国同意尽快达成划界协议，但是由于技术问题界点的具体位置还无法确定，日后由两国在条件成熟时再解决。

第4条是关于该条约在各自国内实施的问题。根据该条约，两国应采取措施保证国内法符合该公约的规定，同时保证该条约得到执行和落实。

第5条是关于争端的解决。该条规定有关条约解释和适用的争端应该由双方通过磋商或者谈判的方式和平解决。

第6条和第7条是关于条约生效的规定。第6条规定条约需要根据各自国内法批准。第7条规定条约自两国交换批准文书之日起生效。

（二）评析

从上述分析可以看出，两国解决海域划界争端的意愿非常强烈。尽管受技术等原因的限制，两国一时并不能明确海域边界的具体位置，但还是先达成具有法律意义的划界协议，其他问题待日后解决。这也表明，两国在解决海域争端的问题上采取务实且灵活的态度。

值得注意的是，该划界条约中有两点与一般的领海边界条约不同。其一，该协定第2条的界点不是两国陆地边界的终点。无论是理论上还是实践中，一般来讲陆地边界的终点即海洋边界的起点。但马来西亚和泰国陆地边界线以1909年3月10日《英国泰国条约》(the Treaty between Siam and the United Kingdom)为基础。根据1909年边界条约，两国的边界是哥乐河主航道的谷底线(the thalweg of the mainsteam of the Sungei Golok)，该线的终点位于塔巴河口(Kuala Tabar)。但是，根据1979年《领海边界条约》，两国领海界线的起点不在塔巴河口，而是位于河口更靠里的位置。也就是说，将河口北岸一小条属于的泰国领土划到了马来西亚一边。对此，可能的解释是河流改道导致河流谷底线与河口的位置关系发生变化，从而导致陆地边界线的终点与领海边界的起点不吻合。两国的海岸主要以沙滩为主，分布着大大小小的暗滩，海岸受季风、暴风雨以及洪水冲刷的影响确实易受侵蚀。历史上也有河口的沉积物发生改变的情形。典型的事例如1958年到1960年间马来西亚与泰国因河口沉积物发生变化而产生纠纷。1958年哥乐河的河口由于暴风雨和季风的影响，马来西亚通往泰国湾的出口被封闭。马来西亚渔民不得不通过泰国一侧的河口进入泰国湾海域。泰国规定，除非马来西亚渔民向泰国主管当局缴纳一定的印花税，否则就不能进入泰国湾捕鱼。而1960年在洪水的冲刷下，马来西亚一侧的出海口又被冲开。因此，很可能两国谈判直至签约时，哥乐河主航道的谷底线的终点就是领海边界的起点，但是后来河口又发生了变化。这种推测得到了泰国海军上将，前水道测绘局首席专家（Thanom Charoenlaph）的确认。① 泰国学者切萨里（Kriangsak Kittichaisaree）主张在马来西亚和泰国的哥乐河河口建一个堤坝，从而防止河口位置发生变化。但是学者普瑞斯科特（Prescott）认为这种方案耗资巨大，但是成功率却很低。② 他建议借鉴墨西哥和美国解决墨西哥湾的格兰德河（The Rio Grande）类似问题的经验，规定领海边界的起点为河口的中间点。这样不管河口发生怎样的变化，两国海域分界线的起点是明确的，不会因为河口位置的变化发生争议。③ 笔者认为，这种规定方式不仅成本低且明确简单，而且是避免因河口变化而导致海域分界线起点发生变动从而引起争议的一种首选方案。

其二，两国领海的宽度超出了12海里的限制。虽然两国都主张各自的领海宽度为12海里，但是两国领海边界的终点距离两岸

① 参见 Schofield Clive Howard, Maritime Boundary Delimitation in the Gulf of Thailand, Durham University, 1999, p. 257, Available at Durham E-Theses Online：http：//etheses. dur. ac. uk/4351/。

② 参见 J. R. V. Prescott. The Gulf of Thailand, Maritime Institute of Malaysia, 1998, p. 35。

③ 参见 J. I. Charney, and L. M. Alexander, International Maritim. e Boundaries, Vols. Ⅰ and Ⅱ, Martinus Nijhoff, 1993, p. 439。

的平均距离为 13.48 海里。① 这种情况也可能是，谈判时哥乐河口沉积物的变化导致两国海岸向海的方向推进。但是，学者斯科菲尔德·克莱夫·霍华德（Schofield Clive Howard）认为河口变化只能导致两国的海岸线后退而不可能向海的方向推进。② 而据当时参加谈判的泰国一位官员（Thanom Charoenlaph）称这是一个技术问题。两国领海等距离线是通过"圆弧划法"（the Arcs of the circle method）测定的。③ 事实上，不同的测绘方法确实会导致不同的结果。而学者斯科菲尔德·克莱夫·霍华德（Schofield Clive Howard）则认为这不可能是由于计算错误导致的。他强调从技术上讲"圆弧划法"是很精确的，如果采取这种划法就不可能出现这样的纰漏。但是不管怎样，马来西亚和泰国的领海宽度既不符合国际习惯法也不符合国际条约的规定。可能是由于两国这条海域边界对国际社会的影响较小，因此两国的做法未引起其他国家或者学者的关注，也未引发任何国家抗议或者质疑。

三、马来西亚和泰国部分大陆架划界实践

在马来西亚和泰国签署领海划界的同一天，两国还签署了《1979 年马来西亚和泰王国关于两国泰国湾大陆架的划界谅解备忘录》（Memorandum of Understanding between Malaysia and the Kingdom of Thailand on the Delimitation of the Continental Shelf Boundary between the Two Countries in the Gulf of Thailand）（以下简称 1979 年《大陆架划界谅解备忘录》）。这条大陆架界线只是两国部分争议大

---

① 参见 Schofield Clive Howard, Maritime Boundary Delimitation in the Gulf of Thailand, Durham University, 1999, p. 254, Available at Durham E-Theses Online：http：//etheses. dur. ac. uk/4351/。

② 参见 Schofield Clive Howard, Maritime Boundary Delimitation in the Gulf of Thailand, Durham University, 1999, p. 258, Available at Durham E-Theses Online：http：//etheses. dur. ac. uk/4351/。

③ 参见 Schofield Clive Howard, Maritime Boundary Delimitation in the Gulf of Thailand, Durham University, 1999, p. 259, Available at Durham E-Theses Online：http：//etheses. dur. ac. uk/4351/。

陆架的界线，宽度约为 25.1 海里。

(一) 1979 年《大陆架划界谅解备忘录》主要内容

该谅解备忘录第 1 条是关于两国泰国湾部分大陆架界线的界点，并给出了相应的地理坐标。该线的起点即是两国领海分界线的终点，该线的终点就是两国共同开发区的界点 A。该线共有三个界点。点ⅰ的地理坐标是北纬 6°27′.5，东经 102°10′.0；点ⅱ的地理坐标是北纬 6°27′.8，东经 102°09′.6；点ⅲ的地理坐标应参照 1902 年《英国泰国条约》的边界议定书中塔巴河口的地理坐标确定。

该谅解备忘录第 2 条规定，各界点的地理坐标由英国第 3961 号海军地图得出。至于这些点的具体位置，由两国适格机构在适当的时候通过两国共同同意的方式确定。适格机构是指马来西亚国家测绘局 (National Mapping，Malaysia) 和泰国水道测绘局 (the Hydrographic Department，Thailand) 或者其授权的个人。

第 3 条是关于剩余争议海域划界争端的规定。该条指出剩余大陆架争议海域由两国继续就划界问题谈判。

第 4 条属于"跨界矿藏条款"。两国约定，如果存在跨界矿藏，那么两国应该就该地质构造的开发方式和利益分配方式达成共识，保证该跨界矿藏得到最有效的开发，双方公平地分享收益、分担成本。一般的海域划界条约也有类似的规定。

第 5 条是关于争端的规定。两国约定，双方发生任何与本谅解备忘录解释和执行相关的争端，由双方通过谈判或者协商的方式和平解决。

第 6 条是关于条约生效的规定。两国约定，双方须根据国内宪法的规定批准该谅解备忘录。该谅解备忘录自两国交换外交文书之日起生效。

(二) 评析

马来西亚和泰国的《领海划界条约》和 1979 年《大陆架划界谅

175

解备忘录》均是有效的海域边界条约。二者的部分条款具有一定的相似性：第一，规定两国的海域界线都是由直线连接界点而成。但是这条直线是什么线没有说明；第二，由于技术限制，这些海域界线界点的具体位置尚未确定。只能在未来适当的时候，由两国适格机构在适当的时候通过双方共同同意的方式确定。适格机构均是指马来西亚国家测绘局和泰国水道测绘局或者其授权的个人；第三，都有"跨界矿藏条款"；第四，关于争端解决、批准和生效的方式相同，两国主张通过政治方法而非法律方法解决有关争端；第五，两国的领海界线和大陆架界线均与两国的领海基线和各自沿岸的岛屿无关，而完全是以两国陆地海岸为准，得出的一条简化的"等距离线"。两国的这一做法与1958年《领海和毗连区条约》和1982年《联合国海洋法公约》的规定不相符。根据现行国际法，领海基线是各海域的起算线。

二者不同的是，虽然都是有效的海域划界条约，但领海用的名称是"条约"（Treaty），而大陆架划界协议的名称为"谅解备忘录"（Memorandum of Understanding）。这么做的原因可能是，前者是完整的领海划界协议，因为比较重要所以采用"条约"的名称。而后者仅是部分大陆架的界线，属于部分大陆架界线尚未确定，因此用"谅解备忘录"的形式。

值得注意的是，该大陆架的界线在点 i 和点 ii 有一个小的转折。两点之间的距离为750米。为什么两国的大陆架接线不是一条直线，而是在点 i 和点 ii 之间有个小的曲折？可能的解释就是，一是因为哥乐河经常变动，二是可能附近有油气矿藏，通过这个小小的曲折平衡两国之间的海洋利益。从领海到点 i 的部分与点 ii 到终点的部分相比，前一部分泰国分得的海域大些，后一部分马来西亚分的海域略微大些。

另外根据两国的相关国内立法和上述划界协议的内容，可能在1966年之前两国就已经对领海和距两国海岸38海里内的大陆架边界达成共识。之所以这么说是因为，1966年马来西亚公布的大陆架外部界线、1973年泰国主张的大陆架界线、1979年《领海划界条约》和《大陆架划界谅解备忘录》和同年两国签订的海上共同开发协议中共同开发区界线和端点都是无缝衔接的。例如，上述两个划界条约的部分界点与1973年泰国颁布的大陆架界线的点17、16和15重合，同时与1966年马来西亚公布的大陆架界线的点47、46和45吻合。因此，推断出至迟在1966年两国就对领海和外部界线达成基本共识。之所以1979年才签署公布可能是因为两国对泰国鼠岛的划界效力持不同意见，所以直到1979年两国就38海里以外的争议海域达成共同开发谅解备忘录，两国才签署公布领海和近海大陆架划界协议。

第三节　泰国越南海域划界

南越1971年颁布了大陆架边界。越南统一后，继承了南越关于泰国湾内大陆架界线的主张。泰国于1973年公布了其大陆架边界。由于地理限制，两国的大陆架主张发生重叠。由此，两国海上争议产生。两国重叠海域的面积约为5800平方公里。[1] 冷战结束后，两国关系改善，开始就两国划界争端进行多轮谈判，1997年两国达成划界协议，彻底解决了两国海域划界争端。

一、背景

由于冷战格局、地缘政治和越南内战等因素的影响，两国1976年才建交。

冷战结束前，泰国和越南的政治制度不同、意识形态不同，两国关系疏离。冷战结束后，国际政治格局发生巨变，且越南加入东盟，两国关系明显改善。这种政治氛围有利于两国解决海域划界争端。

自古，泰国湾是泰国的天然渔场。专属经济区制度确立后，泰

---

① 参见 Gerald Blake, Boundaries and Energy: Problems and Prospects, Springer, 1998, p. 125。

国与越南也存在渔业争端。这主要由泰国非法捕捞、过度捕捞引起的。泰国的做法不仅导致该海域的渔业资源衰竭，也成为影响两国安全的新的非传统安全问题，并严重损害两国建立不久的友好关系。

为了解决上述争端，1979 年 2 月 21 日两国发表了关于公平解决两国海上争议的声明。但由于柬埔寨的问题，两国解决海上划界争议的进程搁置。1990 年泰国单方授权道达尔（Total）石油公司开发三个石油区块，面积约为 8000 平方公里。① 这三个石油区块与越南授予比利时石油公司（Petrofina）开发的部分石油区块重叠。1990 年 11 月泰国外交部长访问越南期间，向越南外交部建议通过海上共同开发解决两国争议海域问题。随后两国重启谈判。1991 年泰国越南建立了关于文化、经济、科学和技术合作委员会（the Thai-Vietnamese Joint Committee on Culture, Economic, Science and Technique Cooperation），授权其负责两国海上争端的谈判。谈判轮流在两国举行。按照谈判约定程序，第一轮专家谈判在泰国曼谷举行。两国还成立了泰国越南渔业和海上秩序共同委员会（the Thailand-Vietnam Joint Committee on Fisheries and Order at Sea）主要负责解决渔业纠纷。

1991 年 10 月越南和泰国文化、经济、科技共同委员会第一次会谈期间，两国达成关于大陆架划界的议定书，即《泰国越南文化、经济、科技共同委员会第一次会谈议定书》（Protocol of the First Meeting of the Thai-Vietnamese Joint Committee on Culture, Economic, Science and Technique Cooperation）。该协议规定：两国合作确定海上共同开发区边界；两国应该就重叠海域划界达成共识；划界海域仅限于两国，不涉及第三方主张的海域。② 在划界前，两国不应授

---

① 参见 Nguyen Hong Trao, Vietnam's First Maritime Boundary Agreement, International Boundary and Security Bulletin, Vol. 5, 1997, p. 75; Gerald Blake, Boundaries and energy: Problems and prospects, Springer, 1998, p. 125。

② 即争议海域仅限于两国之间，不包括与马来西亚重叠的海域。

权任何石油公司在争议海域勘探或者开发或者类似的特许权。同时，泰方主张如果两国不能就划界达成协议，那么考虑海上共同开发。①

从 1992 年到 1997 年，两国历时 5 年 9 轮谈判，最终达成大陆架划界协议。

二、边界协议的主要内容

两国在岛礁划界效力的问题上互相妥协后，于 1997 年 8 月 9 日签署了《泰王国和越南社会主义共和国关于泰国湾海域边界的划界协议》（Agreement between the Government of the Kingdom of Thailand and the Government of the Socialist Republic of Viet Nam on the Delimitation of the Maritime Boundary between the two Countries in the Gulf of Thailand）（以下简称"1997 年《泰国越南划界协议》"）。

1997 年《泰国越南划界协议》共由 6 条组成。第 1 条是关于两国争议海域分界线界点的规定。该条海域分界线由直线将点 C 到点 K 连接起来。点 C 的地理坐标是北纬 07°48′00″.0000，东经 103°02′30″.0000。点 K 的地理坐标是北纬 08°46′54″.7754，东经 102°12′11″.6542。点 C 与越南和马来西亚共同开发区最北边的点重合。点 K 位于柬埔寨和越南海域之前达成的边界上，它到越南

① Protocol of the First Meeting of the Thai-Vietnamese Joint Committee on Culture, Economic, Science Andtechnique Cooperation in October 1991: a) both sides should cooperate in defining the limits of the maritime zones claimed by the two countries; b) both sides should try to delimit the maritime boundary in the overlapping area between the two countries, and c) such delimitation should not include the overlapping zones which are also claimed by any third country. Both sides also agreed that, pending such delimitation, no development activities or concessions in the area of overlap should be assigned or awarded to any operator. The two sides informed each other that there are no development activities or concessions in the area claimed by Vietnam which overlaps the Joint Development Area between Thailand and Malaysia. In this context, the Thai side proposed that failing the attempt in b) the two sides might consider implementing the Thai concept of joint development area. 参见 Nguyen Hong Thao, Joint Development in the Gulf of Thailand, International Boundary and Security Bulletin, Vol. 5, 1999, p. 97, Note 5。

的土珠岛、柬埔寨的波罗威群岛的距离相等。它的具体的位置要通过地理坐标为北纬 09°35′00″.4159，东经 105°10′15″.9805 的 O 点确定。这些界点的坐标以英国第 2414 号海军地图为准。同时协议还指出参照的数据为"椭球体珠穆朗玛峰- 1830 的印度数据"（the Ellipsoid Everest - 1830 - Indian Datum）。这条界线既是泰国与越南大陆架分界线，也是两国专属经济区的分界线。同时，它指出界点的具体位置由两国政府授权有资质的水文专家通过双方都接受的方法确定。

第 2 条是关于两国与马来西亚三边重叠主张海域划界的规定。它规定两国应与马来西亚通过谈判的方式解决三边海域划界争端。本协议只适用于泰国和越南双边重叠争议海域的划界问题，不涉及与马来西亚的三边争议海域的划界问题。但它为马来西亚、泰国和越南解决三方海域划界问题奠定了良好的开端。

第 3 条主要是关于该协议的法律效力的规定。它指出海域划界后，两国应尊重和承认在各自大陆架和专属经济区的管辖权和主权权利。

第 4 条是跨界矿藏条款。它指出如果存在"跨界矿藏"，双方需就该油气矿产的最有效的勘探和开发方式达成共识，并且公平分享收益。有关各方应该采取合作的方式而非单边的方式解决跨界矿藏的利用问题。

第 5 条是关于争端解决的规定。它主张缔约国关于本协议适用和解释的争端应通过谈判或者协商的政治方式和平解决，而非司法或者仲裁的法律方式解决。

第 6 条是关于该条约生效的规定。它规定本协议各缔约国应根据各自宪法规定履行批准程序，然后交换批准文书，自换文之日生效。两国 1997 年 8 月 9 日签署了该条约。1998 年 2 月 28 日交换了批准书。该条约该日生效。

三、评析

该条约是越南在泰国湾与邻国达成的第一个海域划界协议，也是自 1982 年《联合国海洋法公约》生效以来泰国湾达成的第一个大陆架划界协议。① 从该协议的规定看，两国主张单一边界划定所有海域的界线。这条边界线长 75.75 海里。②

该划界协议意味着两国从 1978 年开始的关于海域划界的马拉松谈判结束。该条约谈判之所以长达近 20 年主要是受以下两方面因素影响：一方面是政治因素影响，如地缘政治、两国国内政治和柬埔寨等问题；另一方面是法律因素，两国就岛礁的划界效力和划界的起算标准不能达成共识。

该协议对于泰国和越南以及泰国湾内其他国家主要有以下一些意义和影响：

（一）该条约是两国妥协的结果

这主要表现在对两国岛礁划界效力的处置上。如前所述，关于土珠岛的划界效力，泰国主张该岛不具有划界效力，且不承认越南和柬埔寨关于历史性水域的做法。越南则主张它是符合《联合国海洋法公约》的岛屿，具有完全划界效力。最后就此问题达成共识，一致同意该岛不作为领海基点，但是给予该岛三分之一划界效力。③ 其次，关于泰国所属的象岛和鼠岛的划界效力，越南认为，根据 1982 年《联合国海洋法公约》鼠岛和象岛不能"维持自身的经济生活"且属于岩礁。最后，越南作出妥协，同意泰国的主张。

事实上，泰国的象岛和鼠岛都是远离泰国海岸的孤立的、荒芜的、无人居住的面积很小的高潮高地。它们距泰国海岸线分别为 26 和 37 海里。④ 鼠岛高潮时顶部露出海平面 1.5 米。⑤ 如果根据

① 参见 Nguyen Hong Thao, Vietnam's First Maritime Boundary Agreement, Boundary and Security Bulletin, Vol. 5, 1997, p. 78。

② 参见 Clive Howard Schofield, Maritime Boundary Delimitation in the Gulf of Thailand, Durham University, 1999, p. 289。

③ 参见 Clive Howard Schofield, Maritime Boundary Delimitation in the Gulf of Thailand, Durham University, 1999, Note 134, p. 296。

④ 参见 J. R. V. Prescott, The Maritime Political Boundaries of the World, London：Methuen, 1985, p. 218。

⑤ 参见 Clive Howard Schofield, Maritime Boundary Delimitation in the Gulf of Thailand, Durham University, 1999, p. 296。

《联合国海洋法公约》第 121 条第 1 款的规定，它属于岛屿，因为它是自然形成的四周环水的高潮高地。但是，象岛和鼠岛明显不能维持"自身的经济生活"或"人类居住"。因此，根据《联合国海洋法公约》第 121 条第 3 款的规定，其只享有 12 海里领海，不应具有任何划界效力。而越南的土珠岛高潮时高于海平面 167 米，不仅上面有人居住，而且是船舶的优良的避风港和停泊处。因此，该地质构造不仅能维持"自身经济生活"而且"适宜人类居住"，完全符合《联合国海洋公约》关于"岛屿"的规定，但是它也距离越南海岸遥远，距离越南海岸约 55 海里(约 92.5 公里)，① 因此，这种远离海岸的岛屿是否享有专属经济区和大陆架，目前还存在争议。就两国谈判的结果来看，两国同意象岛和鼠岛作为有效的领海基点但是不享有专属经济区和大陆架，而给予越南的土珠岛部分划界效力，似乎也不完全符合 1982 年《联合国海洋法公约》的规定。但是，由于二者是两国自愿协商的结果，并且泰国不是 1982 年《联合国海洋法公约》的缔约国，两国并没有违反国际强行法和国际法的基本原则，因此，两国的做法也无不妥。

(二)该条约是两国利益的平衡

从获得的海域面积和海洋权益来讲，该协议更有利于泰国。根据该协议，将两国重叠海域的三分之一的海域划归越南，三分之二属于泰国。② 从理论上来讲，鼠岛不对划界产生任何影响，而土珠岛则对划界具有重要影响。如果赋予土珠岛完全的划界效力，那么泰国和越南的争议海域大部分可划归越南。但是，两国最后决定鼠岛不享有任何划界效力，而仅仅给予越南的土珠岛三分之一的划界效力。这种对岛礁的处理方式，导致两国大部分争议海域约 66.6%，近 1145 平方海里的海域属于泰国；而越南仅分的 33.4%，

① 参见 Nguyen Hong Trao, Vietnam's First Maritime Boundary Agreement, International Boundary and Security Bulletin, Autumn Vol. 5, No. 3, 1997, p. 74。

② 参见 Clive Schofield, Maritime Claims, Conflicts and Cooperation in the Gulf of Thailand, Ocean Year Book, Vol. 22, 2008, p. 99。

约 573 平方公里。

但从政治意义上讲，该协议更有利于越南。虽然越南在海洋权益上有所损失，但是，它通过与泰国达成划界协议，成功解决了两国海域划界争端，改善了两国关系。这有助于提升其在东盟的地位和影响。同时有助于协调与东盟国家在南海争端中的立场。同时，其可能换取泰国对越南与柬埔寨主张的历史性水域的承认或者默认。此外，在国际上也有助于提升越南通过和平方式解决海域争端的形象。而且，越南国内对与泰国达成划界协议的评价很高。这足以说明，划界协议对越南来讲并不是折本的交易。①

因此，1997 年《泰国越南划界协议》是两国利益平衡的结果。

(三)该条约的积极意义

该协议对两国关系、海域资源的利用以及与马来西亚三边海域争端的解决都具有积极意义。首先，两国解决海域划界争端后，海疆稳定为两国经济发展尤其是海洋经济的发展提供了良好的环境，并且两国关系得到全面改善。如两国近年来经贸关系互动良好。据统计，2012 年两国贸易额 86 亿美元，2020 年两国贸易额达 150 亿美元。② 2013 年两国还建立了战略伙伴关系。其次，该协议的生效有利于两国保护和利用海域资源。例如，对于油气资源的利用通过"跨界矿藏条款"加以规定，防止因此而产生的争端。对于渔业资源，边界的确定不仅有效地解决了对非法侵渔管辖权的问题，还有利于双方采取措施防止渔业资源衰竭，对资源进行养护。例如，两国通过渔业和海上秩序共同委员会(the Vietnam-Thailand Joint Committee on Fisheries and Order at Sea)，在共同巡逻、防止海上非法捕鱼行为、交换相关信息、为渔民提供法规和政策的相关培训以及其他互信措施的基础上，进一步在保护海洋环境和海洋资源方面深化合作。再次，为三边重叠海域问题的解决奠定了基础。该协议

---

① 参见 Nguyen Hong Thao, Vietnam's First Maritime Boundary Agreement, Boundary and Security Bulletin, Vol. 5, 1997, p. 78。

② 数据来源于维基百科关于越南和泰国的介绍。

规定"本划界协议不影响第三方的主权主张和立场",并要求双方与马来西亚就三边海域划界问题"另行谈判"。① 事实上,1999年三方已经原则上同意通过海上共同开发利用三边争议海域的油气资源。

(四)该条约对柬埔寨的消极影响

虽然该条约只对泰国和越南具有法律效力,但是却对柬埔寨的海洋权益产生消极影响。根据该协议第1条第3款的规定,泰国和越南海域边界的界点K的具体位置应该根据柬埔寨和越南之前达成的边界上的O点确定。它到土珠岛和波罗威群岛的距离相等。点O的地理坐标为北纬 $09°35'00''.4159$,东经 $105°10'15''.9805$。而根据1982年《越南和柬埔寨历史性水域协议》第3条的规定O点的位置并没有确定,今后应该由越南和柬埔寨共同确定。可是根据1997年《泰国越南划界协议》第1条第3款,点O的位置已经确定。而且两国的界点K的具体位置也要根据O点来确定。对柬埔寨来讲,越南和泰国达成的这条海域边界西北端的终点就是泰国、柬埔寨和越南三方的海域分界点。柬埔寨和越南历史性水域线上O点位置在柬埔寨不知情的情况已经确定。柬埔寨既没有参与两国的谈判,也不是该条约的缔约国,但是泰国和越南却作出了对柬埔寨有约束力的规定。这可以说是对柬埔寨主权和领土完整的侵犯,也不符合条约法和《联合国海洋法公约》的规定。

柬埔寨于1998年2月17日对此进行抗议。柬埔寨认为:第一,柬埔寨从未同意过所谓的"柬埔寨和越南"的海域边界。这是对柬埔寨主权以及专属经济区、大陆架等相关海洋权益的侵犯。第二,1997年《泰国越南划界协议》不对柬埔寨产生任何法律约束力,也不影响柬埔寨的合法权利和主张。第三,柬埔寨建议三方根据国际法尤其是《联合国海洋法公约》的规定通过谈判公平地解决有关

---

① 越南、泰国和马来西亚三方存在一块面积约为880平方公里的重叠海域。参见 Gerald Blake, Boundaries and Energy: Problems and Prospects, Springer, 1998, p. 125。

海域划界争议。第四，在未经柬埔寨同意的前提下，柬埔寨保留所有关于泰国湾海域划界的立场和主张。第五，柬埔寨基于积极、友好和建设性的态度，主张三方能尽快达成临时的或者最终的具有实际意义的安排。1998年5月7日柬埔寨总理洪森对曼谷进行了为期2天的访问。洪森随后发表评论，认为泰国和越南达成的划界协议导致柬埔寨丧失"几平方公里的领土"（several square kilometers），柬埔寨将不惜一切代价通过和平的方式夺回失去的领土。同时保证，柬埔寨-泰国-越南的三边谈判即将举行，很可能参照马来西亚泰国海上共同开发的模式进行海上共同开发。① 随后，泰国外交部长回应，泰国会考虑柬埔寨的关切。但是，泰国认为泰国与越南达成的划界协议是以1982年柬埔寨和越南达成的一条"有效的线"（a working arrangement line）为基础，而且时任外交部长的洪森在柬埔寨和越南达成的协议上签了字。因此，柬埔寨应该就此问题与越南磋商。如果越南决定讨论这个问题，那么泰国将考虑举行三边会谈，重新与越南划分海域边界。越南外交部发言人也作了回应，越南称"泰国与越南达成的海上边界协议完全符合国际法，两国划界的海域仅限于泰国与越南之间"。1998年6月初柬埔寨的第一首相翁霍（Ung Huot）访问了越南。双边会谈结果没有公开，但是会后他充满信心地表示将在2000年之前解决与越南的边界问题。从上述三方的表态可以看出，各自对该协定的态度以及柬埔寨与越南之前达成的协议的态度不同，值得玩味。

出现这种分歧，可能有几种情形：一是柬埔寨和越南确实曾经讨论过两国海域划界问题。但是越南将之视作对两国具有约束力的最终的海域界线。二是两国之间存在临时的关于海域边界的安排，但不是最终的海域边界。而越南将之作为两国永久的海域边界，而柬埔寨则认为这种安排只是临时性的。三是，洪森曾与越南有某种利益交换，达成过关于两国边界的秘密协议，但是未公开，柬埔寨政府不知晓，因此这个问题不能公开讨论，只能后

---

① 参见 Clive Howard Schofield, Maritime Boundary Delimitation in the Gulf of Thailand, Durham University, 1999, p. 293。

续由三国继续磋商。

事实上，点 K 的位置也不是泰国、柬埔寨和越南的三方海域分界点。而是位于三方海域分界点东北约 7 海里的位置。① 如果以柬埔寨一直主张的"布莱维线"作为两国历史性水域的分界线，那么 K 点根本不在柬埔寨管辖的海域内。如果根据越南的主张用等距离划分两国的历史性水域，那么至今，没有证据或者文件公开表明柬埔寨和越南达成海域边界协议或者确定了 O 点的位置。而且，越南官员兼学者阮洪涛（Nguyen Hong Thao）称 1997 年《泰国越南划界协议》是越南达成的第一个与邻国的划界协议。这也与柬埔寨和越南已经达成划界协议的说法矛盾。

不管怎样，泰国和越南双边确定与柬埔寨的三方海上分界点是不符合国际法的原则和精神以及相关规定。这也是对柬埔寨主权和领土完整的侵犯，违反国际法基本原则的侵犯。

本 章 小 结

根据 1958 年《领海和毗连区条约》《大陆架条约》和 1982 年《联合国海洋法公约》的规定以及国际划界实践看，"等距离-中间线"不是具有普遍法律约束力的划界规则。② 它只是海域划界实践中最常采用的一种划界方法。③ 但是《联合国海洋法公约》关于海域划界的规定并不排斥"等距离-中间线"规则的适用。泰国湾海域划界实践也印证了这一结论。无论是海岸相邻还是海岸相向的泰国湾国家划界，均适用"等距离-中间线"规则。

---

① 参见 Clive Howard Schofield, Maritime Boundary Delimitation in the Gulf of Thailand, Durham University, 1999, p. 291。

② 学者高建军认为不存在任何强制性的划界方法。参见高建军：《国际海洋划界论》，北京大学出版社 2005 年版，第 102 页。参见 also David Anderson, Mordern Law of the Sea-Selected Essays, Martinus Nijhoff Publishers, 2008, pp. 394-395。

③ 参见 David Anderson, Mordern Law of the Sea-Selected Essays, Martinus Nijhoff Publishers, 2008, p. 416。

　　总地来看，泰国湾海域划界争端的解决已经取得一定进展。马来西亚和泰国划定了部分海域边界，越南和泰国达成了海域边界协议。上述海域划界协议的生效与实施，不仅和平地解决了当事国之间的海域争端，而且将海域划界争端当事国之间对抗的关系变为友好合作的关系，密切了相互之间的交流与合作，增进了互信，最终为泰国湾和整个地区的和平与稳定作出贡献。

　　虽然泰国湾部分海域争端得到解决，但是大部分泰国湾的争议海域还未划界，而且已经达成的划界协议也存在一些问题。例如，上述已经达成的海域划界协议中均用一条直线将不同的界点连接起来，但是未说明这条线是恒向线、斜航线还是大地线。而且，这些海域分界线具体界点的位置尚不确定，均规定在适当的时候由缔约国的适格机构或者其授权的个人通过双方共同同意的方法确定上述界点的位置。还如，马来西亚和泰国领海界线的起点为哥乐河河口，但该河口时常发生变化，导致两国海域分界线的起点尚不确定。再如，泰国和越南划界协议中提到与柬埔寨的 O 点位置是否确定有效，是否为柬埔寨所接受，还有待三方通过谈判解决。未来有关国家还需明确和解决上述问题，避免因为边界位置不确定而产生纠纷。

　　另外，从泰国湾划界实践可以看出，海洋勘测技术是制约欠发达国家确定海域边界的因素。建议召开《联合国海洋法公约》缔约方大会，对于海域划界尤其是大陆架划界制定技术和操作指南，以便欠发达国家确定海域边界。

第六章　泰国湾争议海域的解决前景

从前几章的分析可以看出，有关当事国通过海域划界协议或海上共同开发协议后，泰国湾的争议海域面积大幅下降。目前，泰国湾尚未解决的双边海域争议面积约为 52900 平方公里，约占泰国湾总面积的 15%；未解决的三边争议海域面积约 12519 平方公里，约占泰国湾总面积的 4.4%；四边争议海域面积约为 300 平方公里，约占泰国湾总海域面积 0.1%。可见，泰国湾海域争端的解决依然任重道远。

本章将重点研究泰国湾至今未达成任何划界前临时措施或者划界协议的争议海域，着重分析这些海域的划界争端产生的原因、争端解决进展、各方争执的焦点并探讨解决上述海域争端的可行方案。

第一节　马来西亚泰国远海大陆架争议海域

泰国和马来西亚在泰国湾的争议海域面积为 8000 余平方公里。① 如前所述，两国世代关系亲密友好，均主张适用"等距离-中间线"规则划分与邻国的海上边界。目前，两国已经划定领海和近海大陆架边界，且在远海大陆架争议海域进行海上共同开发。但是，距两国海岸 38 海里以外的大陆架②，也就是两国的海上共同

---

① 参见 Gerald Blake, Boundaries and Energy: Problems and Prospects, Springer, 1998, p. 126。

② 参见 Clive Howard Schofield, Maritime Boundary Delimitation in the Gulf of Thailand, Durham University, 1999, p. 251。

开发区尚未划界。两国约定海上共同开发期间继续就该海域的划界
问题进行谈判。

一、争议的焦点

1966 年 5 月 28 日马来西亚颁布了《大陆架法令》，单方面确定
了其大陆架的外部界线。[①] 马来西亚主张的这条大陆架界线是通过
等距离方法确定的与邻国的大陆架界线。这一大陆架界线未考虑泰
国鼠岛（Ko Losin）的划界效力。但是，它赋予本国岛礁全部划界效
力，如马来西亚的热浪岛（Redang island）。这条大陆架边界起于马
来西亚和泰国的陆地边界，以两国海岸线为准，通过等距离线方法
划分与泰国的海域边界。它由马来西亚和泰国陆地边界起向东北方
向延伸，然后转向东南，与位于泰国湾中部的马来西亚-泰国-越南
三国海岸等距离的点相连。

1973 年泰国也单方面宣布了其大陆架界线。马来西亚大陆架
边界上的点 47、46 和 45 与 1973 年泰国颁布的大陆架界线一致。
并且马来西亚和 1973 年泰国的大陆架界线与后来马来西亚和泰国
海上共同开发区的点 A、点 B 和点 C 都重合。这也说明，两国在
领海和 30 海里以内的大陆架划界不存在分歧，只是关于鼠岛的划
界效力各执一词。

两国争议的焦点主要是：泰国的鼠岛是否可以作为领海基线的
基点、是否可以享有领海、专属经济区和大陆架。泰国主张，鼠岛
是有效的基点，并享有领海、专属经济区和大陆架的海洋权利。两
国大陆架的分界线是一条等距离线，以两国的领海基线为准。而马
来西亚则认为，鼠岛是一个无人居住的高潮时高于海平面 1.5 米的
岩礁。根据 1982 年《联合国海洋法公约》的规定，该岛不能"维持
自身的经济生活"，所以该岛不享有专属经济区和大陆架。而且该

---

① 参见 Clive Howard Schofield, Maritime Boundary Delimitation in the Gulf
of Thailand, Durham University, 1999, p. 225。

岛距泰国海岸 39 海里，不能作为领海基线的基点。因此，该岛对两国的海域划界不产生任何影响。

二、可能的解决方案

马来西亚和泰国未划界海域争端并不复杂。可以预计，合作开采完海上共同开发区的油气资源后，两国极可能就上述海域边界问题达成共识。根据国际法的规定以及上述对两国争议焦点的分析，笔者认为两国可以通过以下几种方式划定远海大陆架边界：

第一种方案，两国统一等距离线的起算标准。1966 年马来西亚单边宣布的大陆架界线的起算标准是两国的陆地海岸，而 1973 年泰国单方面宣布的大陆架界线以两国的领海基线为准。两国可以通过谈判约定以领海基线为准，通过"等距离方法"划定两国大陆架边界。

第二种方案，两国就鼠岛的划界效力达成共识。泰国据此调整领海基线，直到双方达成合意，然后根据两国的领海基线通过等距离方法确定两国远海大陆架边界。

第三种方案，以两国海上共同开发协议中约定的刑事管辖权的分界线为两国大陆架的最终边界线。

第四种方案，以 1966 年马来西亚主张的大陆架边界和 1973 年泰国主张的大陆架边界为起算标准，划定两线之间的"等距离线"。

第五种方案，两国完善海上共同开发制度，永久性地管理和养护海上共同开发区内所有资源和事务。鉴于海水和资源的流动性以及海洋生态系统的整体性，笔者认为这种方式比划界方式更有利于该海域及其资源的养护和管理。

第二节　泰国柬埔寨海域划界争议

柬埔寨和泰国相邻。两国重叠主张海域面积约为 27000 平方公里。① 在泰国湾内两国争议海域的面积最大。而且，两国海上划界争端最复杂，既涉及法律问题，又涉及历史问题、政治问题、外交问题等。

一、海域争端产生的背景

由于历史恩怨、大国争霸和对抗、两国意识形态对立和敌视，泰柬两国关系长期处于紧张状态。20世纪90年代冷战结束，泰国的地缘政治格局发生巨变，尤其柬埔寨加入东盟后两国关系逐渐改善。总体上讲，国际和区域形势的变化有利于两国海域划界争端的解决。但是，两国关系和对海域资源的争夺导致两国海域划界争端错综复杂。

(一)历史恩怨

泰柬两国因历史恩怨缺乏信任，新仇旧恨一直纠缠至今。

殖民时期，柬埔寨是夹在泰国与越南之间的弱国。当时，法国代表柬埔寨与泰国签署了一系列条约。这些条约不仅涉及两国的领土主权和陆地边界，还对泰国和柬埔寨的海域划界和争议海域内岛屿的归属有重要影响。

19世纪中期，法国控制越南(时称"安南国")，将柬埔寨作为其保护国，并要求继承安南国对柬埔寨享有的权利。1863年8月法国与柬埔寨国王签署了一份秘密协议，主要内容是确认法国是柬埔寨的保护国。然而四个月后，泰国也与柬埔寨签署了一份类似的

---

①　参见 Gerald Blake, Boundaries and Energy: Problems and Prospects, Springer, 1998, p. 122, 有的观点认为两国重叠海域面积为 30000 平方公里, 参见 Captain Somjade Kongrawd, "Thailand and Cambodia Maritime Disputes", http://172.31.255.127/files/20420000000CE 18D/ www. globalsecurity. org/ military/library/report/2009/thailand-cambodia. pdf, visited on Nov. 12, 2014。有的观点认为两国重叠争议海域面积为 25895 平方公里。参见 Clive Schofield, Unlocking the Seabed Resources of the Gulf of Thailand, Contemporary Southeast Asia, Vol. 29, 2007, p. 301。

协议，约定柬埔寨是泰国的附属国。1867 年法国发现泰国与柬埔寨签订的这份协议。于是，法国和泰国协商又签署了一份协议，泰国承认法国是柬埔寨的保护国，作为交换法国承认泰国对柬埔寨的吴哥省（Province of Angkor）和马德旺省（Province of Battambang）享有主权。这份条约牺牲了柬埔寨的主权和领土完整。法国和泰国分别于 1893 年和 1904 年又签署了三份协议，将泰国约 2500 平方米的领土划归柬埔寨，其中包括了豆蔻山脉的大部分和哒叻府（Trat）附近的滨海平原。① 这次的处置对柬埔寨有利，使得其海岸线和管辖海域面积大大增加。1907 年法国又与泰国签署了一份边界条约，将之前获得豆蔻山脉附近的约 950 平方米的土地退还给泰国，而柬埔寨收复了马德旺省、诗书风省（Sisophon）和暹粒省（Siem Reap）。总体上讲，这份协议对柬埔寨陆地主权有利，因为马德旺省被视为孕育柬埔寨民族的摇篮。但是，这份协议使柬埔寨的海洋权利损失巨大。一方面它导致柬埔寨的海岸线缩短，另一方面使其失去了一些对于划界有重要影响的沿海岛屿，如狗骨岛和象岛。根据这份划界协议，泰国则获得一条狭长的海岸带。1940 年日本侵略东南亚期间，泰国作为日本的同盟国，在日本的支持下不仅收回了法国殖民柬埔寨期间失去的领土，而且将柬埔寨的马德旺省、暹粒省这些原属于柬埔寨的但历史上曾被法国任意划给泰国的领土再次夺走。日本战败后，泰国根据 1946 年《华盛顿条约》的规定被迫将"二战"期间从柬埔寨夺走的领土又归还给柬埔寨。

　　除了上述几经转手的领土，两国的历史恩怨还源于柏威夏寺归属的问题。1907 年法国和泰国勘定泰国与柬埔寨陆地边界。由于地图上标示柏威夏寺在柬埔寨一侧，而条约规定该寺在泰国一侧，两国对柏威夏寺的归属产生争议。两国谈判失败后，1959 年柬埔寨将该争端提交国际法院。1962 年国际法院裁定柬埔寨对柏威夏寺享有主权。泰国虽然遵守国际法院的裁决，但是一直心有不甘。

---

　　① 参见 Clive Howard Schofield, Maritime Boundary Delimitation in the Gulf of Thailand, Durham University, 1999, p. 304。

2008 年 7 月联合国教科文组织正式批准柏威夏寺为世界文化遗产，两国关于柏威夏寺的主权争议再次升级，并发生武装冲突，双方各有人员伤亡。

此外，狗骨岛归属的问题也是两国积怨的因素之一。该岛对于柬埔寨的海洋权益影响重大。柬埔寨认为，狗骨岛属于柬埔寨。因为历史上狗骨岛属于柬埔寨，只是在殖民时期被法国非法割让给泰国。[1] 泰国则认为，狗骨岛属于泰国，为了避免柬埔寨对其染指加强了对狗骨岛的占有和管理。柬埔寨则称，泰国的行为是企图夺取该岛的主权。泰国外交部长回应，在狗骨岛的问题上柬埔寨要么接受和平要么接受战争。1965 年两国为此在边界发生冲突。

鉴于上述历史恩怨，柬埔寨对于泰国极其不信任。因此，柬埔寨在领土和海域划界的问题上采取防守的极端的固执的态度。[2] 柬埔寨认为有关海洋划界和领土主权的问题都是不可以谈判的。而泰国则对柏威夏寺的问题一直耿耿于怀。因此，在与柬埔寨海域划界的问题上泰国的立场也十分强硬。

(二)政治干扰

两国无论国内政局还是外交关系都处于动荡的状态。两国的政客还刻意将海域争端政治化。

两国国内政局不稳，影响两国关系的正常发展和海上争议的解

---

[1]　参见 D. M Johnston, SEAPOL Integrated Studies of the Gulf of Thailand, vol I, Southeast Asian Programme on Ocean Law, Policy and Management, 1998, p. 43。1996 年柬埔寨一位海军上将称"虽然泰国并没有采取武力侵犯我国的领海，但是我们失去了位于戈公岛和哒叻府省之间的狗骨岛，它属于柬埔寨，我们想收回，但是我们没有能力。"参见 Clive Howard Schofield, Maritime Boundary Delimitation in the Gulf of Thailand, Durham University, 1999, p. 309。

[2]　参见 Clive Howard Schofield, Maritime Boundary Delimitation in the Gulf of Thailand, Durham University, 1999, p. 310。

决。冷战前柬埔寨备受战乱困扰，冷战后又饱受内战之苦。第二次
世界大战期间，该地区被卷入战争，无暇顾及海域划界问题。"二
战"后，法国企图重新占领该地区，与柬埔寨人民发生激烈冲突，
由此导致第一次印度支那战争（1945 年—1954 年）。① 1953 年 11
月 9 日柬埔寨王国独立。此后，进入冷战时期，为防止共产主义在
该地区的发展，美国介入该地区，引发了第二次印度支那战争
（1959—1975 年）。② 越南独立后，与苏联结盟，在中南半岛推行
扩张政策，占领了柬埔寨，引发了第三次印度支那战争（1979—
1989 年）。③ 之后内战持续。20 世纪 90 年，随着苏联的解体、冷
战的结束、"柬埔寨问题"的解决，④ 直到 1998 年柬埔寨才真正进
入和平建设时期。虽然泰国一直保持独立没有被殖民，但是"二
战"后发生多次政变。自 1957 年到 2014 年，泰国共发生大小军事

---

① 第一次印度支那战争也是越南、老挝、柬埔寨人民反对法国恢复殖
民统治、争取和维护民族独立的解放战争。

② 第二次印度支那战争，又称抗美战争即越南战争。

③ 越南经过长时间的策划和准备，对柬埔寨发动了全面的军事入侵，
1979 年 1 月 7 日占领了柬埔寨的首都金边。之后，越军沿各交通干线继续向
西，对西北和北部地区发起进攻，于 1 月中旬基本占领了柬埔寨各主要城镇、
沿海岛屿和交通干线。面对越军大举进攻，柬埔寨武装抵抗力量由城镇转移
到乡村和山区，开展游击战争。直到 1989 年 9 月 27 日越南政府宣布从柬埔
寨全面撤军，这场历时 11 年的战争才宣告结束。

④ "柬埔寨问题"是 20 世纪 80 年代牵动国际局势的一个热点问题，曾
在很大程度上影响过中国的对外关系。1978 年底越南出兵侵占柬埔寨，由此
产生"柬埔寨问题"。1991 年 10 月 23 日，柬埔寨问题国际会议在巴黎召开，
签署了《柬埔寨冲突全面政治解决协定》（通称《巴黎协定》）。11 月，西哈努
克亲王返回祖国，全国最高委员会在金边设立总部。1993 年 5 月 23 日—28
日，柬埔寨在联合国驻柬埔寨临时权力机构的组织和监督下举行大选，选举
产生制宪会议。1993 年 9 月 21 日制宪会议通过新宪法，决定恢复君主立宪
制。1993 年 9 月 24 日西哈努克亲王签署新宪法，制宪会议转为国民议会。
1993 年 9 月 26 日联柬机构宣布结束在柬的使命。1993 年 11 月 2 日柬王国政
府正式成立。1993 年 11 月 15 日联合国驻柬埔寨维持和平部队全部撤离，柬
王国进入和平重建历史新时期。

政变十多次。① 综上，柬埔寨独立后 30 年一直处于战乱状态；泰国政局不稳，频繁发生政变。这使两国无法专注解决海域划界问题。

由于历史恩怨和两国国内动荡的因素，两国关系时断时续时好时坏。通常情况下，两国关系比较冷淡，相互敌视和猜忌。虽然 1950 年两国建交，但两国在陆地边界争端、柏威夏寺、达莫安通寺和吴哥窟等问题上仍存在争议。② 历史上，双方因此爆发多次暴力行为和武装冲突。两国对边界和领土主权问题都非常敏感。这些问题的走势成为两国关系的晴雨表。反之，两国关系也影响着上述问题的走势。1962 年海牙国际法庭把柏威夏寺判归柬埔寨所有，这一裁决结果在泰国引发争议，两国关系降至冰点。1991 年《巴黎和平协定》签署，柬埔寨和泰国重新建立了外交关系。2009 年 11 月 4 日柬埔寨首相洪森宣布正式任命流亡的泰国前总理他信为柬王国的政府顾问，为此两国关系再度紧张。2010 年 8 月他信辞去柬

---

① 1957 年 9 月陆军司令沙立·他那叻发动政变，推翻銮披汶政府。1963 年沙立逝世后，由他侬·吉滴卡宗和巴博·乍鲁沙天执政。1973 年 10 月 14 日曼谷等地 20 万知识分子、学生和工人举行示威游行，他侬、巴博被迫下台。1975 年 1 月举行大选，克立·巴莫和社尼·巴莫先后出任总理。1976 年军人团发动政变，组成国家行政改革委员会接管政权。1977 年 10 月 20 日"革命团"发动政变，组成以武装部队最高司令江萨·差玛南为总理的内阁。1980 年 2 月反对党利用石油涨价等经济和社会问题要求召开国会特别会议，弹劾江萨。随后江萨宣布辞职。同年 3 月国防部长兼陆军司令炳·廷素拉暖上将出任总理。1988 年 7 月泰国举行大选。执政党-民族党仍占优势。炳·廷素拉暖执意引退。差猜·春哈旺接受国会提名，经国王核准，于 8 月 9 日正式出任泰国第 17 任总理。他是 12 年来第一位民选总理。1991 年 2 月武装部队最高司令顺通·空颂蓬上将在三军总司令和警察总监的支持下发动政变，推翻了差猜·春哈旺政府。2006 年 9 月陆军司令颂提上将领导的泰国军方联合警方发动政变，解散由看守政府总理他信领导的内阁，成立国家管理改革委员会全权接管政权。2011 年 8 月 5 日英拉当选为泰国第 28 位总理。2014 年 5 月陆军司令巴育宣布发动军事政变，称为了避免更多人员伤亡以及局势升级，军方从看守政府手中接管权力。

② 柏威夏寺建于公元 10 世纪至 12 世纪，两国在历史上都宣称对该寺所属区域拥有主权。

埔寨经济顾问的职务，双方恢复大使级外交关系。同年9月，柬埔寨首相洪森与泰国总理阿披实出席在美国举行的东盟—美国领导人峰会和在比利时举行的亚欧首脑会议期间举行会见。双方同意避免采用武力手段解决边境和领土争端。2011年2月和4月两国在边境地区两度交火，造成较多人员伤亡和较大的财产损失。2011年8月泰国总理英拉上台后，两国关系转好。2012年11月11日国际法院判决柬埔寨对柏威夏寺周边区域拥有主权，泰国有义务从该区域撤出军警等所有力量。两国政府也表示将共同维护边境地区的和平稳定。至此，两国关系才趋于稳定。

海域争端既涉及国家主权、领土完整和民族尊严等原则问题，又牵动国民情感。柬埔寨和泰国为实现国内某种政治目的，利用海域争端敏感性将上述争端"政治化"。以柏威夏寺争端为例，双方在矛盾激化时，都会以爱国主义为口号动员本国群众，加深对对方的敌视，导致群情激愤，甚至出现失控的局面。从泰国方面看，迫于极端民族主义者"黄衫军"的压力，国内政治势力为了获得大选的胜利和保证统治的稳定，对于事关国家领土主权的柏威夏寺问题采取强硬态度，不惜与柬埔寨武装冲突。而泰国对柬埔寨的态度，被柬埔寨首相洪森利用，助长国内民族主义情绪。洪森的长子洪马内少将因成功担任边界冲突柬方军队的主要指挥官，之后顺理成章地成为被公认的首相接班人。柏威夏寺问题的政治化使两国关于柏威夏寺的争议复杂化，两国关系恶化。两国民间的仇恨情绪持续发酵。由此，导致的敌对情绪影响海域争端的解决。

而且，近年来两国不断加强海上军事力量、从严执法，如加强海上巡逻，对海上非法捕捞和侵渔事件严厉打击。这导致原本脆弱的两国关系更为紧张。

（三）资源纷争

对争议海域乐观的石油储量估计也是导致两国对待海域争端立场强硬的因素。石油界认为，位于两国重叠海域的石油资源是泰国湾内最具潜力的海域，是东南亚最有前景的未开发的油田。例如，20世纪90年代石油价格高涨，两国都单方面授权外国石油公司勘探该海域油气资源储量。两国授权的石油公司陆续发现该海域具有商业价值的油气矿藏。

但是由于两国对石油需求的强烈程度不同，两国对解决海域争端和共同开发该海域资源的态度不同。柬埔寨开发该海域油气资源的愿望更为强烈。战后，柬埔寨是世界上最贫困的国家之一，发展经济为国家首要任务。海洋石油属于高回报的产业。因此，柬埔寨迫切希望通过开发海洋石油资源，增加财政收入，改善基础设施、教育和医疗条件，走上富国强民的道路。而泰国开发该海域的愿望不如 20 世纪 70 年代强烈。尽管泰国国内对石油资源需求不断增长，但是泰国已与马来西亚实现了海上共同开发，基本满足了国内经济发展对油气资源的需求。相较于柬埔寨，泰国具有资金和技术优势，因此泰国既不愿意与柬埔寨合作开发争议海域油气资源，也不愿意在海域划界的问题上做任何妥协。

二、争议焦点

泰国和柬埔寨在海域划界的问题上争议较多。具体而言，两国在关于相关条约的解释、狗骨岛主权的归属及其划界效力、两国在海域边界的争端解决方式以及海上共同开发区域和利益分配等多个问题上都存在分歧。

(一)对 1907 年《法泰边界条约》的解释

1907 年《法泰边界条约》虽然是两国确定陆地边界线的法律依据，但也涉及两国海上岛屿的归属。因此，该条约对两国海域边界的确定有重要影响。出于不同的利益考虑，两国对该条约部分条款的解释存在分歧。

泰国认为，该条约不具有划分两国海域的效力。首先，根据时际法理论，该条约的规定不能作为两国海域分界线的依据。因为，根据 1907 年的海洋制度，除了领海就是公海，而且当时的领海宽度为 3 海里。而狗骨岛距柬埔寨海岸约 19 海里，当时不存在专属经济区或者大陆架制度，3 海里之外是公海，因此不能将之作为现在两国的海域界线；其次，根据"任何人不得转让超过自己原有的权利"原则（Nemo dat quod non habet），法国不可能让与柬埔寨当时法国不享有的权利。法国当时对该海域不享有主权，柬埔寨自然也不可能享有该海域的主权。①

柬埔寨则认为，1907年《法泰边界条约》的规定具有划分两国海上边界线的效力。因为，该条约明确规定两国的分界线为陆地边界与狗骨岛最高点的连线。该条约明确规定"海上边界起始于狗骨岛"②。因此，从条约的用语来看，该线就是两国海上分界线。

1907年《法泰边界条约》主要与两国陆地边界相关。泰国主张的法律依据似乎更为充分。但是，也可以把两国陆地海岸分界点与狗骨岛的连线视作两国内水的分界线。狗骨岛到陆地海岸为两国内水，从狗骨岛起以外的海域才是两国的领海。如果这样解读该条约，那么柬埔寨的主张似乎也可以成立。至于如何解释该条约的规定，还需要结合缔约时的背景、缔约的意图以及当时的国际法规定来解读。

（二）关于狗骨岛划界效力的分歧

狗骨岛对两国海上划界有重要影响。这主要涉及两个问题，其一是狗骨岛的归属问题，其二是其享有何种划界效力。

关于狗骨岛的主权归属，泰国认为根据上述条约规定，"法国将包括狗骨岛在内的岛礁让与泰国"，③因此，狗骨岛属于泰国。柬埔寨作为法国权利的继承国没有就此提出异议。这表明，柬埔寨承认狗骨岛属于泰国的事实。而且法国已经把狗骨岛让与泰

① 参见 Captain Somjade Kongrawd. "Thailand and Cambodia Maritime Disputes", p. 1, http: //172. 31. 255. 127/files/20420000000CE18D/www. global security. org/military/library/report/2009/thailand-cambodia. pdf, Nov 12th, 2014。

② 参见 Captain Somjade Kongrawd. "Thailand and Cambodia Maritime Disputes", p. 1, http: //172. 31. 255. 127/files/20420000000CE18D/www. global security. org/military/library/report/2009/thailand-cambodia. pdf, Nov 12th, 2014。

③ 参见 Captain Somjade Kongrawd. "Thailand and Cambodia Maritime Disputes", p. 1, http: //172. 31. 255. 127/files/20420000000CE18D/www. global security. org/military/library/report/2009/thailand-cambodia. pdf, Nov 12th, 2014。

国，没有理由将其再让与柬埔寨。柬埔寨则认为，狗骨岛自古属于柬埔寨或者至少现在狗骨岛主权归属未定。它认为1907年《法泰边界条约》明确规定，两国海域边界从狗骨岛起"偏向东北"，那么狗骨岛自然属于柬埔寨。① 而且在法国对印度支那半岛进行统治之前，狗骨岛属于柬埔寨。退一步讲，至少狗骨岛的主权是存在争议的。

关于狗骨岛的划界效力，泰国认为，狗骨岛是有效的领海基线的基点，还享有领海、毗连区、专属经济区和大陆架，在柬泰海上划界中享有完全效力。② 因此，泰国与柬埔寨的海域边界线应向柬埔寨方向偏转。而柬埔寨认为，1907年《法泰边界条约》已经划定了两国海上边界。③ 因此，两国的海域边界以此为准，不应考虑狗骨岛的划界效力。

（三）关于争端解决方式的异议

两国就海域划界争端通过谈判还是提交第三方解决持不同意见。帕威夏寺案后，泰国拒绝将一切争端提交国际司法机构解决，主张通过谈判解决争端。柬埔寨则持相反态度。两国实力相差悬殊，在谈判过程中柬埔寨不具有优势。而且它在帕威夏寺案尝到了司法判决为其带来的好处。而且，柬埔寨对领土和划界问题比较敏感，认为所有相关问题是不可谈判的。因此，柬埔寨主张通过区域办法或者司法机构来解决两国海域划界争议。

---

① 参见 Captain Somjade Kongrawd. "Thailand and Cambodia Maritime Disputes", p. 1, http：//172. 31. 255. 127/files/20420000000CE18D/www. global security. org/military/library/report/2009/thailand-cambodia. pdf, Nov 12th, 2014。

② 参见 Clive Schofield, Maritime Claims, Conflicts and Cooperation in the Gulf of Thailand, Ocean Year Book, Vol. 22, 2008, p. 95。

③ 参见 Captain Somjade Kongrawd, "Thailand and Cambodia Maritime Disputes ", p. 1, http：//172. 31. 255. 127/files/20420000000CE18D/www. globalsecurity. org/military/library/report/2009/thailand-cambodia. pdf, Nov 12th, 2014；Clive Schofield, Unlocking the Seabed Resources of the Gulf of Thailand, Contemporary Southeast Asia, Vol. 29, No. 2, 2007, p. 302。

（四）关于划界还是共同开发的贰言

对于两国海上划界争端的解决，两国主张也不同。由于缺乏开发海洋石油的资金、技术和管理经验，柬埔寨希望与泰国合作开发全部重叠海域的油气资源。而泰国则主张划界，不愿意与柬埔寨合作分享争议海洋的资源。① 因为第四章第二节第四部分已经对此有详尽的分析，在此不再赘述。

（五）关于利益分配的差异

两国通过谈判同意就部分争议海域共同开发。但是在利益分配的问题上又存在分歧。

泰国在利益分配的问题上锱铢必较。它主张应该将海上共同开发区分成不同的区域，中间的部分平均分配，靠近某一国海域的次区域按有利于邻近国的比例分配。即靠近泰国的次区域按有利于泰国的85∶15分配，靠近柬埔寨的次区域按有利于柬埔寨的类似比例分配。泰国这样主张是主要是为了分得更多的油气资源利益。而柬埔寨则主张采取比较简单的分配方式，所有海上共同开发区由两国平均分享收益。即使按照这种方式，泰国收益也比柬埔寨多。因为运输、加工等均需要泰国相关企业完成。

三、争端解决进展

1992年两国正式就海域划界问题进行谈判，迄今已30年，海域划界进程过波折，但也取得了一定的进展。

该海域石油资源丰富，20世纪90年代石油价格高企。1992年柬埔寨工业部（Ministry of Industry）和泰国石油界的代表有意解决两国海域争议。柬埔寨希望参照马来西亚泰国海上共同开发模式，达成海上共同开发协议。但是一直未果。1994年泰国授权的外国石油公司在该海域发现了具有商业开采价值的油气矿藏，再次激发了

---

① 参见 Clive Schofield, Maritime Claims, Conflicts and Cooperation in the Gulf of Thailand, Ocean Year Book, Vol. 22, 2008, p. 113。

两国解决该海域争议的积极性。① 1995 年柬埔寨工业、矿产和能源部（Ministry of Industry，Mine and Energy）发表声明，声称柬埔寨希望建立海上共同开发区，与相关国家平均分享收益。② 1995 年 4 月，泰国邀请柬埔寨就相关事宜进行谈判。同年 7 月泰国柬埔寨同意建立工作组解决两国海上争议。同年 10 月泰国认为海上共同开发谈判耗费时间，建议两国划界解决海域争端。1996 年柬埔寨外交部长访问泰国时，希望两国尽快解决海域争端，共同开发争议海域资源。1997 年 3 月柬埔寨抗议泰国在争议海域单边勘探的同时，授权外国石油公司勘探两国争议海域的油气资源。1997 年泰国总理访问柬埔寨，表示泰国将着手解决两国海域争端。此后，由于柬埔寨国内政局不稳、泰国政府换届，两国谈判中断。1998 年泰国联合越南共同勘探泰国、柬埔寨和越南重叠海域，引发柬埔寨抗议。泰国称这是为了探明油气矿藏以便开发。

2001 年两国终于达成同意海上共同开发的承诺。2001 年 6 月 18 日两国达成《泰国和柬埔寨关于重叠海域的谅解备忘录》（以下简称 2001 年《柬泰谅解备忘录》）（Memorandum of Understanding Between Thailand and Cambodia regarding the Area of their Overlapping Maritime Claims to the Continental Shelf），两国同意通过海上共同开发的方式，解决争议海域资源利用问题。③ 两国根据该备忘录，成立了联合技术委员会。两国将重叠主张区划分为两部分：北部拟划界，南部拟共同开发。按照双方的协议，共同开发区划分为 4 个区域。第 1、第 2 区域交美国和日本公司开发；第 3 区域交荷兰和澳大利亚公司开发，第 4 区域交澳大利亚和日本公司开发。此外，约定双方政府官员每年举行三到四次会谈，但是，至今两国合作的进展不大。泰国外交部表示，出于对柬埔寨现实状况的考虑，愿意先

①　参见 Gerald Blake，Boundaries and Energy：Problems and Prospects，Springer，1998，p. 127。

②　参见 Gerald Blake，Boundaries and Energy：Problems and Prospects，Springer，1998，p. 128。

③　参见 D. A. Colson and R. W. Smith，International Maritime Boundares，Vol. V，Martinus Nijhoff，2005，pp. 3743-3744。

解决海上边界问题。但是，泰国希望柬埔寨考虑两点泰国的关切：一放弃最西端的大陆架主张，二以两国的海岸线划定两国的中间线。柬埔寨外交部边界谈判的主要负责人龙维萨洛（Long Visalo）指责，泰国故意推延两国海域争议的谈判，向迫切希望开发海洋石油的柬埔寨施加压力。2003 年两国因吴哥窟（Ankhor Wat Temple）主权归属问题再次发生冲突，两国关于海域争议会谈再度停滞。另外，双方在利益分配的问题上无法达成共识。2006 年柬埔寨建议两国共享收益和共担成本。这样不仅公平合理，而且体现了两国主张的合法性和平等性。

2008 年柬埔寨公开向外国石油公司招标，勘探开发两国重叠海域的资源。[1] 2009 年 6 月泰国总理阿披实上台。同年 11 月柬埔寨任命泰前总理他信为柬埔寨政府经济顾问，双方召回驻对方国家大使。泰国单方面宣布撤销两国 2001 年《柬泰谅解备忘录》。2010 年 8 月他信辞去经济顾问职务，双方恢复大使级外交关系。

2011 泰国外交部发表声明：第一，根据 1907 年《法泰边界条约》，狗骨岛属于泰国；第二，2001 年两国谅解备忘录明确狗骨岛属于泰国，柬埔寨没有异议；第三，两国 2001 年谅解备忘录继续有效。2012 年，在柬埔寨访问泰国期间，柬方表示愿意加速与泰国的海上共同开发谈判，希望双方尽快就海上开发达成共识。但随后，泰国发生政变，双方海上共同开发的前景又处于不明朗。

2014 年应洪森总理邀请，泰国总理巴育率领代表团对柬埔寨进行正式访问。双方就泰国政局、两国合作、搁置边界争议、加强两国边境地区交流等议题交换意见。此后，泰国又发生政变，两国在该海域谈判又处于停滞状态。

四、可能的解决方案

泰国主张通过等距离方法划定与邻国的海域边界。根据 1973 年泰国主张的海域边界，两国海域边界的起始点就是柬埔寨与泰国

---

① 参见 Vietnam, Cambodia to Share Oil Resources, Bangkok Post, http：//www. bangkokpost. net/breaking_news/breakingnews. php？id＝112371。

的陆地海岸分界点。在两国海岸相邻的部分，以 1957 年柬埔寨颁布的领海基线和 1970 年泰国的领海基线为准，用角平分线得出的一条等距离线，将两国陆地海岸边界与点 1 到点 2 用一条直线连接起来。值得注意的是，在 1972 年柬埔寨曾对其 1957 年领海基线做过修订，但泰国仍以 1957 年柬埔寨的领海基线为准。在两国海岸相向的部分，是一条自北向南的中间线，共有 13 个界点。这部分界线没有考虑两国的领海基线，而是以柬埔寨和泰国海岸为准，也未考虑两国海域岛屿的划界效力。

柬埔寨也主张适用等距离方法划定与泰国的海域边界。1972 年柬埔寨最后一次对其主张海域的外部界线做了调整：第一部分与泰国相邻海岸之间的划界。根据 1972 年柬埔寨颁布的法案第 1 条，柬埔寨与泰国相邻海岸之间的界线以 1907 年《法泰边界条约》为准，"从 A 点到 P 点是两国陆地海岸分界点与狗骨岛最高点的连线的延伸线"。P 点的坐标为北纬 11 度 32 分，东经 101 度 20 分。[①]与 1970 的大陆架界线，该大陆架界线向泰国方向偏转，因此增加了柬埔寨管辖的领海和大陆架；第二部分为两国相向海岸的界线为一条中间线。根据该法案第 2 条，两国相向海岸的划界不是以两国的领海基线为准，而是选取了两国海域内的一些点，然后确定这些点之间的中间点，最后将这些点用直线连接起来。例如，根据点 Pck1 就是柬埔寨的卡斯罗威岛（Koh Kusrovie）、灿岛（Koh Charn）和泰国的石头岛（Hin Bai）的中间线。与泰国不同的是，这一部分柬埔寨给予两国岛礁全划界效力。该段由点 Pck1-6 构成。

从两国主张海域外部界线来看，解决两国海域划界争端，可以考虑以下方案：

方案一，最简单的划界方案。以两国各自主张的海域外部界线为准，平均分割线内水域。

方案二，最有利于柬埔寨的方案。两国海岸相邻的部分海域边界以 1907 年《法泰边界条约》为准。这在国际上有类似做法以殖民

---

① 参见 Clive Howard Schofield, Maritime Boundary Delimitation in the Gulf of Thailand, Durham University, 1999, Note 26, p. 217。

时期划定的边界为主，例如很多非洲国家的边界以殖民时期划定的势力范围为准，维持现状避免发生更多的争端。如果将狗骨岛向陆地一侧的水域视作内水，这并不违法泰国声称当时的领海为 3 海里的事实。两国海岸相向的部分，选取两国适当的基点，得出一条中间线。根据《联合国海洋法公约》关于岛屿的规定，大部分泰国的岛礁不具有划界效力，例如狗骨岛；而给予柬埔寨所属的岛礁相当的划界效力，例如波罗威群岛。

方案三，完全不考虑两国的领海基线和海域外部界线主张，以及两国水域中远离海岸的岛礁的划界效力。参照冰岛挪威的争端解决模式，建立一个独立的调解委员会。通过的独立的专家委员会确定两国海岸一般方向以及形状，然后用适当的划界方法（例如垂直平分线）划定两国海域边界。

方案四，采用最复杂最公平的办法。首先，两国需要统一划界标准。详言之，统一具体的等距离或者中间线的划法（如角平分线或者垂直平分线还是圆弧划法等），连接界线的线为什么线（大地线还是恒向线等），起算的标准（两国的海岸线，或者两国的领海基线，或者两国沿海的岛礁）；其次，需要统一参照的海图和比例尺等数据；再次，确定赋予哪些岛礁全部划界效力，哪些忽略，哪些给予部分划界效力。从两国海域分布的岛礁特点来看，泰国海域的岛礁普遍较小而且荒芜，并呈孤立分布，而柬埔寨海域内的岛屿基本上符合《联合国海洋法公约》中关于"岛屿"的规定，例如波罗威群岛。因此，从理论上讲可以忽略泰国所属岛屿，而给予柬埔寨的岛屿全划界效力。但是，最终给予这些岛礁何种划界效力应由两国协商共同确定；最后，测算出两国海域的边界线。

方案五，提交国际法院解决。由于柬埔寨和泰国的海域争端错综复杂，而且两国对该问题的处置都极为敏感，处理不好有可能导致国内政局动荡，因此提交国际法院解决，可以避免国内舆论将划界结果归结为政府无能，引起国内混乱。但是，鉴于帕威夏寺的失败体验，泰国极有可能拒绝这种争端解决方式。

第三节　柬埔寨越南海域划界争端

泰国湾对于柬埔寨和越南的国家安全和经济发展至关重要。两国泰国湾内的海岸线曲折，沿岸分布着大大小小的岛屿。两国虽然意识形态相同，但缺乏信任。至今，两国未达成任何公开的划界协议。① 柬埔寨和越南两国争议水域面积约为 18068 平方海里。②

一、背景

（一）历史恩怨

历史上，两国因为陆地领土问题存在恩怨。公元 939 年之前，越南是中国的一个省。939 年越南独立，从此向西向南扩展。古代柬埔寨创造了举世闻名的吴哥文明，但 1434 年随着泰国的入侵而衰落。越南趁机侵占了柬埔寨的大片领土。19 世纪法国将印度支那半岛作为其势力范围。越南又将柬埔寨人驱逐出湄公河流域，并曾一度想吞并柬埔寨，但由于遭到柬埔寨人民的坚决抵制和法国的干预，最后柬埔寨作为泰国和越南之间的缓冲国而存在。越南视柬埔寨为低劣民族和低等国家。柬埔寨则视越南为野心勃勃的侵略者。因此，柬埔寨将领土和边界问题视为攸关国家生死存亡的问题。它对上述问题以及海域划界问题采取不容谈判的态度。

（二）政局动荡

由于地理位置特殊，殖民时期、"二战"直至冷战结束前，大

---

① 1997 年泰国和越南划界海域边界后，遭到柬埔寨的抗议。越南官方发言人称，双方已经达成边界协议。但是，柬埔寨称两国未达成任何划界协议。而且也没有任何证据表明两国存在公开的划界协议。

② 参见 Clive Schofield, Unlocking the Seabed Resources of the Gulf of Thailand, Contemporary Southeast Asia, Vol. 29, No. 2, 2007, p. 372。

国先后介入和控制这个地区。这也是导致两国猜忌和敌对的原因之一。19 世纪中期，法国将中南半岛当作其势力范围。"二战"期间，日本取代法国对该区域进行殖民统治。日本战败后，法国企图回归中南半岛，但是遭到柬埔寨人民的顽强抵抗，史称第一次印度支那战争。这次战争以柬埔寨和越南胜利告终。之后为了防止社会主义蔓布中南半岛，美国采取控制南越、遏制中国的手段控制中南半岛。这时，北越与柬埔寨结盟共同对抗美国和南越，最后以北越胜利、越南统一、美国从南越撤兵而结束。随后，越南与苏联结盟，企图称霸中南半岛，并于 1978 年 12 月入侵柬埔寨，推翻了红色高棉政权。1979 年 1 月 7 日越南占领金边。1979 年 1 月 8 日越南扶植的傀儡政权"柬埔寨人民委员会"宣布成立。柬埔寨人民共和国统治柬埔寨长达 14 年之久，在此期间，越南人民军部队一直驻留在柬埔寨领土上。1982 年 7 月 9 日西哈努克发表声明宣告民主柬埔寨联合政府成立。同时存在于柬埔寨的两个政权冲突不断。1990年 11 月柬埔寨冲突各方签署了《柬埔寨冲突全面政治解决协定》，决定由联合国向柬埔寨派遣维持和平部队，负责柬埔寨大选、组织民族联合政府等事项。自此，柬埔寨越南战争结束。1993 年 5 月柬埔寨在联合国的主持下举行全国首次大选。该年 9 月，柬埔寨颁布新宪法，改国名为柬埔寨王国，西哈努克重登王位。此后，柬埔寨各民族实现和解，进入和平与发展的新时期。

(三)边海争端政治化

两国都将领土和边界问题"政治化"。两国煽动反对对方的民族情绪可以获得其国内支持。[1] 以柬埔寨为例，西哈努克执政时期确立了边界问题是神圣不可侵犯的，领土和边海问题不可谈判的立场。即使是美国扶植的朗诺政权(Lon Nol)和越南扶植的波尔布特政府(Pol Pot)也都继承了西海努克时期关于边海问题的主张和立

---

[1]　参见 Clive Howard Schofield, Maritime Boundary Delimitation in the Gulf of Thailand, Durham University, 1999, p. 377。

场。因为，维护边海问题的国家利益成为柬埔寨国内评价其政府执政能力和判断其合法性的标准。在柬埔寨国内，如果接受越南的主张就可能被视为对国家的背叛，无力保护国家利益，因而危及其统治。① 1993 柬埔寨真正成为一个独立国家后，这种情况依然存在。1996 年上半年柬埔寨总理诺罗顿·拉纳烈（Norodom Ranariddh）多次声称越南正在蚕食柬埔寨的领土、领海和大陆架。② 领土和边界问题成为柬埔寨国内政治斗争的工具。这不利于两国海域划界争端的解决。

二、争议焦点

柬埔寨和越南在岛礁主权归属、布莱维线的法律性质、海域边界的位置和海洋石油资源的处置等问题上均存在争议。

（一）岛屿主权纠葛

以富国岛（柬埔寨称玉岛）为例，在法国入侵印度支那半岛前，它属于柬埔寨。证据之一是 1856 年法国从柬埔寨政府获得富国岛的控制权。1975 年美国国会的一份文件中也表明当时富国岛属于柬埔寨。③ 但是，法国后来将富国岛交给越南。柬埔寨主张，它从未放弃对该岛的主权，越南非法取得该岛的控制权，因此越南不享有该岛的主权。而越南认为，在殖民时期法国已将富国岛交由越南管辖，并一直由越南实际控制。因此，越南对富国岛享有

---

① 参见 S. P. Heder, The Kampuchean-Vietnamese Conflict, in D. W. P. Elliott,（ed.）The Third Indochina Cm4lict, Westview Press, 1981, p. 31。

② 参见 R. Amer, Border Conflicts between Cambodia and Vietnam, Boundary and Security Bulletin, No. 5, International Boundaries Research, 1997, p. 82；Clive Howard Schofield, Maritime Boundary Delimitation in the Gulf of Thailand, Durham University, 1999, p. 377。

③ 参见 United States Department of State, Historic Water Boundary: India-Sri Lanka, Limits in the Seas, No. 66, The Geographer, Office of the Geographer, Bureau of Intelligence and Research, 12 December 1975, p. 11。

主权。

西海努克执政时期，曾主张不仅富国岛属于柬埔寨，而且布莱维线以南的岛屿也属于柬埔寨。1972 年柬埔寨颁布的领海基线将布莱维线以南的波罗般洋群岛（越南称土珠岛）作为其领海基点。越南也有类似的主张。1960 年 3 月 9 日南越称，不仅富国岛属于越南，而且它对位于富国岛西北的高龙沙岛（Koh Ta Kiev）、密岛（Koh Thmei）赛斯岛（Koh Ses）、兔子岛（Koh Tonsay），以及其北边的海盗岛（Private Island）均享有主权。

从上述分析可以看出，这些争议的大部分岛屿古代属于柬埔寨，自殖民时期开始越南逐渐实际控制了一些海上岛屿。柬埔寨对这些岛屿享有主权的历史证据明显强于越南。在法国控制中南半岛伊始，玉岛（越南称富国岛）在柬埔寨的控制下。1856 年法国从柬埔寨获取该岛的主权而非从越南获得。1913 年法属殖民地越南的河仙省（Ha-tien Province）和法国附属国柬埔寨的贡布省（Province of Kampot）收到一些请求，要求开发其附近岛屿的资源。但由于两省不确定这些岛屿的主权归属，于是提交法国总督解决。1931 年 1 月 31 日时任总督朱尔斯·布莱维（Jules Brévié）对此问题作出裁决。他指出，两国就这些岛屿的归属存在争议，这些岛屿分布在柬埔寨海岸附近，从逻辑上和地理位置上讲，这些岛礁应该归柬埔寨管辖。对于其他岛屿的归属，布莱维总督也就其归属做了说明。"垂直于两国陆地边界的线，与子午线以北呈 140 度角。该线以北的岛屿由柬埔寨管理，该线以南的岛屿由越南管理"。最后总督强调，这样的处置方式只与岛屿的监管权有关（administrating and policing），不涉及岛屿主权的问题。

虽然 1982 两国通过协议明确了上述岛礁的归属，但是这份协议的法律效力尚待确定。这一方面是因为当时的柬埔寨政府是越南扶植的傀儡政权；另一方面是因为一直视领土主权为关乎其国家生死存亡的柬埔寨，在 1982 年放弃对海域划界具有重要影响的富国岛、波罗威群岛等岛屿的主权有悖常理和逻辑。另外时任总督布莱维也指出这种划分方式，完全出于管辖的方便，并非对其主权的处置。而且学者斯科菲尔德·克莱夫·霍华德（Schofield Clive Howard）也认为，这条线的具体位置不确定并且其划法不符合惯例。①

（二）布莱维线

"布莱维线"（the Brévié Line）是 1939 年法国人在印度支那殖民时期，为了行政管理方便，在海上划的一条行政管辖分界线。越南和柬埔寨对"布莱维线"的法律性质和效力解读不同。

越南认为，该线是岛礁归属线，该线两侧的岛礁分别归两国所有，土珠岛（柬埔寨称波罗般洋群岛）位于越南一侧，当然属于越南。波罗威群岛位于柬埔寨一侧，属于柬埔寨。至于位于"布莱维线"上的富国岛，由于 18 世纪以来，一直由越南实施主权管辖，因此该岛属于越南。

柬埔寨认为"布莱维线"是海上分界线。两国应以"布莱维线"为两国海上分界线，这样相当于两国重叠主张海域的 79%划归柬埔寨。②

（三）关于大陆架界线主张

柬埔寨主张，两国大陆架的分界线应该以两国海岸线为准，通过等距离的方法划定两国海域边界。在其主张的单边海域边界上点 Pck13-B 与柬埔寨和越南陆地边界的连线是两国海域的分界线。该线既没有考虑两国的领海基线，也没有考虑两国岛礁的划界效力。

越南主张以争议海域中的岛屿为基点，根据中间线规则划分两国大陆架界线。早在 1967 年 12 月 7 日南越就发表一份声明，主张对领海以外依其陆地领土的全部自然延伸，扩展到大陆边外缘的海底区域的海床和底土享有专属的开采资源的权利，并接受南越的管

---

① 参见 Clive Howard Schofield, Maritime Boundary Delimitation in the Gulf of Thailand, Durham University, 1999, p. 357。

② 参见 Gerald Blake, Boundaries and energy: Problems and prospects, Springer, 1998, p. 124。

辖和控制。1970 年 12 月 1 日南越政府颁布法令，表明大陆架的界线采取"海水深度不逾二百公尺，或虽逾此限度而其上海水深度仍使该区域天然资源有开发之可能性者"标准。1971 年 6 月 6 日南越再次重申其大陆架主张，并明确了其海域外部界线，该线由 33 条直线连接而成。以与柬埔寨有争议的波罗威群岛、富国岛和土珠岛为基点。点 17 和点 18 是与柬埔寨海域界线的界点，是越南声称享有主权的波罗威群岛和柬埔寨所属普林斯岛和通岛之间的中间线，从点 18 开始，该线由北转向东北最后终于越南主张主权的密岛。该线延伸至富国岛海岸附近，然后连接富国岛与柬埔寨海岸的中间线。并且把海盗群岛（the Priate island group）画在越南海域内。

（四）海洋石油争议

两国争议海域油气资源丰富。两国都垂涎这些海洋资源。早在 1972 年两国就着手解决海域划界问题，以便尽快开发海域资源。1974 年 9 月柬埔寨朗诺政府（Lon Nol）许可埃尔夫-埃索石油公司开发波罗威群岛西南、布莱维线以北的海洋油气资源。南越西贡政府对此提出强烈抗议，并威胁必要时将摧毁这些钻探设备。柬埔寨随后加强对该海域的巡逻，并派军队驻扎在该海域附近的海军基地。但出于安全的考虑，石油公司暂停了在该海域的勘探活动。

柬埔寨授权外国石油公司的区块均位于布莱维线以北。从南越的态度看，南越觊觎该线以北的海洋石油资源。

三、解决争端进展

"二战"后，两国就开始就领土和边界问题进行磋商。从开始谈判至今，两国解决争端尚未得到解决，但争端解决进程大概可以分为三个发展阶段。

（一）各有所图合作期（1960—1970 年）

这一阶段正值西哈努克执政时期，他主张放弃对要求越南归还南柬埔寨的主张，换取越南承认布莱维线为两国海上分界线。一开始柬埔寨与南越政府接触，但是南越政府立场非常强硬，不同意柬埔寨的方案，提出领土置换方案。随后，西哈努克利用北越希望柬埔寨与其结盟共同对抗美国和南越的心理，要求北越接受其上述方案。为了表达诚意，1963 年柬埔寨正式宣布与美国和南越断交，与北越开始领土和边界问题的谈判。柬埔寨要求越南承认柬埔寨对布莱维线以南部分岛屿的主权主张以及调整两国陆地边界的要求。北越称这不在其权力管辖范围内，拒绝了柬埔寨的要求。于是，柬埔寨声称将保持中立以对北越施压。鉴于当时的形势，1967 年 5 月北越发表单边声明，称尊重柬埔寨"现在的边界"。同年 6 月，北越外交部再次就这次声明背书。柬埔寨政府认为这是越南接受柬埔寨主张及边界不容谈判的立场的证明。西哈努克称越南同意"现在的边界"应由柬埔寨对其进行解读。[①]于是，柬埔寨按自己的意愿修改了两国的陆地边界并印制成地图，但是没有标明对布莱维线以及该线以南哪些岛屿享有主权。这么做的主要是考虑到日后便于主张对该线以南的岛礁主张主权。

　　这一阶段由于两国尤其是北越有与柬埔寨结盟对抗美国及其盟友的需要，北越承认了柬埔寨提出的将布莱维线作为两国领海边界的主张。

　　这一时期，柬埔寨在谈判中处于主导地位。无论两国怎么解读布莱维线两侧岛屿的归属问题，北越发表的声明至少表明越南同意布莱维线为两国海域分界线。从国际法看，这份北越声明是北越政府公开的对布莱维线的法律性质的表态，具有法律效力。

（二）激烈争夺期（1971—1976 年）

　　根据越南统一时间分，这一时期又可分为两个阶段。前一阶段主要表现为柬埔寨与南越对岛礁的争夺，后一阶段主要表现为柬埔寨与统一后的越南的争夺。

　　第一阶段从 1971 年到 1976 年。这一时期主要表现为柬埔寨与南越在海上围绕海上岛礁主权的激烈争夺。1971 年和 1972 年南越

---

　　①　参见 Clive Howard Schofield, Maritime Boundary Delimitation in the Gulf of Thailand, Durham University, 1999, Note 162, p. 357。

和柬埔寨均单方面确定了两国的海域外部界线。1971 年南越还对富国岛、密岛、赛斯岛以及泰国湾东部南纬 10 度以北的所有岛屿主张主权。1972 年柬埔寨宣布对波罗威群岛、玉岛(越南称"富国岛")和波罗般洋群岛(越南称"土珠岛")享有主权,并以此为基点宣布其海域外部界线。1972 年 10 月柬埔寨朗诺政府开始与南越就海域划界问题谈判。1973 两国基本上就海域界线达成共识。1974 年两国就海洋石油的开发产生矛盾,划界谈判搁置。1975 年红色高棉与南越在富国岛海域发生武装冲突。柬埔寨将南越驻军从富国岛岛驱逐,6 天后占领了土珠岛。由于美国的介入,南越占上风,柬埔寨处于不利地位。例如,柬埔寨占领土珠岛不久,在美国的支持下,南越对柬埔寨进行了轰炸,重新夺回了土珠岛。并且在 1975 年 6 月朗诺访越求和期间,南越还袭击并控制了波罗威群岛。

　　第二阶段从 1976 年到 1992 年。越南统一后彻底放弃了 1967 年的立场,还进一步侵蚀柬埔寨的海洋权益。1976 年 4 月,柬埔寨与统一后的越南继续就海域边界问题谈判。柬埔寨仍然秉承西哈努克关于领土和边界问题的立场,并且要求越南归还之前占领的柬埔寨的领土并立即撤出这些区域,然后两国开启正式谈判。然而,越南拒绝了柬埔寨的请求,并且彻底改变 1967 年的立场,主张按照原来南越提出的方案,即交换领土以便两国划定海域边界。鉴于越南放弃了 1967 年的立场,柬埔寨单方面宣布取消两国将于 1976 年 6 月举行的双边会谈。随后两国交恶。1977 年两国交战,柬埔寨宣布与越南断交。1977 年越南前外交部副部长潘贤(Phan Hien)对越南是否认为布莱维线为两国分界线发表言论,称"当时越南确实接受布莱维线为两国海域分界线,但是没有考虑到领海、大陆架等新问题"。越南随后宣布,布莱维线不是两国海域分界线,同时以安全和出入富国岛便利为由要求该岛享有的领海宽度大于 3 海里。此后,两国关系日趋紧张,越南入侵柬埔寨。1979 年越南占领金边。1982 年越南与其扶植的傀儡政权签署了《越南和柬埔寨历史性水域协议》,建立了两国共同的历史性水域,并确定了以布莱维线为分界线,该线左侧的海上岛屿属于柬埔寨,该线以南的岛屿属于越南。根据该协议两国的争议海域变为共同的历史性水域,并且将布莱维线定性为两国海上岛屿的归属线，而非两国海上分界线。此后，直到1992年柬埔寨真正成为国际法上的国家，两国海域边界问题没有任何进展。

值得注意的是，1977年越南放弃其前身北越1967年发表声明的立场，是否违反了国际法的"禁止反言"，这值得探讨。另外，在越南控制下的柬埔寨的傀儡政权与越南1982年签订的协议是否有效的条约也值得深入研究。

(三)稳定谈判期(1993—)

在联合国的介入下，1993年"柬埔寨问题"得以解决。随后，基于友好与合作的关系，柬越两国主张谈判解决两国边界与海洋问题。两国还建立了科学和技术合作委员会专门解决边界问题。1998年6月17日，两国又建立了边界委员会负责海域划界谈判。1999年3月1日该委员会开始讨论柬埔寨、越南、老挝和泰国的划界问题。近年来，两国有意合作开发争议海域海底资源。2006年两国宣布将就该海域内油气资源进行联合勘探。2008年越南政府称，两国共同的历史性水域海盗猖獗，要合作打击海盗。但目前，两国尚未确定海域边界。

四、可能的解决方案

柬埔寨和越南争议海域油气资源丰富。两国海岸线曲折且沿岸分布着大大小小的岛屿。两国海域划界问题还与岛礁主权归属和殖民时期遗留问题交织在一起，异常复杂。20世纪90年代冷战结束后，尤其是1993年柬埔寨成为现代意义上的国家后，总体外部环境有利于两国海域划界争端的解决。但是，受大国因素和两国将领土主权和海域划界问题"政治化"的影响，两国海域划界问题迟迟得不到解决。

鉴于此，笔者认为，通过司法判决的方式解决两国海域争端可能比较可行。这里有几方面考虑：第一，在岛屿主权问题上，双方的依据势均力敌。尽管历史证据方面柬埔寨有利，但越南从殖民时期就实际控制这些有争议的岛屿。而两国对于领土主权和海域划界问题异常敏感，因此通过国际司法方式，不仅有利于争端的解决，而且判决结果更容易为两国接受，不会引起国内动荡。第二，两国海域划界的技术有限，因此提交国际法院能够精确地快速地确定两国边界问题。或者，引入第三方或者建立独立的调解委员会也不失为一种有效的争端解决方法。通过第三方对两国的岛礁主权争端进行调解，并提出划界方案供双方参考，也能叫公平合理地解决两国复杂的海域划界争端。

就具体的划界方案，可能有这么几种可能性：第一，最简单的划界方案。将布莱维线作为两国的海域分界线。非洲很多国家的边界都是以殖民时期划定的势力范围为国家的边界线。这种划界方案的划界结果有利于柬埔寨。第二，以等距离线划分两国近海海域。这种方案有利于越南。当然双方也可以将海域划界与岛礁主权归属综合考虑，平衡这两方面的利益，从而得出一个双方都愿意接受的划界方案。

第四节　越南马来西亚海域划界争端

马来西亚位于泰国湾湾口南部，越南位于泰国湾口北部，两国属于海岸相向的国家。两国之间的重叠主张海域面积约为 585 平方海里。[①] 据统计，两国重叠主张海域的石油储量约为 2 亿桶[②]，天然气储量为 1.1 万亿立方英尺[③]。

---

① 根据学者斯科菲尔德·克莱夫·霍华德两国争议海域面积为 2007 平方公里。参见 Clive Howard Schofield, Maritime Boundary Delimitation in the Gulf of Thailand, Durham：Durham University, 1999, p. 284。而越南学者阮洪涛认为两国争议海域面积为 2500 平方公里。参见 Nguyen Hong Thao, Vietnam and joint development in the Gulf of Thailand, Asian Yearbook of International Law, 1999, p. 142。

② 参见 Nguyen Hong Thao, Joint Development in the Gulf of Thailand, International Boundary and Security Bulletin, Vol. 5, 1999, p. 75。

③ 参见 Nguyen Hong Thao, Joint Development in the Gulf of Thailand, International Boundary and Security Bulletin, Vol. 5, 1999, p. 81。

两国均主张采取"等距离-中间线原则"和"单一划界原则"①划分两国海域边界。目前，两国就争议海域达成了海上共同开发协议，暂时搁置争议海域的划界问题。

一、背景

冷战期间，越南采取亲苏的外交政策。20 世纪 70 年代到 80 年代，因越南渔民经常非法进入马来西亚专属经济区捕鱼，两国关系紧张。

冷战结束后，越南对苏的战略地位急剧下降。其本身经济贫弱，失去苏联外援，政治上孤立。因此，越南迫切希望加入东盟，改善国内外环境，融入东南亚区域，被国际社会所接纳。

随着"柬埔寨问题"的解决，在马来西亚的支持下，越南如愿加入东盟。20 世纪 90 年马来西亚和越南关系正常化，两国重视经济发展与合作，并签署了一系列合作的协议。

二、争议焦点

20 世纪 60 年代末期，两国分别确定了各自的海域外部界线。但是，双方对领海基点的选择、岛礁的划界效力存在分歧，导致两国之间产生重叠主张海域。1966 年 5 月 28 日马来西亚颁布了《大陆架法案》(the Continental Shelf Act)。② 马来西亚提出的单边大陆架界线未考虑越南土珠岛(Tho Chu)的划界效力，理由是该岛距离越南的海岸太远。但却赋予本国岛礁全部划界效力如热浪岛(Redang island)。马来西亚与越南的大陆架界线基本上是两国海岸的中间线。

1967 年 12 月 7 日南越也颁布了大陆架外部界线。越南统一后继承了南越海域主张。越南的这条单边海域界线也是两国海域的中

---

① 黄伟、孔令杰:《论单一海洋划界的产生、发展及其原因》，载《江西社会科学》2012 年第 3 期，第 137~141 页。

② 参见 Clive Howard Schofield, Maritime Boundary Delimitation in the Gulf of Thailand, Durham University, 1999, p. 225。

间线。越南的这条与马来西亚的海域分界线是以两国的岛屿为起算点，赋予了各自岛礁划界效力。

两国争执的焦点主要是关于土珠岛的划界效力。土珠岛面积约10平方公里，其上有500-600人居住。① 1971年6月9日南越以土珠岛为基点，主张该岛享有完全的划界效力，采用"等距离-中间线原则"平均划分与马来西亚的大陆架边界。越南认为，土珠岛是完全符合《联合国海洋法公约》的岛屿，因此它享有领海、专属经济区和大陆架。1979年马来西亚以本国的领海基线和越南的陆地海岸为准，未考虑土珠岛的划界效力，以马来西亚的热浪岛（Redang Island）和越南的南端金瓯角（Cape Ca Mau）为准平均划分了两国大陆架。马来西亚之所以考虑本国岛屿的划界效力，而忽略越南土珠岛的划界，主要是以岛屿距离海岸的远近来决定岛屿是否具有划界效力。

三、解决争端进展

两国解决海域争端的进程可以总结为，因海洋石油资源而走走停停。马来西亚先授权外国石油公司在两国争议海域进行勘探活动，随后发现具有商业价值的油气矿藏。在得知两国争议海域存在可观的油气资源后，1991年5月30日越南公开抗议马来西亚单边勘探开发行为，并给马来西亚外交部发了照会，强调基于双方友好与合作的精神，马来西亚不应该单方授予第三国石油公司开发两国争议海域内的油气资源，同时表达在尊重主权和遵守国际法的原则下，愿意与马来西亚进行划界谈判。随后，马来西亚暂停了在争议海域的勘探开发活动，接受越南关于解决海域争端谈判的建议。

两国解决海域争端的过程中，政治因素尤其是两国领导人起着重要作用。1992年越南前总理武文杰访问泰国。在两国领导人的推动下，双方决定谈判解决争议海域划界问题。1992年6月5日两国就该海域的划界问题展开谈判。两国在解决海域争端过程中态

① 参见 Nguyen Hong Thao, Vietnam's First Maritime Boundary Agreement, International Boundary and Security Bulletin, Autumn Vol. 5, 1997, p. 74。

度比较灵活，能划界则划界，不能划界则共同开发。由于两国关于土珠岛的划界效力问题上无法达成一致意见，于是决定就两国重叠主张大陆架海域共同开发。双方达成《马来西亚和越南社会主义共和国关于两国大陆架划定区域内石油勘探和开采的谅解备忘录》。

由于两国海上共同开发进展顺利，两国一致同意暂时搁置划界谈判。协议生效后一年即1993年6月8日，两国国家石油公司达成石油作业安排协议。1994年两国正式开始勘探开发争议海域的油气资源。同时，由于两国的渔业和海上秩序委员在协调两国渔业捕捞活动方面的效果显著，马来西亚与越南拟参照海上共同开发的模式在两国该海域进行渔业执法合作。根据两国海上共同开发协议，在海上共同开发期间暂时搁置两国争议海域划界。因此，两国尚未重启争议海域划界的谈判。

四、可能的解决方案

冷战结束后，两国关系全面改善，而且两国海域争议比较简单，加之海上共同开发的实践成功，如果两国希望确定重叠主张海域的边界，只需就土珠岛的划界效力达成共识，即可确定两国争议海域边界。

笔者认为可能的方案有：第一，比较简单的划界方案，即以两国各自的单边海域主张为准，平均划分两国争议海域。第二，就土珠岛的划界效力达成共识，越南调整海域外部界线，然后以调整后的两国海域外部界线主张为主，公平确定两国海域分界线。

第五节　其他泰国湾海域争端

除了上述未解决的双边海域划界争端外，泰国湾还存在马来西亚-泰国-越南、泰国-柬埔寨-越南三边海域划界的问题，以及渔业争端和环境保护的问题。

上述三边海域划界问题的解决，需建立在双边海域划界争端解决的基础上，或者有关各方就双边海域争端基本达成共识的前提下，才能开启三边海域划界谈判。

虽然这部分争议海域面积比较小，但是由于它们位于油气资源富集的泰国湾中部，具有重要的经济价值。因此上述海域划界并不容易。笔者认为最简便可行的方式就是三边争议海域搁置划界争议，实施海上共同开发。第一种可能的海上共同开发方式，按照马来西亚泰国海上共同开发的模式①，建立共同的管理机构，由该管理机构对三边争议海域的油气资源开发进行全权管理，三方平均分享利益平均分担成本。这种方案最能体现各方法律地位和权利义务的平等。第二种方式，按照马来西亚越南海上共同开发的模式，授权各国的石油公司对争议海域的资源进行共同开发、共同管理。这种方案使得各国石油公司都能参与石油开发活动，同时避免政府对经济活动过多的干预或者影响。第三种方式，授权一国石油公司全权代表所有当事国对争议海域的油气资源进行开发，利益分配方式与第一种方案相同，这种方式最为简便，尤其适合多个国家之间的海上共同开发，避免因为多方参与导致的开发效率低下、成本过高的问题，同时能满足各方分享争议海域资源和利益的需求。

本 章 小 结

泰国湾海域划界争端比较复杂，受国内外双重因素影响。就外部影响因素而言，主要有殖民因素、大国因素、国家间关系。就内部因素来讲，分别是国内政局、海岸情况、岛礁主权争端和岛礁的划界效力。其中，马来西亚与泰国、马来西亚与越南的海域划界争端最为简单；而泰国与柬埔寨、柬埔寨与越南的争端最为复杂。前者已经基本得到解决，后者海域争端的解决虽然已经取得一点进展但是还有一段路要走。

泰国湾的沿海四国均主张通过"等距离—中间线原则"和"单一划界原则"确定海域边界，并通过和平谈判的方式解决与邻国的海域边界问题。

---

① 参见何海榕：《马泰与马越共同开发案的比较研究》，载《太平洋学报》2015 年第 12 期，第 89 页。

这些海域争端的本质都是为了获得更多的海洋资源，法律上表现为对海洋管辖权和岛礁主权的争夺以及对岛屿划界效力的争议。

总地来讲，泰国湾海域划界争端的解决已经取得很大进展。但是还有一些问题需要解决。第一，关于解决争端的手段。泰国湾沿海各国都主张通过谈判和平解决海域划界争端。但就争端的特点和复杂程度来看，柬埔寨泰国、柬埔寨越南的海域争端可能通过国际法院判决更容易为各方接受，斡旋与调解也可能是比谈判更为有效的解决争端办法。第二，关于边界具体位置的问题。一般泰国湾的边界协议都引用第 2414 号英国海军地图和 1：1500000 的比例尺。这与一般划界实践的惯例不相符。① 从专业的角度看，这份地图作为确定界点的地图并不合适。因为它的数据并不精确，事实上它没有标明任何地理数据。根据英国海洋测绘局（united kingdom hydrographic office）的说法它仅仅是一份图（just a picture）而不是精确的地图。实践中，它须与其他地图结合起来用才有意义。因此，单独将它作为海域界线的坐标图不妥当。因为，海域界线的坐标不确定，容易因各方认定的海域界线的位置不同而再次产生争议。第三，有关争端当事国需要统一划界的标准（例如，具体的划界方法，连接界点的直线）和参考的数据。以马来西亚和越南的 75 海里处的海域边界线为例。用恒向线或者大地线的两条边界线相差 37 米。② 差异虽小，但是由于该海域富集油气资源，如此小的差异却对两国意义重大，从而可能导致两国产生争议甚至武装冲突。也就是说，泰国湾沿海各国一方面还需就解决海域边界问题谈判，另一方面勘界的问题可能成为各国未来需要解决的主要问题。

---

① 参见 Clive Howard Schofield, Maritime Boundary Delimitation in the Gulf of Thailand, Durham University, 1999, p. 395。

② 参见 Clive Howard Schofield, Maritime Boundary Delimitation in the Gulf of Thailand, Durham University, 1999, p. 395。

第七章　关于解决海域争端的思考

泰国湾沿海各国解决海域争端的方式比较灵活，对中国解决周边海域尤其是南海的争端具有借鉴意义。但值得注意的是，《联合国海洋法公约》关于领海宽度、毗连区、专属经济区和大陆架的诸多规定，本质上是对开阔海域资源和权益的分配，况且其中很多规则如划界规则还不完善。如果简单地将这些规则适用于类似泰国湾、中国周边海域这样的半闭海，既不合理也不公平，不仅不能增信释疑，反而会激化矛盾、恶化区域国家间的关系。因为上述海域不仅地理情况特殊，而且存在历史遗留问题。虽然现行海洋法规则不涉及领土主权问题，但是如果不加区分地适用，客观上就导致了大量领土主权争端和海域划界争端的产生。可以说，泰国湾和中国周边海域的岛礁主权争端和海域划界争端是简单适用《联合国海洋法公约》相关规定的产物。

就泰国湾和中国周边海域这样的"闭海或半闭海"而言，特别是除中国以外的其他国家，在解决海域争端的过程中普遍存在无视上述海域的特殊性和历史因素，直接适用《联合国海洋法公约》关于领海、毗连区、专属经济区和大陆架制度的问题，但又未充分重视《联合国海洋法公约》第九部分关于"闭海或半闭海"的制度。

结合上述对泰国湾海域划界问题的研究以及成功的波罗的海和地中海的区域海洋合作经验，笔者认为，解决泰国湾以及中国周边海域争端的过程中，应重视历史性因素，同时应重视《联合国海洋法公约》第九分部关于"闭海或半闭海"的制度。区域海洋合作机制不仅仅适用于闭海和半闭海，但类似泰国湾和中国周边海域这样的闭海或半闭海尤其需要通过区域海洋合作机制对基于相对独立的生态系统对海洋进行综合养护和管理，而非仅侧重于海域的划分和资源的分配。这样才可能妥善解决类似泰国湾和中国周边海域尤其是南海这类特殊海域的争端，达到治理海洋的目的，实现区域和平、有序、共赢、可持续发展。

第一节　泰国湾海域划界实践对中国的启示

从泰国湾海域划界实践可以看出，划界问题不仅仅与划界规则的解释和适用有关，还与国际格局、地缘政治有关。推动各国解决海域划界争端的动因，既有经济层面的因素如对各国对海洋资源的需求、开发的经济可行性，也有政治层面的影响如友好的双边关系、合作的政治意愿等。① 而且，它还与划界技术、划界方法密切相关。如不同的起算标准、不同的划法和不同类型的直线，都会得出不同的划界结果。此外，基点坐标的地理数据和比例尺以及海图的选择均会影响海域界线的位置。因此说，海域划界既是一个法律问题，也是一个经济问题，还是一个政治问题，更是一个技术问题。

中国与多个国家存在海域划界问题，既有海岸相邻国家的划界问题也有海岸相向国家的划界问题，既有双边海域划界争端也有多边海域划界争端，既有关于现行国际法解释和适用的问题也有关于历史性权利与专属经济区和大陆架权利冲突的问题，同时还交织着岛礁主权争端和历史殖民遗留问题。泰国湾与中国周边海域尤其是南海有相似性。通过上述分析，泰国湾的海域划界实践对中国解决与邻国的海域争端主要有以下启示：

一、政治方法更适用于特殊海域争端

对于复杂的特殊的海域划界争端，政治方法可能比法律方法的

---

① 参见何海榕：《争议海域油气资源共同开发五要素及对中国的启示》，载《武大国际法评论》2016 年第 2 期，第 321~336 页。

结果更公平。根据现行国际法，和平解决国际争端的方法有政治方法如谈判与磋商、斡旋与调停、和解与调查等和法律方法如仲裁和法院判决等。总地来讲，每种争端解决方法各有利弊。法律方法严格以法律规则为依据对海域划界争端作出裁断。而政治方法只是要求当事方根据国际法的规则善意地达成共识即可。政治方法可以考虑争端当事国提出的任何情况和要求，而有些情况或者要求在仲裁庭或者法院可能根本不会被考虑，例如经济情况、历史因素等。因此，在目前海洋划界规则还不完善的情况下，特殊争议海域的某些特殊情况通过政治方法可能会被考虑，而如果通过法律方法则可能会被忽略，导致海域划界争端无法得到公平解决。同样，对于中国与邻国的海域划界争端尤其是南海争端，通过谈判等政治方法解决才更可能得到公平的结果。

另外，从现行的海域划界规则来看，要求海域划界争端当事国"应在国际法院规约第三十八条所指国际法的基础上以协议划定，以便得到公平解决"。该划界规则虽然具有普遍适用性，但仅是指导性的原则，具有模糊性。它仍需国际海域划界实践不断发展来完善充实。鉴于此，特殊海域的划界无法从这些划界规则中得出具体的划界方案或者方法。而通过谈判等政治方法，才可能考虑争议海域的所有情况，从而公平地解决海域划界争端。

中国与邻国的海域划界比较复杂，中国海域情况又比较特殊。其中，南海的海域情况更为特殊。例如"南海断续线"是中国海域所特有的情况。这种特殊的海域划界争端只有通过谈判等政治方法才能获得更公平的解决。需要注意的是，政治方法不仅限于谈判，调解和斡旋也许更有利于解决异常复杂的海域划界争端。例如，泰国湾泰国与柬埔寨、柬埔寨与越南间的海域划界争端非常复杂，双方谈判 30 多年来未取得实质性的进展。中国与周边邻国海域划界问题与此类似。这种情况，建议借鉴冰岛-挪威的争端解决模式，成立一个由专家构成的调解委员会，授权该委员会为争端当事国提供划界方案。调解委员会综合考虑涉及海域争端的所有特殊情况，提出公平合理的划界方案。这样不仅不损害有关争端当事国的关系，而且对于发展中国家更为友好，① 有助于推动海域争端早日公平解决。与争端当事直接谈判相比，调解可能更容易协调各方的意志，消除周边国家对中国所谓大国身份的不信任和顾虑。

二、一揽子方法解决海域划界争端

所谓一揽子方法解决海域争端是指，不限于划界，海上共同开发、区域海洋合作等均可以作为解决海域争端的方法。泰国湾的海域划界争端错综复杂。该海域既有双边的海域划界争议，也有多边的海域划界争议；既有岛礁主权争端也有岛礁划界效力的争议；既有关于油气资源争议，也有渔业争端；既有殖民遗留问题，也有大国因素干扰；既迫于开发海洋资源的需求，也受限于国内外政治因素。泰国湾沿海国解决海域争端，务实而灵活的。能划界的海域则划界，不能划界的海域则海上共同开发。这有效地解决了错综复杂的海域争端，或者至少使海域划界争端的进程取得突破。例如，泰国和越南达成划界协议，马来西亚和越南则达成海上共同开发协议，而马来西亚和泰国、泰国和柬埔寨则综合利用两种手段部分海域划界部分海域共同开发。这种灵活务实的态度，一方面能照顾各方的主张，同时不因划界问题而延迟对海洋资源的开发和利用。我国与邻国解决海域划界争端时也应该采取这种策略，根据海域的远近、争端的复杂程度、经济利益（渔业资源、油气资源）、政治利益、战略利益以及开发海洋资源的技术、资金和经验等综合运用划界和共同开发，一揽子解决与邻国的海域划界争端。②

三、利用国内外智力准备海域争端解决方案

中国在解决与邻国海域争端前，建议借鉴柬埔寨的经验。柬埔

① 如前所述泰国湾的沿海国尤其是越南和柬埔寨缺乏海洋勘探和测量技术，无法确定海域边界的具体位置，也没有能力绘制本国高精度的海图，需要借助别国的海军地图。由中立专家构成的调解机制有利于弥补欠发达国家上述缺陷。

② 参见何海榕：《马泰与马越共同开发案的比较研究》，载《太平洋学报》2015 年在第 12 期，第 83~92 页。

寨在确定其外部海域界线之前，组建了专门的机构，并聘请中外法律、技术方面的划界专家为其海域划界提出各种方案，尤其要重视技术专家发挥的作用。由于划界的技术性比较强，除了要听取法律专家的意见，也要听取地理、勘测等技术专家的建议。这样才真正有可能使中国的海洋利益最大化。具体而言，需要明确以下这些问题：以哪些岛屿为基点，给予哪些岛屿划界效力，给予何种划界效力，按两国领海基线起算还是按两国一些固定的岛礁为起算点，用恒向线还是大地线连接界点，采取何种地理数据，采用何种比例尺，采用哪种比例尺的海图，采取何种划界方法，在不同海域采用何种划界方法等。研究各种划界方案，采纳一种最有利于中国的并且容易为邻国所接受的划界方案，同时确定中国谈判的底线和让步的尺度。在此基础上，确定是否颁布领海基点和领海基线，也可以参考马来西亚不公布领海基点和基线的做法，只公布海域外部界线。

四、明确并重视海域的特殊性

根据海域特殊情况制定特殊的划界方案。海域划界没有固定的模式和标准。任何争议海域均具有特殊性，需要结合国际法规则，结合海域争端的具体情况得出适宜的划界方案。从海域划界的规则发展来看，国际社会也倾向于注重过程和结果的公平性，而非确定某一种固定的划界规则或者方法。另外，海域划界只关乎争端当事国，其他国家的标准或者学者的观点没有法律约束力，不影响争端当事的意愿。海域划界只要不损害其他国家的合法权益和国际社会的整体利益，争端当事国合意即可。例如，泰国湾的海域划界实践虽然遭到一些无关国家和区域外国家以及学者的批评与指责，但是各国依然坚持各自的海域主张并且解决大部分海域的划界争端。建议中国集中精力做好预案，充分考虑海洋、政治、经济、外交等利益，权衡有关各方利益和诉求，抱着灵活务实的态度得出适合中国海域情况的并能被相关当事国接受的划界方案。

五、争端当事国需统一划界标准

虽然泰国湾沿海四国都主张适用"等距离-中间线原则"和"单一划界原则"解决与邻国的海域争端,但是泰国湾各国主张的同一海域的外部界线不同。究其原因主要是,各国为了海洋权益最大化,采取不同的划界方法和测量标准。例如,同一海域,有的国家以两国海岸线为准,而有的以两国海域沿岸的岛礁为准;有的不论岛礁的情况和大小一律赋予两国岛礁零效力,而有的只赋予本国岛礁划界效力而忽略他国岛礁的划界效力;有的采用恒向线连接界点,有的采用大地线,有的仅仅指出连接两个界点的是一条直线但至于是什么线未做说明。再如,不同的海域,同一岛礁,有时认为它具有完全划界效力,有时认为它不具有任何划界效力,如泰国的鼠岛。还如,虽然大部分国家都采用英国的海军地图,但是不同的划界实践中采用的版本和比例尺不同,数据也不同。因此,中国在与邻国进行海域划界谈判时,除了要明确各自的立场和主张,还要与有关争端当事国就下列问题达成共识:第一,明确划界的起算标准。例如,如果用"等距离-中间线"的方法划界,是以两国陆地海岸还是以两国的领海基线还是以两国沿岸岛礁为准或者其他标准。如果以领海基线为准以哪一年的领海基线为准?如果以两国沿岸的岛礁为准,以哪些沿岸的岛礁为起算点。第二,明确具体划界方法。争端当事国采用"等距离-中间线方法"(equidistance),或者"垂直平分线"(perpendicular line),或者"角平分线"(bisector linse),或者"飞地"(enclave)的方式,或者"航道深泓线"(navigable channel or thalweg),或者"海岸线成比例原则"(coastal length comparison),或者其他专门方法。需要结合海域具体情况,采用能公平解决海域争端的方法。[①] 第三,确定连接界点的直线的类型。到底是恒向线(rhumb line)、斜航线(loxodrome line)、大地线(geodesic line)或者径向线(radial line)?还需要选择合适的海图、

---

① 参见 Nuno Marques Antunes, Toward the Conceptualisation of Maritime Delimitation, Martinus Nijhoff Publisheres, 2003, pp. 152-177。

比例尺以及地理数据。最后，在此基础上由争端当事国的适格机构
或者其授权的个人共同明确界点的具体地理位置。这样才能保证界
线的具体位置明确无争议，一劳永逸地解决海域划界争端。避免未
来泰国湾已划界海域因界点具体位置不确定而产生争议。

六、建立专门处理边海问题的地方性机构

以柬埔寨和越南的实践为例，尽管两国的边海问题既有历史恩
怨，也受大国因素干扰，同时还成为两国国内政治斗争的工具，海
域边界争端冲突不断，但两国共同建立边界委员会，专门负责一切
边海问题与冲突。这一做法有效地管控了两国的边海问题，并积极
改善了两国关系，既增进了双方的合作与信任，也降低了相关问题
的敏感性。中国也应该借鉴两国经验，可以分区域(黄海、东海和
南海)分别设立地方性的边界委员会，所有海域边界问题和冲突都
由该机构在地方层面上解决。这样一方面可以快捷迅速解决边海争
端，降低边海问题的敏感性，避免浪费国家的外交资源，改变目前
主要由外交部牵头、各部门配合的分散的临时解决海域争端的应激
机制；另一方面还可以将所有的冲突和问题集中起来建立档案专门
研究，以便建立相关的预防机制，提高处理边海问题的能力。此
外，还有利于节省经费，改变各相关部门和研究机构各自为政、临
时应激地解决边海问题的现状。

七、为泰国湾海域争端的解决提供技术支持协助其解决海域划界争端

近年来，随着中国国力的提升，中国科技水平和国际影响力不
断提升。与泰国湾沿海各国相比，中国定位、信息和海洋勘测等技
术领先。而且中国与马来西亚、泰国、柬埔寨和越南的关系都比较
友好。因此，中国可以作为第三方为上述各国，尤其是泰国—柬埔
寨、柬埔寨—越南提供划界方案并从中斡旋，同时提供技术协助。
这样一方面有利于泰国湾海域争端的彻底解决；另外一方面，通过
对上述各国提供技术支持，积累划界和谈判经验，也有助于中国解
决与邻国的海域争端。如前所述，泰国湾有关国家受限于划界技术

和科技手段，大部分海域界线的具体位置还未明确。例如，泰国湾已经达成的划界协议中都指出用一条直线将不同的界点连接起来，但是未说明这条线是恒向线、斜航线还是大地线。再如，具体界点的位置都不确定，都规定在适当的时候由缔约国的适格机构或者其授权的个人通过双方共同同意的方法确定上述界点的位置。还如，由于哥乐河口时常发生变化，马来西亚和泰国领海界线起点的位置尚不确定。又如，泰国和越南划界协议中提到与柬埔寨的O点位置是否确定有效，是否为柬埔寨所接受还有待三方通过谈判解决。近年来，中国与上述国家合作深入，可以在上述具体问题上主动提供技术协助。

八、避免大国和政治因素干扰边海问题

由于战略位置重要，很长一段时期中南半岛的大国因素始终存在。"二战"后英国才撤离东马来西亚半岛。冷战结束后，大国纷纷撤出中南半岛。直到东盟成立后，泰国湾内所有国家才真正独立，其关系才逐渐改善。

但是，柬埔寨、泰国、越南存在一种倾向，即将边海问题政治化。领土和海域划界问题成为其国内政客赢得选民支持和政治斗争的工具。有的国家故意煽动国内民众反对争端当事国的情绪。这不利于海域划界争端的解决。这也是泰国与柬埔寨、柬埔寨与越南海域争端未能解决的主要原因之一。

未来，我国应与有关国家达成共识，尽量避免利用边界和领土问题作为政治筹码，中国应引导有关争端当事国客观、理性、友好地合作解决划界问题，发挥大国的积极作用。这也有利于中国在解决与邻国的海域争端中掌控话语权。

九、有序解决海域争端

中国周边海域争端复杂性不同，宜先解决相对简单的争议海域问题。同样，泰国湾海域争端复杂程度不同。其中，马来西亚与泰国、马来西亚与越南的海域划界争端最为简单，而泰国与柬埔寨、

柬埔寨与越南的争端最为复杂。泰国湾的实践证明，前者容易得到解决，前者的解决有利于推动后者的解决。因此，中国也应着手先解决简单的海域划界争议，然后再集中精力解决复杂的海域争端，有主有次分步骤地解决中国与邻国的海域争端。可先解决东海、黄海的海域争端最后解决南海争端。

第二节　闭海和半闭海合作的必要性

根据《联合国海洋法公约》第 122 条关于"闭海或半闭海"的定义，泰国湾和中国周边海域均属于半闭海。笔者认为，对油气资源的海上共同开发或者划界均不能实现对半闭海资源的高效利用和有效管理，既不能有效地养护生物多样性，也无法保障海洋生态环境的安全与健康，更不能实现区域的可持续发展。鉴于海洋及其资源具有流动性，半闭海的生态又相对独立，泰国湾和中国周边海域宜建立区域合作机制以维护区域共同海洋利益。

一、闭海或半闭海的特殊性

闭海或半闭海生态系统相对独立①，海域相对封闭，地理范围有限。因此，泰国湾和中国周边海域存在的海洋问题有较强的区域性，主要表现为海洋生态系统脆弱、海洋环境污染严重、岛礁主权纠纷突出。

(一)闭海或半闭海的海洋生态系统脆弱

以捕捞业为例，捕捞业是泰国湾沿海各国国民经济的重要支柱，但由于泰国湾海域面积狭小，沿海四国均存在专属经济区和大陆架主张重叠。这不仅导致争议海域内的渔业资源养护困难，而且造成沿海各国为了争夺该海域渔业资源，导致泰国湾内普遍存在过

---

①　参见朱建庚：《海洋环境保护的国际法》，中国政法大学出版社 2013 年版，第 146 页。

度捕捞的现象。近年来，泰国湾渔业资源严重衰退。以南海为例，虽然南海渔业资源丰富，但是只有包括中国在内的少数国家采取了休渔措施。某些国家无节制地捕捞，不仅渔业资源，所有生物资源均出现不同程度的衰减，生物多样性大大降低，部分鱼类种群已经永久灭绝，这对南海周边国家以捕捞为生的居民生存造成严重威胁。

(二)闭海或半闭海的海洋环境污染严重

据统计，在距离海岸 200 公里的沿海区域内，大约集中了世界一半以上的人口，世界 70% 以上的大型城市(常住居民超过 800 万人的城市)均位于沿海地区；距离海岸 100 公里的沿海区域占到当今全球经济产出的 61%，该区域仅占地球陆地面积的 7.6%。[1] 泰国湾的人口也呈向沿海地区聚集的趋势。这使得泰国湾沿海地区人口密度增大、商业和工业活动增多，海洋承载压力剧增。这导致陆源污染严重，过度捕捞、生物多样性和海洋污染等海洋问题也雪上加霜。而且，泰国湾海域相对封闭并自成一体的特性也使得闭海或半闭海的海洋环境自成一体。海洋的流动性和闭海或半闭海的封闭性，导致泰国湾和中国周边海域环境污染问题比开阔的海域更加严重。

此外，泰国湾还是重要的国际航道，繁忙的国际航运活动大大增加了泰国湾发生船舶泄漏、沉没或海洋石油作业事故的风险。这增加了泰国湾发生大规模海洋环境污染事件的可能性。[2] 加上闭海或半闭海封闭性的特点，其海水循环较慢，海水的自我更新和自净

---

[1]　参见联合国环境规划署：《保护海洋环境免受陆上活动污染全球行动纲领》执行情况政府间审查会议第二届部长级/高级会议背景文件，中华人民共和国生态环境部：https：//www.mee.gov.cn/home/ztbd/rdzl/hyhj/sch/rc/200609/t20060927_93268.shtml，2022 年 5 月 3 日访问。

[2]　参见徐祥民：《海洋法律、社会与管理(2009 年卷)》，海洋出版社2010 年版，第 39 页。

能力较弱。一旦发生海洋污染事件，比对开阔海域造成的后果更严重。① 可能会给海洋环境造成更加严重的污染后果。而半闭海或半闭海海洋生物资源和环境一旦遭到破坏，相对开阔海域更难恢复或逆转。

(三)闭海或半闭海的岛礁主权纠纷

泰国湾沿岸国家分布较为集中。如前所述，泰国湾国家间的领海、专属经济区和大陆架存在复杂的重叠现象。而且，泰国湾大部分海域争端都存在岛礁主权争议。岛礁主权争端和海域划界交织在一起，泰国湾沿海四国海域争端异常复杂。

二、闭海或半闭海国家的义务

《联合国海洋法公约》第 122 条对"闭海或半闭海"做了界定。符合以下条件的海域构成"闭海或半闭海"：首先，海域具有国际性，即闭海或半闭海海域不属于一个国家，同时属于两个或两个以上的国家；第二，海域的深度和广度有限，闭海或半闭海海域是海不是洋，多为国家管辖海域如海湾或者海盆；第三，海域具有相对封闭性，只有一个狭窄的出口与开阔的海或者洋相连。

《联合国海洋法公约》第 123 条规定了闭海或半闭海沿岸国合作的义务。对于该条款规定的合作义务是建议性的还是强制性的，目前尚存在争议。但闭海或半闭海的沿海国至少在生物资源养护、海洋环境保护和科学研究方面有合作的义务。因为《联合国海洋法公约》关于生物资源养护如"出现在两个或两个以上沿海国专属经济区的种群或出现在专属经济区内而又出现在专属经济区外的邻接区域内的种群""高度洄游鱼种""海洋哺乳动物""溯河产卵种群"和"降河产卵鱼种"②、海洋环境保护和科学研究的合作义务同样

---

① 参见 Budislav Vukas, The Mediterranean Sea: An Enclosed or Semi-Enclosed Sea?, in Budislav Vukas, The Law of the Sea: Selected Writings, Leiden: Martinus Nijhoff Publishers, 2004, p. 283。

② 参见《联合国海洋法公约》第 61 条第 2 款，第 63 条到第 67 条。

适用于"闭海或半闭海"。

即使《联合国海洋法公约》第 123 条合作的义务仅是建议性的，闭海或半闭海国家也有为实现合作进行沟通协调的义务。根据条约相对性的原理，条约只对缔约国具有约束力。虽然泰国湾沿海四国不全是《联合国海洋法公约》的缔约，但鉴于闭海和半闭海生态系统的相对独立性和封闭性，闭海或半闭海的沿海国关联性更强，海域健康状况对沿海国的影响更大。因此基于善意原则和国家利益与区域共同利益的考虑，这些非《联合国海洋法公约》的缔约国可以主动、自愿地参与闭海或半闭海海洋治理的区域合作。

三、建立区域海洋合作机制的可行性

在 2010 年召开的联合国生物资源多样性峰会上，联合国环境规划署提交的研究报告即称，海洋环境污染、过度捕捞以及气候变化等问题给海洋造成了愈发严重的生态威胁，若不及时采取补救措施，全球海洋生态系统可能在未来几十年内面临崩溃的危险。[①] 而由于各国经济发展水平不同，履约能力不同，不可能建立全球统一的治理标准或规则。区域办法是目前最可行的解决海域问题的方式。

闭海或半闭海具有建立区域海洋合作机制的可行性。首先，闭海或半闭海的沿海国地缘邻近，心理认同感强。这是建立区域海洋合作机制的物质和心理基础。泰国湾和中国周边海域的沿海国在历史、文化、人种等方面具有相似性。由于地理邻近，相互之间政治、经济、社会等联系和影响也比较紧密。这些因素均有助于形成区域共识，建立区域海洋合作机制。其次，区域共同的海洋利益客观存在。这是促成各国合作的核心动力。由于闭海或半闭海的沿海国面临共同的海洋问题，各国有解决这些问题的共同诉求，区域海洋合作机制是各方解决共同的海洋问题的有效路径。避免"公地悲剧"，进行区域合作是闭海或半闭海国家最大化维护自身海洋利益

---

① 参见黄任望：《全球海洋治理问题初探》，载《海洋开发与管理》2014年第 3 期，第 53 页。

的理性选择。最后，区域合作比适用全球标准更加有针对性和可行性。国家社会成员众多，达成一致的治理海洋标准任重道远。区域国家相对数量少，区域海洋问题相对明确。区域海洋问题的紧迫性和跨界性，也驱使沿海各国合作制定区域规则和标准，进行区域合作更为可行。此外，由于生态系统相对独立，区域合作更有利于各国采取具有针对性的措施解决区域海洋问题。

第三节 关于区域海洋合作机制的构想

泰国湾的划界还是海上共同开发主要的目的是利用和分配海洋资源，着眼点不在于海洋资源的养护和海洋环境的保护。随着人类对海洋认知的提升以及环保和可持续发展意识的兴起，要想实现泰国湾和中国周边海域的长治久安和可持续发展，也有必要建立区域海洋合作机制。

中国周边海域的海洋生物资源也不断衰退，海洋环境不断恶化，随着各国海洋经济的发展，海洋污染问题会愈加严重。无论中国周边海域争端未来如何解决，均有必要尽快在上述领域建立合作机制。

一、建立法律合作机制

以南海为例，现有的南海合作机制或者涉及南海海域的合作机制主要有：1981年印度尼西亚、马来西亚、菲律宾、新加坡和泰国通过的《东亚海区域海洋环境和沿海区域保护及发展行动计划》。该项目即"东亚海项目"，是联合国环境规划署第18个区域海项目。但它与其他联合国环境规划署的区域海项目不同。它只有行动计划，没有区域环境公约或议定书。由于缺乏区域性条约，东亚海协调机构的财政缺乏保障，参与国的意愿也不强。因此，其效果也有限。涉及南海海域的区域渔业组织主要是亚洲-太平洋渔业委员会（以下简称"亚太渔委会"）和中西太平洋渔业委员会（以下简称"中西太平洋渔委会"）。亚太渔委会仅具有研究和咨询，因此其促进区域渔业养护和管理方面作用非常有限。① 中西太平洋渔业委员会旨在对中西太平洋海域高度洄游鱼类种群进行养护和管理，不涉及其他鱼类种群，其不能达到养护所有海洋生物资源的目的。此外，目前有效的渔业协定只有《中越北部湾渔业协定》。可见，南海现有的生物资源养护机制覆盖有限，极不完善。在海洋科技方面，中国与东盟国家签署一系列政府间的海洋合作协议和备忘录，建立了海洋部门高层领导的互访和对话机制。在海洋经济方面，关于南海的有《中国—东盟港口城市合作网络论坛宣言》。这属于政治承诺，对各方不具有法律约束力。在非传统安全方面，有东盟制定了《关于南中国海问题的东盟宣言》，中国与东盟十国共同签署的《南海各方行为宣言》。虽然上述宣言均涉及海域争端解决和海洋生态环保、科学研究、航行安全、搜救和打击跨国海上犯罪等非传统安全领域的合作，但也仅限于政治合作。在海洋科学研究方面，涉及南海是联合国教科文组织政府间海洋学委员会下属的西太平洋分委员会（WESTPAC）。它旨在增进南海沿岸国家海洋数据收集和信息交换，促进沿岸国家关于区域内海洋科学研究的合作与协调。此外，2013 年中国在联合国教科文组织政府间海洋学委员会的批准下建立了南海海啸咨询中心，研究南海海洋灾难的防治。

综上所述，目前南海合作机制，无论是在联合国有关机构协调之下的还是南海沿岸国家之间的合作，多为是政治合作或者双边合作，随意性较强，呈无序、碎片化的状态，不存在普遍适用于南海的综合的法律合作机制。建立在区域条约基础上南海海洋合作机制，明确各方的权利和义务，能够有效的防止或制裁违约行为。因此说，建立法律合作机制才能保证南海得到有效治理，真正实现南海的和平与可持续发展。

二、渐进式的合作路径

目前比较成功的区域海洋合作主要有波罗的海和地中海。由于

---

① 参见 Nien-Tsu Alfred Hu, Semi-Enclosed Troubled Waters: A New Thinking on the Application of the 1982 UNCLOS Article 123 to the South China Sea, Ocean Development and International Law, Vol. 41, No. 3, 2010, p. 302。

泰国湾或者中国周边海域的沿海国政治制度不同、经济社会发展不平衡、互信不足，而且由于资金和技术的限制，如果按照波罗的海模式建立基于生态系统的区域海洋综合管理机制不现实，渐进的合作路径对于泰国湾和中国周边海域可能更可行。首先，在海洋环境保护、海洋生物资源养护、海洋污染防治或海洋科学研究等领域进行功能性合作，建立相应的区域海洋合作机制。在条件成熟时，建立区域综合海洋治理机制，基于生态系统对泰国湾和中国周边海域进行综合治理。笔者建议，先建立关于南海科学研究的区域合作机制。首先，未来海洋的开发和治理离不开海洋科技的保障和支持作用。而且，早在1970年"海洋污染及其对生物资源及捕鱼影响技术大会"上，联合国粮农组织就指出以下因素是阻碍区域海洋合作的因素：第一，沿海各国海洋科技能力差距；第二，沿海国缺乏对其海域的科学认识；第三，有限的保护海洋生物资源的手段。① 可见，通过海洋科学研究的合作，让南海沿海各国对南海整体生态、健康状况以及面临的问题形成科学的认识，有助于提高南海各国合作的意愿与积极性，普及养护海洋生物资源和环境的科学技术手段。根据地中海和波罗的海成功的区域海洋合作经验来看，海洋科研机构对于推动上述海域的合作确实起到关键的作用。另外，海洋科学研究合作政治敏感度低，也较容易实现合作。

三、"框架条约+议定书"的模式

无论是地中海还是波罗的海的区域海洋合作均建立在区域条约的基础上。如前所述，现有的南海合作机制要么是双边的，要么是政治层面的。这些对于南海各国不具有法律约束力，也不能解决南海普遍存在的生物资源衰竭和环境污染的普遍性问题。而且这种分散的、碎片化的合作也容易受海域争端的影响，无法对海域进行持续有效的管理。政治承诺、政治合作不产生法律义务和法律责任，

① 参见 Aldo Chircop, The Mediterranean: Lessons Learned, in Mark J. Valencia eds., Maritime Regime Building: Lessons Learned and Their Relevance for Northeast Asia, Martinus Nijhoff Publishers, 2001, pp. 30-31。

对当事各方的行为不具有法律约束力，主要依靠领导人的意愿维持，无法有效约束和制裁违反约定的行为。

地中海沿海国的经济发展水平参差不齐，政治制度、宗教信仰等均存在差异，也存在岛礁争议和海域划界争端。但是其成功的区域海洋合作实践表明，建立在区域性条约基础之上的区域海洋合作才能保障区域海洋有序开发，有效地防治海洋污染、养护海洋资源和保护海洋环境。因此，泰国湾和中国周边海域宜借鉴地中海"框架条约+议定书"模式的海洋合作机制。区域内的所有沿海国均加入框架式条约。通过框架式条约确立沿海各国的权利和义务，对区域海洋治理的基本规则达成共识，如条约的适用范围、缔约方基本的权利和义务、争端解决方式等。同时建立区域海洋合作组织。区域海洋合作组织一方面监督各国履约情况，为其提供技术和资金支持；另一方面分享信息，总结有益的经验，根据执行情况不断完善议定书的内容。通过不同的议定书解决具体的海洋问题，设定各国的权利和义务。各国根据自己的履约能力，决定是否加入议定书、何时加入议定书。

本 章 小 结

泰国湾海域划界实践对中国解决与邻国海域划界争端的启示主要有：第一，包括谈判、调解和斡旋在内的政治方法能更公平地解决复杂的特殊的海域争端。第二，灵活务实地采取划界和共同开发一揽子方法能更顺利地解决海域争端。第三，借鉴柬埔寨的做法，组建中外专家委员会研究并提出划界预案，尤其要重视技术专家发挥的作用，明确中国的底线和让步的尺度。第四，建议中国集中精力做好预案，充分考虑利益，权衡有关各方利益和诉求，抱着灵活务实的态度得出适合中国海域情况的并能被相关当事国接受的划界方案。第五，各争端当事国需要统一划界标准，以便有效推进争端解决进程。第六，建立专门处理边海问题的地方性机构，保证高效、专业、快捷地解决日常争议海域问题。第七，利用中国的技术优势为泰国湾沿海各国提供帮助，协助其解决海域划界争端，同时有利于中国积累划界和谈判经验。第八，避免大国过多地干扰海域划界争端和岛屿主权问题，避免将上述问题政治化。第九，分步骤解决与邻国的海域划界争端，先从简单的海域划界争端着手。

　　类似泰国湾和中国周边海域这样的"闭海或半闭海"，宜重视《联合国海洋法公约》第九部分的"闭海和半闭海"制度的规定，建立区域海洋合作机制才能真正对海域进行有效管理和养护，实现区域可持续发展。

结论：合作才是海洋治理的最终皈依

泰国湾属于热带半闭海，海域资源丰富，是通往太平洋和印度洋的唯一海上通道，该海域内分布着众多大大小小的岛礁。它对其沿海四国具有重要的政治、经济、安全和战略意义。

由于历史、殖民、意识形态等原因，泰国湾沿海四国相互间缺乏信任，且各国间经济发展水平存在巨大差距。

20 世纪 70 年代，泰国湾沿海国或者依据习惯国际法或者根据《联合国海洋法公约》纷纷扩大海域管辖权。但泰国湾地理范围有限，沿海各国不能充分主张专属经济区和大陆架。自此，泰国湾产生大量岛礁争议和海域划界争端。

冷战结束后，泰国湾沿海四国的关系大大改善，加之其解决海域争端方式灵活，目前泰国湾争议海域面积大幅减少。除了柬埔寨，泰国湾沿海各国或达成海域划界协议或者达成海上共同开发协议。一方面泰国湾沿海各国灵活解决海域争端的方式具有借鉴意义，另一方面泰国湾一些国家将边海问题政治化的做法应该引以为戒。

虽然目前泰国湾的争议海域面积大大减少，但是无论是海域划界还是海上共同开发均侧重于海洋资源的分配，未能解决泰国湾存在的共同海洋问题，如生物资源养护和海洋环境保护问题等。近年来，泰国湾海域资源尤其渔业资源逐年衰减，渔业纠纷不断，海洋环境问题日益严重，海洋承载压力处于边界甚至崩溃状态。这严重影响了沿海居民生活品质和各国海洋经济的发展，也危及泰国湾整体的生态安全与健康。

泰国湾的实践证明，仅为了分配海洋资源的海域划界或者海上共同开发，既不能解决全部海洋问题，也不利于海洋的健康可持续发展。基于海洋及其资源的流动性、海洋问题的国际性，闭海或半闭海的地理特殊性、生态相对独立性、海洋利益的整体性，应该对海洋治理进行重新审视。笔者认为，在类似泰国湾和中国周边海域的"闭海或半闭海"宜充分重视《联合国海洋法公约》第九部分关于"闭海或半闭海"的制度，建立有效的区域海洋合作机制。这样才能基于客观存在的海洋生态系统，对海域的管理和利用进行科学合理的整体规划，实现区域人海和谐、共同发展。地中海和波罗的海的实践也证明，只有通过区域海洋合作，才能够对闭海或半闭海进行有效治理，在合理分配利用海洋资源、有序开发海洋的同时，兼顾对海洋资源的养护、海洋环境的保护。

综上，海域划界不应是有关国家解决海域问题的最终目的，合作才是有效治理海洋、解决海域问题的最终皈依。

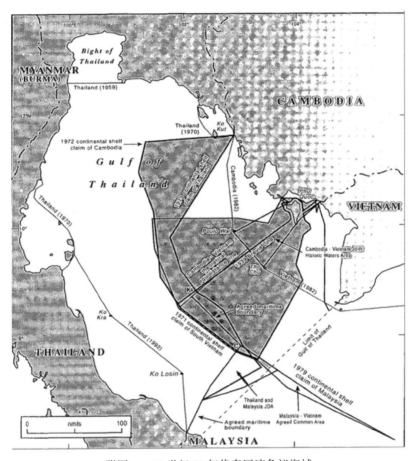

附图一　20世纪70年代泰国湾争议海域

Source：Clive Howard Schofield, Maritime Boundary Delimitation in the Gulf of Thailand, Durham University, 1999, p. 251. Available at Durham E-Theses Online：http：//etheses. dur. ac. uk/4351/.

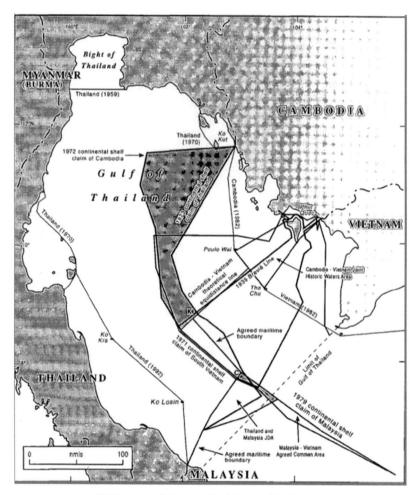

附图二　20世纪90年代后泰国争议海域面积

Source：Clive Howard Schofield, Maritime Boundary Delimitation in the Gulf of Thailand, Durham University, 1999, p. 254. Available at Durham E-Theses Online：http：//etheses. dur. ac. uk/4351/.

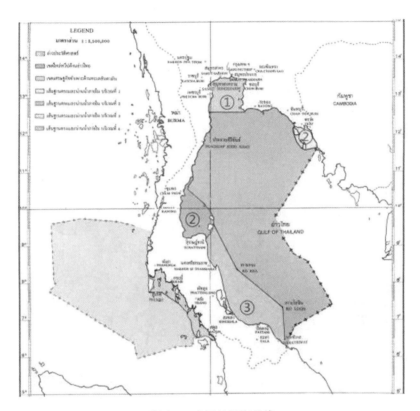

附图三　泰国的领海基线

Source：Captain Somjade Kongrawd，"Thailand and Cambodia Maritime Disputes"，p. 6，http：//www.globalsecurity.org/military/library/report/2009/thailand-cambodia.pdf

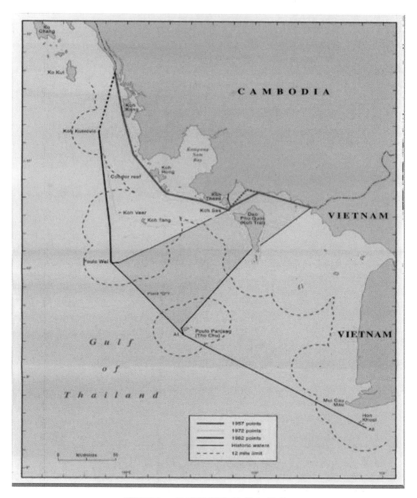

附图四　柬埔寨领海基线与基点

Source：Clive Howard Schofield, Maritime Boundary Delimitation in the Gulf of Thailand, Durham：Durham University, 1999, p. 144. Available at Durham E-Theses Online：http：//etheses. dur. ac. uk/4351/

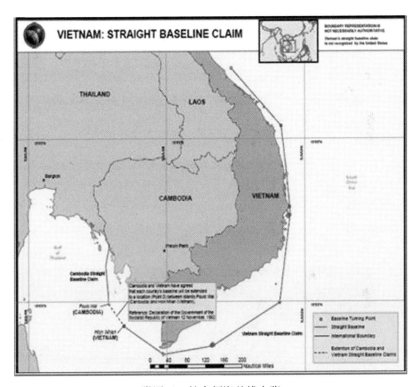

附图五　越南领海基线主张

Source：http：//www. jag. navy. mil/organization/documents/mcrm/VietnamChart. pdf

243

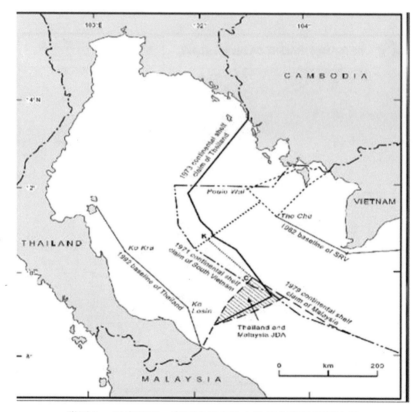

附图六　马来西亚、泰国和越南的大陆架主张及海域边界

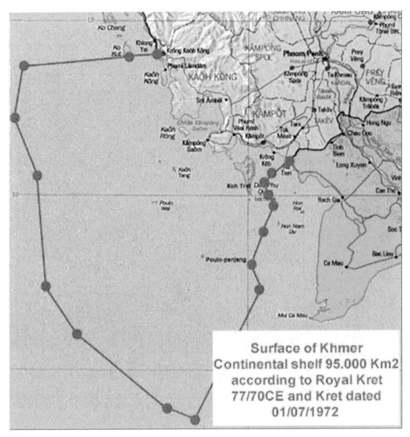

Surface of Khmer
Continental shelf 95.000 Km2
according to Royal Kret
77/70CE and Kret dated
01/07/1972

附图七　柬埔寨的大陆架主张及管辖海域边界

Source：http：//www.cfcambodge.org/Anglais/images/Carte5Plateau.gif

附图八　泰国在泰国湾主张的大陆架界线

Source：http：//www. un. org/depts/los/nippon/unnff _ programme _ home/alumni/tokyoalumni_presents_files/alum_tokyo_dong. pdf.

附表一　　　　　**泰国湾各国主张海域及争议解决状况**

争端当事国	海域边界争端	解决状况
越南和柬埔寨	历史性水域(相当于内水)	共同区域
	领海	未解决
	毗连区	未解决
	专属经济区和大陆架	未解决
柬埔寨和泰国	领海	未解决
	专属经济区/大陆架	未解决
泰国和马来西亚	领海	划界
	大陆架/专属经济区	部分划界，部分共同开发
泰国和越南	大陆架/专属经济区	划界
马来西亚和越南	大陆架/专属经济区	共同开发

附表二　　　　　**泰国湾沿海各国主张的海域**

海域(海里) \ 国家	领海	毗连区	专属渔区	专属经济区	大陆架	历史性水域
马来西亚	1927 3 1979 12	×	×	1984 200	1966 200米水深和可开采标准	×
泰国	1938 3 1966 12	1995 12	×	1981 200	1973 200米水深和可开采标准	1959 布莱特湾
柬埔寨	1957 5 1966 12	1957 7 1978 12	1936 20 1974 50	1978 200	1957 50米等深线 1970 确定外部界线 1972 修订外拓	1982 历史性水域
越南	1964 12 (北越) 1965 3 (南越) 50 (南越) 1976 12 (北越)	1977 12	1936 20 1972 50	1977 200	1967 200米水深和可开采标准 1977 确定外部界线	1982 历史性水域

参 考 文 献

一、专著

[1] 李浩培. 条约法概论 [M]. 北京：法律出版社，1988.

[2] 邱宏达. 现代海洋法 [M]. 台北：三民书局，1995.

[3] 姜皇池. 国际海洋法 [M]. 台北：学林文化事业有限公司，2004.

[4] 高建军. 国际海洋划界论 [M]. 北京：北京大学出版社，2005.

[5] 杨泽伟. 国际法析论（第三版）[M]. 北京：中国人民大学出版社，2012.

[6] 杨泽伟. 国际法（第四版）[M]. 北京：高等教育出版社，2022.

[7] 何海榕. 泰国湾海上共同开发法律问题研究 [M]. 武汉：武汉大学出版社，2020.

[8] K. Kittichaisaree. The Law of the Sea and Maritime Boundary Delimitation in Southeast Asia [M]. London：Oxford University Press，1987.

[9] Maritime Limits and Baselines：A Guide to their Delineation (3rd ed) [M]. Dagenham, Essex：the Society，1987.

[10] Oscar Schachter. International Law in Theory and Practices [M]. Leiden：Martinus Nijhoff Publication，1991.

[11] Rene Jean Dupuy. The Sea under National Competence [M]. Cambridge University Publisher，1991.

[12] Reisman W. Michael and Westerman Gayle. Straight Baselines in

International Maritime Boundary Delimitation ［M］. New York：St. Martin's Press，1992.

［13］G. Francalanci and T. Scovazzi. Lines in the Sea ［M］Leiden：Martinus Nijhoff，1994.

［14］J. Ashley Roach and Robert W. Smith. United States Responses to Excessive Maritime Claims ［M］. Leiden：Martinus Nijhoff Publishers，1996.

［15］Haller Trost. The Contested Maritime and Territorial Boundaries of Malaysia：An International Law Perspective ［M］. Leiden：Kluwer Law International，1998.

［16］R. R. Churchill，& A. V. Lowe. The Law of the Sea（3rd ed.）［M］. Manchester：Manchester University Press，1999.

［17］Ian Brownli. Principles of Public International Law（6th ed.）［M］. London：Oxford University Press，2003.

［18］Nuno Marques Antunes, Toward the Conceptualisation of Maritime Delimitation ［M］. Leiden：Martinus Nijhoff Publisheres，2003.

［19］Donald R. Rothwell. The Oxford Handbook of the Law of the Sea ［M］. London：Oxford University Press，2015.

二、论文集

［1］杨泽伟. 海上共同开发国际法问题研究 ［C］. 北京：社会科学文献出版社，2016.

［2］D. W. P. Elliott（ed.）. The Third Indochina Civil War ［C］. Boulder：Westview Press，1981.

［3］Blake et al（eds）. The Peaceful Management of Transboundary Resources ［C］. London ：Graham and Trotman，1995.

［4］Gerald Blake. Boundaries and energy：Problems and Prospects ［C］. Springer，1998.

［5］A. T. H. Tan and J. D. K Boutin（ed）. Non-Traditional Security Issues in Southeast Asia，Institute of Defence and Strategic Studies，2001.

［6］ J. R. V. Prescott and C. H. Schofield. The Maritime Political Boundaries of the World (2nd ed.) ［C］. Leiden：Martinis Nijhoff, 2005.

［7］ David Anderson. Mordern Law of the Sea-Selected Essays ［C］. Leiden：Martinus Nijhoff Publishers, 2008.

［8］ David Anderson. Mordern Law of the Sea-Selected Essays ［C］. Leiden：Martinus Nijhoff Publishers, 2008.

三、期刊文章

［1］谢志鹏．两次石油危机对泰国经济的影响［J］．南洋问题, 1984, (3).

［2］王勇．柬埔寨石油工业投资政策［J］．国际石油经, 1996, (1).

［3］文凤英．越南海洋油气的勘探和开发［J］．海洋信息, 1998, (4).

［4］郑翠英．试论冷战后越南外交战略和外交政策的调整［J］．东南亚研究, 2001, (3).

［5］李金明．南沙海域的石油开发及争端的处理前景［J］．厦门大学学报, 2002, (4).

［6］陈继章．越南经济的支柱产业——石油天然气业［J］．东南亚纵横, 2004, (9).

［7］邢和平．柬埔寨海上石油引发国际投资热潮［J］．东南亚纵横, 2007, (11).

［8］毕世鸿．泰国与越南在湄公河地区的合作与竞争［J］．东南亚研究, 2008, (1).

［9］刘中民．冷战后东南亚国家南海政策的发展动向与中国的对策思考［J］．南洋问题研究, 2008, (2).

［10］杨勉．柬埔寨与泰国领土争端的历史和现实——以柏威夏寺争端为焦点［J］．东南亚研究, 2009, (4).

［11］游明谦．迅速发展中的越南油气业［J］．东南亚纵横, 2009, (2).

［12］陈建荣. 2009 年泰国政治、经济和外交形势［J］. 东南亚研究, 2010,（2）.

［13］王越. 发展中的越南石油工业［J］. 中国矿业, 2010,（4）.

［14］杨泽伟.“搁置争议、共同开发”原则的困境与出路［J］. 江苏大学学报（社科版）, 2011,（3）.

［15］杨泽伟. 论海上共同开发“区块”的选择问题［J］. 时代法学, 2014,（3）.

［16］杨泽伟. 论海上共同开发的发展趋势［J］. 东方法学, 2014,（3）.

［17］方天建. 冷战以来柬埔寨地缘政治变动研究［J］. 世界地理研究, 2014,（4）.

［18］方天建, 何跃. 冷战以来柬埔寨地缘政治变动研究［J］. 世界地理研究, 2014,（4）.

［19］玛利亚·拉尔森. 柬埔寨与泰国关系：当前的挑战和未来的前景［J］. 南洋资料译丛, 2015,（1）.

［20］何海榕. 论争议海域的“先存权”［J］. 山东警察学院学报, 2015,（12）.

［21］何海榕. 马泰与马越共同开发案的比较研究［J］. 太平洋学报, 2015,（12）.

［22］何海榕. 争议海域油气资源共同开发五要素及对中国的启示［J］, 武大国际法评, 2016,（2）.

［23］董箭等. 基线段长度限定的领海基点优化选取算法［J］. 武汉大学学报（信息科学版）, 2022,（1）.

［24］何海榕. 南海共同开发需要解决的基本法律问题［J］. 海南大学学报（人文社会科学版）, 2022,（2）.

［25］Mcdonald& Victor Prescott. Baselines along Unstable Coast：An Interpretation of Article 7（2）Ocean Yearbook, 1989,（8）.

［26］Daniel J. Dzurek. Southeast Asian Offshore Oil Disputes［J］. Ocean Year Book, 1994,（11）.

［27］Nguyen Hong Thao. Vietnam's First Maritime Boundary Agreement［J］. International Boundary and Security Bulletin, Autumn,

1997.

[28] M. Sornarajah. Southeast Asia and International Law [J]. Singapore Journal of International & Comparative Law, 1997, (1).

[29] Dharshini Amaratunga. Maritime Boundary Delimitation: Buliding and Preparing a Negotiating Team [J]. Commonwealth Law Bulletin, 1998, (24).

[30] Nguyen Hong Thao. Joint Development in the Gulf of Thailand [J]. International Boundary and Security Bulletin, Autumn, 1999.

[31] Nguyen Hong Thao. Vietnam and Joint Development in the Gulf of Thailand [J]. Asian Yearbook of International Law, 1999.

[32] Miyoshi Masahiro. The Joint Development of Offshore Oil and Gas in Relation to Maritime Boundary Delimitation [J]. International Boundaries Research Unit, 1999, (2).

[33] David M. Ong. The 1979 and 1990 Malaysia-Thailand Joint Development Agreements: A Model for International Legal Cooperation in Common Offshore Petroleum Deposits? [J], The International Journal of Marine and Coastal Law, 1999, (2).

[34] J. Ashley Roach, Robert W. Smith, Straight Baselines: The Need for a Universally Applied Norm Ocean [J]. Development & International Law, 2000, (11).

[35] T. L. McDormnan. Maritime Boundary Delimitation in the Gulf of Thailand [J]. The Chuo Law Review, 2003, (3) .

[36] Ir. Razmahwata bin Mohamad Razalli. The Malaysia Oil and Gas Industry: An Overview [J]. Jurutera, 2005, (2).

[37] Clive Schofield, Unlocking the Seabed Resources of the Gulf of Thailand [J]. Contemporary Southeast Asia, 2007, (2).

[38] Clive Schofield. Maritime Claims, Conflicts and Cooperation in the Gulf of Thailand [J]. Ocean Year Book, 2008, (7).

[39] Natalie Klein, Provisional Measures and Provisional Arrangements

in Maritime Boundary Disputes [J]. International Journal of Marine and Coastal Law, 2006, (5).

[40] Rebecca Hollander Blumoff. Just Negotiation [J]. Washington University Law Review, 2010, (3).

[41] Catarina Grilo. The Impact of Maritime Boundaries on Cooperation in the Creation of Transboundary Marine Protected Areas: Insights fromThree Cases [J]. Ocean Year Book, 2010, (7).

[42] Kyriaki Noussia. On International Arbitrations for the Settlement of Boundary Maritime Delimitation Disputes and Disputes from Joint Development Agreements for the Exploitation of Offshore Natural Resources [J]. The International Journal of Marine and Coastal Law, 2010, (2).

[43] J. Nna Emeka Wokoro, Beyond petroleum production to community development: international oil companies as Proxy governments [J]. Texas Journal of Oil, Gas and Energy Law, 2010, (5).

[44] Chukwuemeka Mike Okorie, Have the modern approaches to unit development of straddling petroleum resources extinguished the applicability of the primordial law of capture? Currents [J]. International Trade Law Journal, 2010, (6).

[45] Marika Vilisaar, Sino-Japanese Maritime JurisdictionalDisputes in the East China Sea [J]. Acta Societatis Martensis, 2010, (4).

[46] Lilian del Castillo Laborde, Equitable Utilization of Shared Resources [J]. Max Planck Encyclopedia of Public International Law, 2010, (8).

[47] Wafula Okumu. Resources and border disputes in Eastern Africa [J]. Journal of Eastern African Studies, 2010, (2).

[48] Kyriaki Noussia, On InternationalArbitrations for the Settlement of Boundary Maritime Delimitation Disputes andDisputes from Joint Development Agreements forthe Exploitation of Offshore Natural Resources [J]. The International Journal of Marine and Coastal

Law, 2010, (9).

[49] Yusuf Mohammad Yusuf, The Role of the 1982 UNCLOS in the Resolution of Maritime Boundary Disputes [J]. International Energy Law Review, 2011, (7).

[50] Clive Schofield. Claims to Maritime Jurisdiction and the Division of Ocean Space [J]. Penn State Journal of Law & International Affairs, 2012, (10).

[51] Paul Michael Blyschak. Offshore Oil and Gas Projects Amid Maritime Border Disputes: Applicable Law [J]. Journal of World Energy Law and Business, 2013.

四、学位论文

[1] 何海榕. 南海困局的法律研究 [D]. 厦门: 厦门大学硕士论文, 2006.

[2] Clive Howard Schofield. Maritime Boundary Delimitation in the Gulf of Thailand [D]. Department of Geography University of Durham, Doctor Thesis, 1999.

五、报告

[1] United Nations. Baselines: An Examination of the Relevant Provisions of the United Nations Convention on the Law of the Sea [R]. New York: Office for Ocean Affairs and the Law of the Sea, 1989.

[2] United Nations. Baselines: An Examination of the Relevant Provisions of the United Nations Convention on the Law of the Sea [R] New York: Office for Ocean Affairs and the Law of the Sea, 1989.

[3] United States Department of State. Developing Standard Guidelines for Evaluating Straight Baselines, Limits inthe Seas, No. 106 [R]. Washington: Bureau of Oceans and International Environmental and Scientific Affairs, 1987.

[4] Office for Ocean Affairs and the Law of the Sea, Baselines: An Examination of the Relevant Provisions of the United Nations Convention on the Law of the Sea Ⅷ [R]. New York: United Nations Sales No. E. 88. V. 5.

[5] J. P. Schneider, J. and Stimson, C. (eds) The International Implications of Extended Maritime Jurisdiction in the Pacific [R]. Bremen: Law of the Sea Institute, 1988.

[6] International Hydrographic Organization, A Manual on Technical Aspects of the United Nations Convention on the Law of the Sea (3rd ed.) [R] Monaco: IHO, 1993.

[7] United Nations, Handbook on the Delimitation of Maritime Boundaries [R]. New York: United Nations Pulications, 2000.

六、相关的法律文件

Statement of the Territorial Sea, the Contiguous Zone, the Exclusive Economic Zone, and the Continental Shelf of Vietnam, 12 May 1977

（1977 年 5 月 12 日《越南关于领海、毗连区、专属经济区和大陆架的声明》）

The statement which is dated May 12, 1977, and has been approved by the Standing Committee of the SRV National Assembly, reads in full as follows:

The Government of the Socialist Republic of Vietnam,

After approval by the Standing Committee of the National Assembly of the Socialist Republic of Vietnam,

Declares that it has defined the territorial sea, the contiguous zone, the exclusive economic zone and the continental shelf of the Socialist Republic of Vietnam as follows:

1. The territorial sea of the Socialist Republic of Vietnam has a

breadth of 12 nautical miles measured from a baseline which links the furthest seaward points of the coast and the outermost points of Vietnamese offshore islands, and which is the low-water line along the coast.

The waters on the landward side of the baseline constitute internal waters of the Socialist Republic of Vietnam.

The Socialist Republic of Vietnam exercises full and complete sovereignty over its territorial sea as well as the superjacent air space and the bed and subsoil of the territorial sea.

2. The contiguous zone of the Socialist Republic of Vietnam is a 12-nautical-mile maritime zone adjacent to and beyond the Vietnamese territorial sea, with which it forms a zone of 24 nautical miles from the baseline used to measure the breadth of the territorial sea.

The Government of the Socialist Republic of Vietnam exercises the necessary control in its contiguous zone in order to see to its security and custom and fiscal interests and to ensure respect for its sanitary, emigration and immigration regulations within the Vietnamese territory or territorial sea.

3. The exclusive economic zone of the Socialist Republic of Vietnam is adjacent to the Vietnamese territorial sea and forms with it a 200-nautical-mile zone from the baseline used to measure the breadth of Vietnam's territorial sea.

The Socialist Republic of Vietnam has sovereign rights for the purpose of exploring, exploiting, conserving and managing all natural resources, whether living or non-living, of the waters, the bed and subsoil of the exclusive economic zone of Vietnam; it has exclusive rights and jurisdiction with regard to the establishment and use of installations and structures, artificial islands; exclusive jurisdiction with regard to other activities for the economic exploration and exploitation of the exclusive economic zone; exclusive jurisdiction with regard to scientific research in the exclusive economic zone of Vietnam; the Socialist

Republic of Vietnam has jurisdiction with regard to the preservation of the marine environment, and activities for pollution control and abatement in the exclusive economic zone of Vietnam.

4. The continental shelf of the Socialist Republic of Vietnam comprises the seabed and subsoil of the submarine areas that extend beyond the Vietnamese territorial sea throughout the natural prolongation of the Vietnamese land territory to the outer edge of the continental margin, or to a distance of 200 nautical miles from the baseline used to measure the breadth of the Vietnamese territorial sea where the outer edge of the continental margin does not extend up to that distance.

The Socialist Republic of Vietnam exercises sovereign rights over the Vietnamese continental shelf in the exploration, exploitation, preservation and management of all natural resources, consisting of mineral and other non-living resources, together with living organisms belonging to sedentary species thereon.

5. The islands and archipelagos, forming an integral part of the Vietnamese territory and beyond the Vietnamese territorial sea mentioned in Paragraph I, have their own territorial seas, contiguous zones, exclusive economic zones and continental shelves, determined in accordance with the provisions of Paragraphs 1, 2, 3 and 4 of this statement.

6. Proceeding from the principles of this statement, specific questions relating to the territorial sea, the contiguous zone, the exclusive economic zone, and the continental shelf of the Socialist Republic of Vietnam will be dealt with in detail in further regulations, in accordance with the principle of defending the sovereignty and interests of the Socialist Republic of Vietnam, and in keeping with international law and practices.

7. The Government of the Socialist Republic of Vietnam will settle with the countries concerned, through negotiations on the basis of mutual

respect for independence and sovereignty, in accordance with international law and practices, the matters relating to the maritime zones and the continental shelf of each country.

Source: http://www.un.org/Depts/los/LEGISLATIONANDTREATIES/PDFFILES/VNM_1977_Statement.pdf

Statement of 12 November 1982 by the Government of the Socialist Republic of Viet Nam on the Territorial Sea Baseline of Viet Nam

(《1982 年越南社会主义共和国关于领海基线的声明》)

In implementing the provisions of paragraph 1 of the statement on the territorial sea, the contiguous zone, the exclusive economic zone and the continental shelf issued by the Government of the Socialist Republic of Viet Nam on 12 May 1977 after being approved by the Standing Committee of the National Assembly of the Socialist Republic of Viet Nam,

The Government of the Socialist Republic of Viet Nam makes the following statement on the baseline from which the breadth of the territorial sea of Viet Nam shall be measured:

(1) The baseline from which the territorial sea of the continental territory of Viet Nam shall be measured is constituted by straight lines connecting those points the co-ordinates of which are listed in the annex attached herewith.

(2) The territorial sea baseline of Viet Nam which starts from point 0 - the meeting point of the two baselines for measuring the breadth of the territorial sea of the Socialist Republic of Viet Nam and that of the People's Republic of Kampuchea, located in the sea on the line linking the Tho Chu Archipelago with Poulo Wai Island - and which ends at Con

Co Island shall be drawn following the co-ordinates listed in the attached annex on the 1/100,000 scale charts published by the Vietnamese People's Navy prior to 1979.

(3) The Gulf of Bac Bo (Tonkin Gulf) is a gulf situated between the Socialist Republic of Viet Nam and the People's Republic of China; the maritime frontier in the gulf between Viet Nam and China is delineated according to the 26 June 1887 Convention of frontier boundary signed between France and the Qing Dynasty of China.

The part of the gulf appertaining to Viet Nam constitutes the historic waters and is subjected to the juridical régime of internal waters of the Socialist Republic of Viet Nam.

The baseline from Con Co Island to the mouth of the gulf will be defined following the settlement of the problem relating to the closing line of the gulf.

(4) The baseline for measuring the breadth of the territorial sea of the Hoang Sa and Truong Sa Archipelagos will be determined in a coming instrument in conformity with paragraph 5 of the 12 May 1977 statement of the Government of the Socialist Republic of Viet Nam.

(5) The sea as lying behind the baseline and facing the coast or the islands of Viet Nam constitutes the internal waters of the Socialist Republic of Viet Nam.

(6) The Government of the Socialist Republic of Viet Nam holds that all differences with countries concerned relating to different sea areas and the continental shelf will be settled through negotiations on the basis of mutual respect for each other's national independence and sovereignty in conformity with international law and practice.

HANOI, 12 November 1982.

Source: http://www.un.org/Depts/los/LEGISLATIONANDTREATIES/PDFFILES/VNM_1982_Statement.pdf

Statement Issued by the Spokesman
of the Ministry of Foreign Affairs of 15 January 1978

（1978 年 1 月 15 日柬埔寨外交部发言人的
关于领海、毗连区、专属经济区和大陆架的声明）

The Ministry of Foreign Affairs of Democratic Kampuchea would like to reaffirm the stand of Democratic Kampuchea concerning the territorial sea, the contiguous zone, the exclusive economic zone and the continental shelf of Democratic Kampuchea, the stand that the Government of Democratic Kampuchea has successively stated precisely.

1. Democratic Kampuchea exercises its full and entire sovereignty over its territorial sea, the breadth of which is established on 12 nautical miles, measured from the baselines. Democratic Kampuchea also exercises this sovereignty over the airspace over its territorial sea as well as over the bed and subsoil of its territorial sea.

2. Democratic Kampuchea entirely exercises its rights of control over the contiguous zone which extend on 12 nautical miles from the external limit of its territorial sea.

3. Democratic Kampuchea has exclusive sovereign rights for the purpose of exploring and exploiting, conserving and managing all the natural resources of the superjacent waters, the bed and the subsoil of its exclusive economic zone situated beyond its territorial sea and extending up to 200 nautical miles from the baselines.

Democratic Kampuchea exercises its exclusive sovereign rights over its continental shelf, comprising the sea-bed and subsoil of the submarine areas that extend beyond its territorial sea throughout the natural prolongation of its land territory. Democratic Kampuchea exercises these sovereign rights over its continental shelf for the purpose of exploring and exploiting, conserving and managing all the natural resources of the sea-bed and subsoil.

260

4. All the islands of Democratic Kampuchea have their territorial seas, their contiguous zones, their exclusive economic zones and their continental shelves.

5. The Government of Democratic Kampuchea takes appropriate steps to safeguard entirely the sovereignty, rights and interests of Democratic Kampuchea in its territorial sea, its contiguous zone, its exclusive economic zone and its continental shelf.

6. The Government of Democratic Kampuchea will settle with parties concerned by the above maritime zones according to each specific situation.

Phnom Penh, 15 January 1978

Source: http://www.un.org/Depts/los/LEGISLATIONANDTREATIES/PDFFILES/ KHM_1978_Statement.pdf

Cambodian Council of State Decree
on Territorial Waters, 31 July 1982
(《1982 年柬埔寨国会关于领海的法令》)

The chairman of the Council of State, considering that the PRK has full sovereignty and inviolable rights over its territorial waters and its continental shelf;

Considering that the PRK must watch over its sovereignty, security and national defense toward the sea and ensure the best exploitation of natural resources in its territorial waters and continental shelf in order to serve the national defense and reconstruction efforts and the improvement of the people's living standards;

Considering the Constitution of the PRK;

And the Council of Ministers having been informed;

Has decreed the following:

Article 1

The full and entire sovereignty of the PRK extends beyond its territory and internal waters to a maritime zone adjacent to its coasts and its internal waters, designated by the name of the territorial waters of the PRK.

This sovereignty also extends to the airspace above the territorial waters of the PRK as well as to the seabed and subsoil of these waters.

Article 2

The width of the territorial waters of the PRK is 12 nautical miles (1 nautical mile equaling 1, 852 meters) measured from straight baselines, linking the points of the coast and the furthest points of Kampuchea's [Cambodia's] furthest islands; these baselines are traced along the low-water mark.

These straight baselines are concretely defined in Annex 1 of this decree.

The internal waters of the PRK are the waters located between the baseline of the territorial waters and the coasts of Kampuchea [Cambodia].

Article 3

The outer limit of the territorial waters of the PRK is a line each point of which is at a distance equal to the width of the territorial waters from the closest point of the baseline.

In the maritime zone between Kach Kut Island and the terminus of the land border between Kampuchea [Cambodia] and Thailand, the limit of the territorial water of the PRK follows the dividing line of the maritime waters determined by the historic border stipulated in the Franco-Siamese treaty of 23 March 1907.

Article 4

The contiguous zone of the PRK is a maritime zone located beyond and adjacent to its territorial waters, with a width of 12 nautical miles measured from the outer limit of the territorial waters of the PRK.

In its contiguous zone, the PRK exercises necessary control in order to oversee its security and to prevent and check violations of its customs, fiscal, health and emigration and immigration laws.

Article 5

The exclusive economic zone of the PRK is a maritime zone located beyond its territorial waters and adjacent to the latter. This zone extends to 200 nautical miles measured from the baseline used to measure the width of the territorial waters of the PRK.

The PRK has sovereign rights over the exploration and exploitation and the preservation and management of all organic or inorganic natural resources of the seabed, of its subsoil and of the waters above it and over other activities leading to the exploration and exploitation of its exclusive economic zone.

In its exclusive economic zone, the PRK has exclusive jurisdiction regarding the setting up and use of installations, devices and artificial islands and marine research; and has jurisdiction over the preservation of the marine environment and the control of pollution.

Without prior authorization or agreement by the PRK. foreign ships are forbidden to fish or exploit any natural resources in any form, or to undertake scientific research in the exclusive economic zone of the PRK. When they have obtained prior authorization or agreement, they must conform with the Jaws and regulations of the PRK concerning fishing, the exploitation of other natural resources and scientific research, and with other regulations relating to them decreed by the PRK, and must strictly carry out all obligations provided in the licenses or the contracts.

Article 6

The continental shelf of the PRK comprises the seabed and the subsoil of the submarine areas that extend beyond the territorial waters throughout the natural prolongation of its land territory to a distance of 200 nautical miles from the baseline used to measure the width of the territorial waters of the PRK.

The PRK exercises sovereign rights over its continental shelf for the purposes of exploration, exploitation. preservation and management of its natural resources comprising mineral resources and other inorganic or organic resources belonging to sedentary species living on the continental shelf.

The PRK has the exclusive right to regulate the setting up and use of installations, devices and artificial islands or drilling on its continental shelf for the purposes of exploration, exploitation or any other purpose.

All activities carried out by foreigners on the continental shelf of Kampuchea [Cambodia]. for whatever end, must be the object of an authorization or an agreement by the PR Government and conform with the laws and regulations of the PRK.

Article 7

The PRK will settle, by means of negotiations with interested states. all problems concerning the maritime zones and continental shelf in a fair and logical manner on the basis of mutual respect for sovereignty. independence and territorial integrity.

Article 8

The PRK will negotiate and agree with the SRV [Vietnam] on the maritime border in the historic waters zone of the two countries fixed in the agreement on the historic waters of the two countries signed on 7 July 1982 in line with the spirit and letter of the Treaty of Peace. Friendship and Cooperation between the two states signed on 18 February 1979.

Article 9

All provisions contrary to this decree are purely and simply abrogated.

Article 10

The minister of national defence, the minister of interior and the ministers concerned are charged each in his proper field, with the implementation of this decree.

ANNEX 1

The Baseline Retained for the Limitation of the Territorial Waters of the PRK

The baseline retained for the limitation of the territorial waters of the PRK is made up of segments of a line passing successively" through the following points, the coordinates of which are expressed in degrees,

264

minutes and tenths of a minute. the longitude being counted from the meridian of Greenwich.

Number	Geographical Place	Latitude (North)	Longitude (East)
1	Border point on low-water mark between Thailand and the PRK according to treaty of 23 March 1907	11°38′8″	102°54′3″
2	Kack Kusrovie	11°06′8″	102°47′3″
3	Kack Voar	10°14′0″	102°52′5″
4	Poulo Wai	09°55′5″	102°53′2″
5	Point 0 out at sea on the southwest limit of the historic waters of the PRK	According to the agreement of 7 July 1982	

Source: http://www. un. org/Depts/los/LEGISLATIONANDTREATIES/PDFFILES/KHM_1982_Decree. pdf

The Brévié Line, 31 January 1939
(1939 年布莱维线)

Directorate of Political Affairs

Number 867 *I* API

Hanoi, 31 January 1939

The Governor General of Indochina

Grand Officer of the Legion d'Honneur

To the Governor of Cochin China

(I Bureau) in Saigon

Subject: Islands in the Gulf of Siam

I have the honor of informing you that I have just reexamined the

265

question of the islands of the Gulf of Siam, the possession of which is disputed between Cambodia and Cochin China.

The situation of this group of islands, scattered along the Cambodian coast and some of which are so near the coast that land filling presently being carried out will seem to fuse them to the Cambodian coast in a relatively near future, logically and geographically requires that these islands be under the jurisdiction of the Administration of Cambodia.

I believe that it is impossible to let the present state of affairs continue as it is, which is forcing the inhabitants of these islands to refer, either at the price of a long crossing, or at the price of a long detour through Cambodian territory, to the Administration of Cochin China.

As a consequence, I have decided that all the islands located north of the line perpendicular to the coast starting from the border between Cambodia and Cochin China and making a 140 grad angle with the north meridian, in accordance with the attached chart, will be from now on administered by Cambodia. The Protectorate will, in particular, take over the police of these islands.

All the islands south of this line, including the islands of Phu-Quoc, will continue to be administered by Cochin China. It is understood that the demarcation line thus made will make a line around the north of the island Phu-Quoc, passing three kilometers from the extreme ends of the north shore of this island.

Administration and police powers on these islands will thus be clearly distributed between Cochin China and Cambodia, so that all the future disputes might be avoided.

It is understood that the above pertains only to the administration and policing of these islands, and that the issue of the islands' territorial jurisdiction remains entirely reserved.

266

You will please make provisions so that my decision is immediately put into effect.

Please notify me of the receipt of this letter.

Signed: BREVIE

Source: Clive Howard Schofield, *Maritime Boundary Delimitation in the Gulf of Thailand*, Durham: Durham University, 1999, pp. 479-480. Available at Durham E-Theses Online: http://etheses. dur. ac. uk/4351/.

Agreement on Historic Waters of
Vietnam and Kampuchea, 7 July 1982
(1982 年越南和柬埔寨历史性水域协议)

The Government of the Socialist Republic of Vietnam and the Government of the People's Republic of Kampuchea,

DESIROUS of further consolidating and developing the special Vietnam-Kampuchea

relations in the spirit of the Treaty of Peace, Friendship and Cooperation between the Socialist Republic of Vietnam and the People's Republic of Kampuchea signed on February 18, 1979.

CONSIDERING the reality that the maritime zone situated between the coast of Kien Giang Province, Phu Quoc Island, and the Tho Chu ~ rchipelago of the Socialist Republic of Vietnam on the one side, and the coast of Kampot Province and the Poulo Wai group of islands of the People's Republic of Kampuchea on the other, encompasses waters which by their special geographical conditions and their great importance for the national defence and the economy of both countries have long belonged to Vietnam and Kampuchea,

HAVE AGREED ON THE FOLLOWING:

Article 1

The waters located between the coast of Kien Giang Province, Phu

Quoc Island, and the Tho Chu archipelago of the Socialist Republic of Vietnam on the one side, and the coast of

Kampot Province and the Poulo Wai group of islands of the People's Republic of Kampuchea on the other, form the historical waters of the two countries placed under the juridical regime of their internal waters and are delimited (according to the Greenwich east longitude):

To the northwest by a straight line stretching from coordinates 09 degrees 54′2″ north latitude- 102 degrees 55′2″ east longitude and coordinates 09 degrees 54′5″ north latitude- 102 degrees 57′2″ east longitude of Poulo Wai Islands (Kampuchea) to coordinates 10 degrees 24′1″ north latitude- 103 degrees 48′0″ east longitude and I 0degrees 25′ 6″ north latitude- 103 degrees 49′2″ east longitude of the Koh Ses Island (Kampuchea) to coordinates 10 degrees 30′0″ north latitude- 103 degrees 47′4″ east longitude of Koh Thmei Island (Kampuchea) to coordinates 10 degrees 32′4″ north latitude- 103 degrees 48′2″ east longitude on the coast of Kampot Province (Kampuchea).

To the north by the coast of Kampot Province stretching from coordinates I0 degrees 32′4″ Lat. N. - I 03 degrees 48′2″ Long. E. on the terminus of the land border between Vietnam and Kampuchea on the coast.

To the southeast by a line stretching from the terminus of the land border between Vietnam and Kampuchea on the coast to coordinates 10 degrees 04′42″ Lat. N. - 104 degrees 02′3″ Long. E. from the An Yet point of Phu Quoc Island (Vietnam) and along the northern coast of this island to the Dat Do point situated at coordinates I 0 degrees 02′8″ Lat. N. - I 03 degrees 59′1″ Long. E. , and from there to coordinates 09 degrees 1 0′1″ Lat. N. - 103 degrees 26′4″ Long. E. of Thu Chu Island (Vietnam) to coordinates 09 degrees 15′0″ Lat. N. - I 03 degrees 27′0″ Long. E. of Hon Nhan Island in the Tho Chu archipelago (Vietnam).

To the southwest by a straight line stretching from coordinates 09 degrees 55′0″ Lat. N.

268

- 102 degrees 53′5″ Long. E. from Puolo Wai Islands (Kampuchea) to coordinates 09

degrees 15′0″ Lat. N. - 103 degrees 27′0″ Long. e. of Hon Nhan Island in the Tho Chu

archipelago (Vietnam) .

Article 2

The two sides will hold at a suitable time negotiations in the spirit of equality,

friendship, and respect for each other's independence, sovereignty, territorial integrity,

and the legitimate interests of each side in order to delimit the maritime frontier between

the two countries in the historical waters mentioned in Article 1.

Article 3

Pending the settlement of the maritime border between the two States in the historical waters mentioned in Article I:

The meeting point 0 of the two baselines used for measuring the width of the territorial waters of each country situated on the high seas on the straight baseline linking the Tho Chu archipelago and Poulo Wai Islands will be determined by mutual agreement.

The two sides continue to regard the Brévié Line drawn in 1939 as the dividing line for the islands in this zone.

Patrolling and surveillance in these territorial waters will be jointly conducted by the two sides.

The local populations will continue to conduct their fishing operations and the catch of other sea products in this zone according to the habits that have existed so far.

The exploitation of natural resources in this zone will be decided by common agreement.

DONE in Ho Chi Minh City on the 7th 9f July 1982, in two

languages, Vietnamese and Khmer, both being equally valid.

For the Government of the Socialist Republic of Vietnam: Nguyen Co Thach, Minister of Foreign Affairs of the Socialist Republic of Vietnam.

For the Government of the People's Republic of Kampuchea: Hun Sen, Minister of

Foreign Affairs of the People's Republic of Kampuchea.

Source: K. Kittichaisaree, The Law of the Sea and Maritime Boundary Delimitation in South-East Asia, Oxford: Oxford University Press, 1987.

Declaration of the Office of the Prime Minister
concerning the Inner Part of the Gulf of Thailand
(1959 年泰国外交部关于历史性海湾的声明)

The Council of Ministers has seen fit to issue the following declaration confirming the juridical status of the inner part of the Gulf of Thailand; namely, that the inner part of the Gulf of Thailand situated northward of the baseline which starts from the first point on the Bahn Chong Samsarn Peninsula (latitude 12°35′45″ north, longitude 100°57′45″ east) and, running westward parallel to the latitude, reaches the second point on the opposite sea coast

(latitude 12°35′45″ north, longitude 99°57′30″ east) is a historic bay and that the waters enclosed within the baselines aforesaid form part of the internal waters of Thailand.

The Kingdom of Thailand has constantly maintained the foregoing position from time immemorial.

Source: http://www.un.org/Depts/los/LEGISLATIONANDTREATIES/PDFFILES/THA_1959_Declaration.pdf

Proclamation establishing the Breadth
of the Territorial Waters of 6 October 1966
（1966 年泰国关于领海宽度的声明）

Whereas Thailand always maintains that the sovereignty of Thailand extends, beyond its land territory and its internal waters, to a belt of sea adjacent to the coast, described as the territorial sea, including the airspace over the territorial seas as well as its bed and subsoil;

Whereas it is deemed appropriate to establish the breadth of the coastal territorial waters;

It is hereby proclaimed that the breadth of the territorial waters of Thailand is established at twelve nautical miles measured from a baseline used for measuring the breadth of the territorial sea.

Source: http://www.un.org/Depts/los/LEGISLATIONANDTREATIES/PDFFILES/THA_1966_Proclamation.pd

Announcement of the Office of the Prime Minister
concerning the Straight Baselines and Internal Waters of Thailand
（泰国外交部关于直线基线和内水的声明）

Whereas the Announcement of the Office of the Prime Minister concerning the Straight Baselines and Internal Waters of Thailand dated 11 June 1970 was made to confirm the status of the straight baselines and internal waters of Thailand;

Whereas there are certain errors in the aforesaid Announcement;

Whereas the name of an island referred to in the aforesaid announcement has now been changed;

The Cabinet, by its decision of 11 August 1992, has amended the aforesaid Announcement as follows:

1. The geographical names and geographical coordinates of Reference Number 5, Reference Number 12 and Reference Number 22 of Area No. Ⅲ of the Announcement of the Office of the Prime Minister concerning the Straight Baselines and Internal Waters of Thailand dated 11 June 1970 are hereby repealed and substituted by the following:

REFERENCE NO.	GEOGRAPHICAL NAME	GEOGRAPHICAL COORDINATES	
		LAT. N.	LONG. E.
5	Ko Kai	07°-44'. 6	98°-37'. 1
12	Ko Bulaobot	07°-04'. 3	99°-23'. 7
22	Ko Khuning	06°26'. 7	100°-03'. 7

2. The map annexed to the Announcement of the Office of the Prime Minister concerning the Straight Baselines and Internal Waters of Thailand dated 11 June 1970 is hereby repealed and substituted by the map annexed to this present Announcement.

Source: http://www. un. org/Depts/los/LEGISLATIONANDTREATIES/PDFFILES/THA_1993_Announcement. pdf

Proclamation on Demarcation of the
Continental Shelf of Thailandin the Gulf of Thailand
(《1973 年泰国关于大陆架边界线的声明》)

His Majesty the King is graciously pleased to proclaim that

For the purpose of exercising the sovereignty rights of Thailand in exploring and exploiting natural resources of the Gulf of Thailand, the continental shelf shall therefore be demarcated according the map and geographical co-ordinates of each point constituting the continental shelf of Thailand annexed to this Proclamation as the continental shelf of

Thailand in the Gulf of Thailand.

The continental shelf has been demarcated on the basis of the right according to the generally accepted principles of international law and the Convocation on the Continental Shelf done at Geneva on 29th April 1958 and ratified by Thailand on 2nd July 1968 has been taken into account.

The map and connecting points determining geographical co-ordinates under this Proclamation are to show the general demarcation lines of the continental shelf. As for the sovereignty rights over the territorial sea adjacent to the territorial sea of the neighbouring countries, which will be taken as starting point of the line dividing the continental shelf, it will be according to future agreement on the basis of the provisions of the Convention on the Territorial Sea and the Contiguous Zone done at Geneva on 29th April 1958.

Given the 18th May B. E. 2516, being the 28th year of the present Reign.

Geographical coordinates of the connecting point constituting the continental shelf of Thail and in the Gulf of Thailand

Numerical point	Latitude North	Longitude East
1	11°39′. 0	102°55′. 0
2	09°48′. 5	101°46′. 5
3	09°43′. 0	101°48′. 5
4	09°42′. 0	101°49′. 0
5	09°28′. 5	101°53′. 5
6	09°13′. 0	101°58′. 5
7	09°11′. 0	101°59′. 0
8	09°52′. 0	102°13′. 0
9	08°47′. 0	102°16′. 5
10	08°42′. 0	102°26′. 5

Numerical point	Latitude North	Longitude East
11	08°33′.0	102°38′.0
12	08°29′.0	102°43′.0
13	07°49′.5	103°05′.5
14	07°25′.0	103°24′.8
15	06°50′.0	102°21′.2
16	06°27′.8	102°09′.6
17	06°27′.5	102°10′.0
(18)	06°14′.5	102°05′.6

Countersigned by Field Marshall Thanom Kittikachorn Prime Minister

Source: Clive Howard Schofield, *Maritime Boundary Delimitation in the Gulf of Thailand*, Durham: Durham University, 1999, pp. 437-438. Available at Durham E-Theses Online: http://etheses.dur.ac.uk/4351/

Royal Proclamation establishing the
Exclusive Economic Zone of the Kingdom of Thailand
(《1981 年泰王国关于专属经济区的声明》)

By Royal Command of His Majesty the King, it is hereby proclaimed that:

For the purpose of exercising the sovereign rights of the kingdom of Thailand with regard to the exploration and conservation of the natural resources, whether living or non-living, of the sea. It is deemed appropriate to establish the exclusive economic zone of the Kingdom of Thailand as follows:

1. The exclusive economic zone of the Kingdom of Thailand is an area beyond and adjacent to the territorial sea

whose breadth extends to two hundred nautical miles measured from the Baselines used for measuring the breadth of

the territorial sea.

2. In the exclusive economic zone, the Kingdom of Thailand has:

(a) sovereign rights for the purpose of exploring and exploiting, conserving and managing the natural resources, whether living or non-linving, of the seabed and subsoil and the superjacent waters, and with regard to other activities for the economic exploration and exploitation of the zone, such as the production of energy from the water, currents and winds.

(b) jurisdiction with regard to :

(i) the establishment and use of artificial islands, installations andstructures;

(ii) marine scientific research;

(iii) the preservation of the marine environment.

(c) other rights as may exist under international law.

3. In the exclusive economic zone, the freedoms of navigation and overflight and of the laying of submarine

cables and pipelines shall be governed by international law.

4. In any case where the exclusive economic zone of the Kingdom of Thailand is adjacent or opposite to the exclusive economic zone of another coastal State, the Government of the Kingdom of Thailand is prepared to enter into negotiations with the coastal State concerned with a view to delimiting their respective exclusive economic zones.

Proclaimed on the 23rd day of February, B. E 2524, being the thirty sixth year of the present Reign.

Source: http://www.un.org/Depts/los/LEGISLATIONANDTREATIES/PDFFILES/THA_1981_Proclamation.pdf

Exclusive Economic Zone Act, 1984, Act No. 311
(《1984 年马来西亚专属经济区法案》)

An Act pertaining to the exclusive economic zone and certain aspectsof the continental shelf of Malaysia and to provide for the regulations of activities in the zone and on the continental shelf and for matters connected therewith.

PART I

PRELIMINARY

Short title, application and commencement.

(1) This Act may be cited as the Exclusive Economic Zone Act 1984 and shall apply to the

exclusive economic zone of Malaysia.

(2) The provisions of this Act pertaining to the continental shelf shall be in addition to, and not in derogation of, the provisions of the Continental Shelf Act 1966.

(3) In the event of any conflict or inconsistency between the provisions of this Act and of any applicable written law, the provisions of this Act shall supersede the conflicting or inconsistent provisions of that applicable written law and the latter shall be construed as so superseded.

(4) The provisions of any applicable written law which are not in conflict or inconsistent with the provisions of this Act shall otherwise continue to apply.

(5) This Act shall come into force on such date as the Yang di-Pertuan Agong may appoint by notification in the Gazette and he may appoint different dates for the coming into force of different provisions of this Act in different areas of the exclusive economic zone and continental shelf.

Interpretation

In this Act, unless the context otherwise requires-

"applicable written law" means any written law:

(a) provided to be applicable in respect of the exclusive economic zone, continental shelf or both, as the case may be, by an order made under section 42 or otherwise specifically provided to be so applicable; or

(b) applicable in respect of the continental shelf under the provisons of the Continental Shelf Act

1966, and includes the Continental Shelf Act 1966;

"authorized officer" means any fishery officer as defined in section 2 of the Fisheries Act 1963, any port officer as defined in section 2 of the Merchant Shipping Ordinance 1952, any police officer not below the rank of sergeant as defined in section 2 of the Police Act 1967, any customs officer as defined in section 2 of the Customs Act 1967, any officer of the armed forces as defined in section 2 of the Armed Forces Act 1972, any public officer, irrespective of rank, in command of a vessel belonging to the Government or ay other person or class of persons appointed to be an authorized officer or authorized officers under section 39;

"continental shelf" means the continental shelf of Malaysia as defined in section 2 of the Continental Shelf Act 1966;

"Director-General" means the Director-General of Environmental Quality as defined in section 2 of the Environmental Quality Act 1974;

"dumping" means:

(a) any deliberate disposal of wastes or other matter from vessels, aircraft, platforms or other man-made structures at sea; or

(b) any deliberate disposal of vessels, aircraft or other man-made structures at sea, but "dumping" does not include:

(i) the disposal of wastes or other matter incidental to, or derived from, the normal operations of vessels, aircraft, platforms or other man-made structures at sea and their equipment, other than wastes or other matter transported by or to vessels, aircraft, platforms or other man-made structures at sea, operating for the purpose of disposal of such matter or derived from the treatment of such wastes or other matter on such vessels, aircraft, platforms or structures; or

(ii) placement of matter for a purpose other than the mere disposal thereof, provided that such placement is not contrary to the aims of this Act, any applicable written law or international law;

"exclusive economic zone" or "zone" means the exclusive economic zone of Malaysia determined in accordance with section 3;

"Government" means the Government of Malaysia and includes any Minister charged with responsibility by an order made under the Ministerial Functions Act 1969 for the matter in relation to which the reference to the Government is made under this Act, and any other Minister exercising temporarily the functions of such Minister;

"Malaysian fisheries waters" means all waters comprising the internal waters, the territorial sea and the exclusive economic zone of Malaysia in which Malaysia exercises sovereign and exclusive rights over fisheries;

"maritime casualty" means a collision of vessels, stranding or other incident of navigation, or other occurrence on board a vessel or external to it resulting in material damage or imminent threat of material damage to a vessel or cargo;

"master", in relation to a vessel, includes every person (except a pilot or port officer as defined in section 2 of the Merchant Shipping Ordinance 1952) having for the time being command or charge of the vessel, or lawfully acting as the master thereof;

"mixture containing oil" means:

(a) a mixture with an oil content of one hundred parts or more in one milllion parts of the mixture; or

(b) a mixture with such oil content as is prescribed by the Minister charged with responsibility for the environment by order in the Gazette to be a mixture containing oil for the purposes of this Act;

278

"oil" means:

(a) crude oil, diesel oil, fuel oil or lubricating oil; or

(b) any other description of oil which is prescribed by the Minister charged with responsibility for the environment by order in the Gazette to be oil for the purposes of this Act;

"owner", in relation to a vessel, means any person or body of persons, whether incorporated or not, by whom the vessel is owned and includes any charterer, sub-charterer, lessee or sub-lessee of the vessel;

"pollutant" means any suibstance which, if introduced into the sea, is liable to create hazards to human health or to harm living resources in the sea or other marine life, or to damage amenities or interfere with other legitimate uses of the sea and, without limiting the generality of the foregoing, includes any substance that is prescribed by the Minister charged with responsibility for the environment by order in the Gazette to be a pollutant for the purposes of this Act;

"State" shall have the meaning assigned to that expression under international law;

"territorial sea" means the territorial waters of Malaysia determined in acccordance with the Emergency (Essential Powers) Ordinance, No. 7/1969;

"this Act" includes regulations and other subsidiary legislation made under this Act and anything done under this Act or under such regulations or other subsidiary legislation;

"vessel" includes every description of ship or floating or submarine craft or structure;

"waste" includes:

(a) any matter, whether liquid, solid, gaseous or radioactive, which is discharged, emitted, deposited or dumped in the marine environment in such volume, composition or manner as to cause an alteration of the environment; or

(b) any matter which is prescribed by the Minister charged with responsibility for the environment by order in the Gazette to be waste for the purposes of this Act.

PART II

EXCLUSIVE ECONOMIC ZONE

The exclusive economic zone of Malaysia

3. (1) The exclusive economic zone of Malaysia, as proclaimed by the Yang di-Pertuan Agong vide P. U. (A) 115/80, is an area beyond and adjacent to the territorial sea of Malaysia and. subject to subsections (2) and (4), extends to a distance of two hundred nautical miles from the baselines from which the breadth of the territorial sea is measured.

(2) Where there is an agreement in force on the matter between Malaysia and a State with an opposite or adjacent coast. questions relating to the delimitation of the exclusive economic zone shall be deltermined in accordance with the provisions of that agreement.

(3) The Yang di-Pertuan Agong may cause the limits of the exclusive economic zone to be published in maps or charts from time to time.

(4) Where, having regard to international law, State practice or an agreement referred to in sub-section (2), the Yang di-Pertuan Agong considers it necessary so to do, he may by order published in the Gazette alter the limits of the exclusive economic zone determined in accordance with subsection (1).

Sovereign rights in, and jurisdiction over, the exclusive economic zone

4. In the exclusive economic zone Malaysia has

(a) sovereign rights for the purpose of exploring and exploiting, conserving and managing the natural resources, whether living or non-living, of the seabed and subsoil and the superjacent waters, and with regard to other activities for the economic exploitation and exploration of the zone, such as the production of energy from the water, currents and winds;

(b) jurisdiction with regard to

(i) the establishment and use of artificial islands, installations and structures;

(ii) marine scientific research;

(iii) the protection and preservation of the marine environment; and

(c) such other rights and duties as are provided for by international law.

Prohibition of activities in the exclusive economic zone

or on the continental shelf except where authorized

5. Except where authorized in accordance with the provisions of this Act or any applicable written law, no person shall in the exclusive economic zone or on the continental shelf:

(a) explore or exploit any natural resources. whether living or non-living;

(b) carry out any search, excavation or drilling operations;

(c) conduct any marine scientific research; or

(d) construct or authorize and regulate the construction, operation and use of:

(i) any artificial island;

(ii) any installation or structure for any of the purpose provided for in section 4 or for any

other economic purpose; or

(iii) any installation or structure which may interfere with the exercise of the rights of Malaysia in the zone or on the continental shelf.

PART III

FISHERIES

Seas in the zone to be part of Malaysian fisheries waters

6. The seas comprised in the exclusive economic zone shall be part of Malaysian fisheries waters.

Minister responsible for fisheries in the zone

7. The Minister charged with responsibility for fisheries shall also be responsible for fisheries in the exclusive economic zone.

Written law relating to fisheries to be applicable in the zone and on the continental shelf

8. Except as otherwise provided in this Act, any written law relating to fisheries shall be applicable in the exclusive economic zone and on the continental shelf with such necessary modifications or exceptions as may be provided in an order made under section 42.

PART IV

PROTECTION AND PRESERVATION

OR THE MARINE ENVIRONMENT

Sovereign right of Malaysia to exploit her natural resources

9. Malaysia has the sovereign right to exploit her natural resources in the exclusive economic zone pursuant to her environmental policies and in accordance with her duty to protect and preserve the marine environment in the zone.

10. (1) If any oil, mixture containing oil or pollutant is discharged or escapes into the exclusive economic zone from any vessel, land-based source, installation, device or aircraft, from or through the atmosphere or by dumping:

(a) the owner or master of the vessel, if the discharge or escape is from a vessel;

(b) the owner or occupier of the place on land, if the discharge or escape is from land;

(c) the owner or person in charge of the installation or device, if the discharge or escape is from an installation or a device; or

(d) the owner or pilot of the aircraft. if the discharge or escape is from an aircraft, shall each be guilty of an offence and shall be liable to a fine not exceeding one million ringgit.

(2) Where the act or omission of a person other than any of the persons mentioned in subsection (1) caused the discharge or escape

mentioned in that subsection, then such other person shall also be guilty of an offence and shall be liable to a fine not exceeding one million ringgit.

(3) Subsection (2) shall not operate to absolve or relieve the persons mentioned in subsection (1) from liability for an offence under subsection (1).

(4) Notwithstanding the provisions of this section, dumping of wastes or other matter may be carried out under a licence issued by the Director-General and subject to such conditions as he may impose.

Defence to a charge under section 10

11. Where a person is charged with an offence under section 10, it shall be a defence to prove that the discharge or escape of the substance mentioned in sub-section (1) of that section was caused for the purpose of securing the safety of the vessel, the place on land, the installation, device or aircraft concerned, or for the purpose of saving life but a defence under this section shall not operate if the court is satisfied that the discharge or escape was not necessary for the alleged purpose or was not a reasonable step to take in the circumstances.

Requirement for discharge or escape of certain substances to be reported.

12. (1) If any oil, mixture containing oil or pollutant is discharged or escapes into the exclusive economic zone from any vessel, land-based source, installation, device or aircraft. the owner or master of the vessel, the owner or occupier of the place on land, the owner or person in charge of the installation or device or the owner or pilot of the aircraft, as the case may be, shall immediately report the occurrence of such discharge or escape to the Director-General.

(2) Any person who fails to comply with this section shall be guilty of an offence and shall be liable to a fine not exceeding ten thousand ringgit.

Measures relating to a maritime casualty

13. (1) The Government may specify measures in relation to the exclusive economic zone which are necessary to protect Malaysia's coastline or any segment or element of the environment or related interests, including fishing, from pollution or threat of pollution following upon a maritime casualty or acts relating to such casualty, which may reasonably be expected to result in major harmful consequences.

(2) The measures referred to in subsection (1) shall be proportionate to the actual or threatened damage to the coastline or segment or element of the environment or related interests, including fishing.

Directions and action to remove, disperse, destroy or mitigate damage

14. (1) Where Malaysia's coastline or any segment or element of the environment or related interests, including fishing in the exclusive economic zone is damaged or threatened to be damaged as a result of any discharge or escape of any substance mentioned in section 10, the Director-General may issue such directions as are, or take such action as is, necessary to remove, disperse, destroy or mitigate the damage or threat of damage.

(2) Any person who fails to comply with any direction given by the Director-General under subsection (1) shall be guilty of an offence and shall be liable to a fine not exceeding ten thousand ringgit.

(3) The owner and the master of the vessel, the owner and the occupier of the place on land, the owner and the person in charge of the installation or device, or the owner and the pilot of the aircraft, as the case may be, from which the substance mentioned in section 10 was discharged or escaped shall be liable jointly and severally for all costs and expenses incurred in carrying out all or any of the work required under subsection (1) to remove, disperse, destroy or mitigate the damage or the damage, and such costs and expenses shall be a first charge on any property or interest held by such person.

(4) Where the Act or omission of a person other than any of the persons mentioned in subsection (3) caused such discharge or escape, then such other person shall also be liable jointly and severally with the persons mentioned in that subsection for all costs and expenses incurred in carrying out all or any of the work required under subsection (1) to remove, disperse, destroy or mitigate the damage or threat of damage, and such costs and expenses shall be a first charge on any property or interest held by such other person.

Power to detain and sell vessel

15. (1) The Director-General may detain any vessel from which the oil, mixture containing oil or pollutant escaped or was discharged in the circumstances mentiioned in subsection (1) of section 14.

(2) The Director-General may release any vessel detained under subsection (1) upon the owner depositing with the Government such sum of money or furnishing such security as , in the opinion of the Director-General, would be adequate to meet all costs and expenses incurred in carrying out the work required to remove, disperse, destroy or mitigate the damage or threat of damage caused by such escape or discharge.

(3) If any vessel which has been detained proceeds to sea without being released under subsection (2), the owner or master of the vessel or any other person who causes the vessel to proceed to sea shall be guilty of an offence and shall be liable to a fine not exceeding one million ringgit.

(4) Where the owner or master of such vessel or any other person found guilty of an offence under this section is unable to pay the fine or the costs and expenses incurred in carrying out the work required under subsection (1) of section 14, the court may, on the application of the Director-General, order the sale of such vessel and the application of the proceeds of the sale towards the payment of the fine and the costs and expenses incurred.

PART V

MARINE SCIENTIFIC RESEARCH

Government consent required for conduct of marine scientific research

16. (1) No marine scientific research may be conducted in the exclusive economic zone or on the continental shelf without the express consent of and subject to conditions imposed by the Government.

(2) Subject to section 17, the Government shall give its consent where the marine scientific research would be carried out by any State or competent international organization for peaceful purposes and to increase scientific knowledge of the marine environment.

Right to withold consent

17. The Government may withhold its consent to the conduct of a marine scientific research project by any State or competent international organization in the exclusive economic zone or on the continental shelf if it has reason to believe that the project-

(a) is of direct significance to the exploration and exploitation of natural resources, whether living or non-living;

(b) involves drilling into the continental shelf, the use of explosives or the introduction of pollutants into the

marine environment;

(c) involves the construction, operation or use of artificial islands, installations or structures;

(d) contains information communicated pursuant to section 18 regarding the nature and objectives of the project which is inaccurate or if the researching State or competent international organization has outstanding obligations to Malaysia from a prior research project; or

(e) would interfere with activities undertaken by Malaysia in the exercise of its sovereign rights and jurisdiction provided for under this Act, any applicable written law or international law.

Duty to provide information

18. Any State or competent international organization which intends to undertake marine scientific research in the exclusive economic zone or on the continental shelf shall, not less than six months in advance of the expected starting date of the marine scientific research project, provide the Government with a full description of-

(a) the nature and objectives of the project;

(b) the method and means to be used, including name, tonnage, type and class of vessels and a description of scientific equipment;

(c) the precise geographical areas in which the project is to be conducted;

(d) the expected date of first appearance and final departure of the research vessels, or deployment of the equipment and its removal, as appropriate;

(e) the name of the sponsoring institution, its director, and the person in charge of the project; and

(f) the extent to which it is considered that Malaysia should be able to participate or to be represented in the project.

Duty to comply with certain conditions

19. (1) Every State or competent international organization undertaking marine scientific research in the exclusive economic zone or on the continental shelf shall comply with the following conditions;

(a) ensure the right of the Government, if it so desires, to participate or be represented in the marine scientific research project. especially on board research vessels and other craft or scientific research installations, when practicable, without payment of any remuneration to the scientists of Malaysia and without obligation to contribute towards the costs of the project;

(b) provide the Government with preliminary reports, as soon as practicable, and with the final results and conclusions after the completion of the research;

(c) undertake to provide access for the Government, at its request,

to all data and samples derived from the project and likewise to furnish it with data which may be copied and samples which may be divided without detriment to their scientific value:

(d) if requested, provide the Government with an assessment of such data, samples and research results or provide assistance in their assessment or interpretation;

(e) ensure, unless otherwise specified by the Government, that the research results are made internationally available through appropriate national or international channels, as soon as practicable;

(f) inform the Government immediately of any major change in the research programme;

(g) unless otherwise agreed. remove the scientific research installations or equipment once the research is completed.

(2) This section is without prejudice to the conditions established by the Government for the exercise of its discretion to give or withhold consent pursuant to section 16 or 17, as the case may be, including requiring prior agreement for making internationally available the research results of a project of direct significance for the exploration and exploitation of natural resources.

Suspension or cessation of marine scientific research activities

20. (1) The Government may order the suspension of any marine scientific research activities in progress within the exclusive economic zone or on the continental shelf if-

(a) the research activities are not being conducted in accordance with the information provided under section 18 upon which the consent of the Government was based; or

(b) the State or competent international organization conducting the research activities fails to comply with the provisions of section 19.

(2) The Government may order the cessation of any marine scientific research activities-

(a) which in deviating from the information provided under section

18 have amounted to a major change in the research project or the research activities: or

(b) if any of the situations contemplated in subsection (1) are not rectified within a reasonable period of time, as determined by the Government

(3) Following notification by the Government of the order of suspension or cessation, the State or competent international organization shall immediately terminate all or any of the marine scientific research activities that are the subject of such a notification.

(4) An order of suspension under subsection (1) may be lifted by the Government and the marine scientific research activities allowed to continue if the researching State or competent international organization complies with the conditions required under sections 18 and 19 within a reasonable period of time. as determined by the Government.

PART VI

ARTIFICIAL ISLANDS, INSTALLATIONS AND STRUCTURES

Prohibition of construction, operation or use of artificial island, etc. except with authorization

21. (1) No person shall construct, operate or use any artificial island, installation or structure in the exclusive economic zone or on the continental shelf except with the authorization of the Government and subject to such conditions as it may impose.

(2) The Government shall have exclusive jurisdiction over artificial islands, installations and structures in the zone and on the continental shelf, including jurisdiction with regard to customs, fiscal, health, safety and immigration laws,

(3) The Government may, where necessary, establish reasonable safety zones around such artificial islands, installations and structures in which it may take appropriate measures to ensure the safety both of navigation and of the artificial islands, installations and structures.

(4) The breadth of the safety zones shall be determined by the

Government, taking into account navigation and of the artificial islands, installations and structures applicable international standards, Due notice shall be given of the extent of the safety zones.

(5) All vessels must respect these safety zones and shall comply with any directions which the Government may give in accordance with generally accepted international standards regarding navigation in the vicinity of artificial islands, installations, structures and safety zones.

PART VII

SUBMARINE CABLES AND PIPELINES

Consent of Government necessary for delineation of course

for laying of sub-marine cables and pipelines

22. (1) No person shall lay submarine cables or pipelines in the exclusive economic zone or on the continental shelf without the consent of the Government as to the delineation of the course for the laying of such cables and pipelines

(2) Without prejudice to subsection (1), the Government may impose such conditions as it may consider necessary for the laying or maintenance of such cables and pipelines in the exercise of its right to take reasonable measures for the exploration of the continental shelf. the exploitation of natural resources and the prevention. reduction and control of pollution from such cables or pipelines.

Duty of owner of submarine cable or pipeline

23. The owner of any submarine cable or pipeline which has fallen into disuse or is beyond repair shall forthwith inform the Government thereof and shall, if so directed by the Government, remove such cable or pipeline within such period of time as the Government may direct.

PART VIII

ENFORCEMENT

Powers of authorized officer

24. (1) For the purpose of ensuring compliance with the provisions of this Act or any applicable written law, any authorized officer may,

where he has reason to believe that an offence has been committed under this Act or such written law, without a warrant-

(a) stop, board and search any vessel within the exclusive economic zone and inspect any licence, permit, record, certificate or any other document required to be carried on board such vessel under this Act such written law or any generally accepted international rules and standards, and make copies of the same;

(b) make such further enquiries and physical inspection of the vessel, its crew, equipment, gear, furniture, appurtenances stores and cargo as may be necessary to ascertain whether or not a suspected violation of the provisions of this Act or such written law has been committed;

(c) enter and search any place in which he has reason to believe that an offence under this Act or such written law is about to be or has been committed;

(d) arrest any person who he has reason to believe has committed any offence under this Act or such written law;

(e) detain any article which he has reason to believe has been used in the commission of any offence under this Act or such written law;

(f) detain any vessel, including its equipment, gear, furniture, appurtenances, stores and cargo, which he has reason to believe has been used in the commission of any offence or in relation to which any offence has been committed under this Act or such written law.

(2) A written acknowledgement shall be given for any article. vessel or thing detained under subsection (1)

Hot Pursuit

25. (1) Where any authorized officer has reason to believe that a foreign vessel has contravened any provision of this Act or any applicable written law, he may undertake the hot pursuit of such vessel with a view to stopping and arresting it and bringing it within the exclusive economic zone in accordance with international law.

(2) The powers conferred on an authorized officer under section 24 shall be exercisable pursuant to this section in respect of such vessel beyond the limits of the exclusive economic zone to the extent allowed by international law.

(3) Except as otherwise provided by any regional or bilateral agreement to which Malaysia is a party, the right of hot pursuit shall cease as soon as the vessel pursued enters the territorial sea or exclusive economic zone of its own State or any third State.

How person arrested to be dealt with

26. (1) An authorized officer making an arrest under this Act or any applicable written law shall without unnecessary delay produce the person arrested before a Magistrate.

(2) No authorized officer shall keep in custody a person arrested for a longer period than under all the circumstances of the case is reasonable.

(3) Such period shall not in the absence or after the expiry of a special order of a Magistrate under section 117 of the Criminal Procedure Code exceed twenty-four hours, exclusive of the time necessary for the journey from the place of arrest to the Magistrate's Court. F. M. S. Cap. 6

How detained vessel to be dealt with

27. Any vessel detained under this Part and the crew thereof shall be taken to the nearest or most convenient port and dealt with an accordance with the provisions of this Act or any applicable written law.

Obstruction of authorized officer, etc.

28. Any person who

(a) wilfully obstructs any authorized officer in the exercise of any of the powers conferred on him by this Act or any applicable written law

(b) fails to comply with any lawful order or requirement under this Act or such written law; or

(c) fails to comply with any of the provisions of this Act or such

292

written law for which no punishment is provided for failure to comply therewith shall be guilty of an offence.

PART IX

OFFENCES, PENALTIES, LEGAL PROCEEDINGS

AND COMPENSATIONS

General penalty

29. Any person who is guilty of an offence under this Act for which no punishment is provided shall be liable to a fine not exceeding one million ringgit.

30. Where any offence under this Act or any applicable written law has been committed by a company,

partnership, form or business, every director and every officer of tht company directly connected with the activity resulting in the commission of the offence, every member of that partnership and every person concerned with the management of that firm or business shall each be guilty of that offence and shall be liable to the punishment provided in section 29.

Master liable for offence committed on his vessel

31. Where an offence under this Act or any applicable written law has been committed by any person on board a vessel, the master of such vessel shall also be guilty of that offence and shall be liable to the punishment provided in section 29.

Detention and forfeiture of vessel, etc.

32. (1) Any article, vessel or thing detained under the provisions of this Act or any applicable written law shal, unless otherwise provided under this Act, be held pending the outcome of any proceedings under this Act or such written law:

Provided, however, that an authorized officer or the court may release the article, vessel or thing so detained upon the furnishing of a bond or other security to the satisfaction of the authorized officer or the court by any person claiming ownership, or acting on behalf of the owner, of the article, vessel or thing to produce the same when required so to do.

(2) Where an article, vessel, or thing is detained under the provisions of this Act or any applicable written law, the authorized officer who detains the article, vessel or thing shall, as soon as may be, cause notice thereof to be given in writing to the owner; and where the owner cannot be found, a notice to that effect shall be published in the Gazette and, if the article, vessel or thing is foreign-owned, the authorized officer shall cause the diplomatic representative in Malaysia of the flag State of the vessel concerned or of the country of which the owner of the article or thing is a national to be informed of such fact through the Ministry responsible for foreign affairs.

(3) If the owner of the article, vessel or thing cannot be found in spite of all courses of action taken under subsection (2) and by reason of the owner not being found proceedings under this Act or any applicable written law cannot be instituted, the article, vessel or thing detained shall be held for a period of one month from the date of the last course of action taken under subsection (2) at the end of which period the article, vessel or thing shall be forfeited to the Government unless a claim is received in respect thereof within the aforesaid period, in which event an enquiry shall be held by a court of competent jurisdiction to determine the validity of the claim and the article, vessel or thing shall be disposed of in such manner as the court may direct.

Power of court to order forfeiture

33. Where any person is found guilty of an offence under this Act or any applicable written law, the court shall, in addition to any other penalty that may be imposed, order that any article, vessel or thing which was the subject-matter of, or was used in the commissiin of, the offence be forfeited and that any licence or permit issued or consent given under this Act or such written law be suspended for such period of time as the court may think fit or be cancelled or withdrawn, as the case

may be.

Disposal of article, vessel or thing ordered to be forfeited

34. Where it is proved to the satisfaction of a court that any article, vessel or thing detained under the provisions of this Act or any applicable written law was the subject matter of, or was used in the commission of, an offence under this Act or such written law, the court may order the forfeiture of such article, vessel or thing notwithstanding that no person may have been found guilty of such offence.

Sessions Court and Court of Magistrate of First Class to have full jurisdiction and powers under Act or applicable written law

35. (1) Notwithstanding any written law to the contrary, any offence committed under this Act or any applicable written law shall be deemed to have been committed in Malaysia for the purpose of conferring jurisdiction on a court to try that offence, and a Sessions Court or a Court of a Magistrate of the First Class shall each have full jurisdiction and powers for all purposes under this Act or such written law.

(2) Subsection (1) shall not be construed as derogating in any way from the jurisdiction and powers of the High Court to try any offence under any written law.

(3) Any proceedings in respect of an offence under this Act or any applicable written law shall be brough before the Sessions Court or the Court of a Magistrate of the First Class which is nearest the place where the offence was committed, or which is located in the most convenient place for trial in the circumstances of the case as determined by the Public Prosecutor.

(4) This section shall be without prejudice to the provisions of the Criminal Procedure Code relating to the transfer of cases.

36. For the purposes of this Act or any applicable written law, the court shall presume that maps, plans or charts purporting to be made by the authority of:

（a）the Federal Government;

（b）the Government of a State in Malaysia; or

（c）the Government of a State as defined in section 2 and approved by the Federal Government or the Government of any State in Malaysia for use, were so made and are accurate.

Prosecution of offence

37. （1）A prosecution for an offence under this Act or any applicable written law shall not be instituted except by or with the consent of the Public Prosecutor:

Provided that a person who is to be charged with such an offence may be arrested, or a warrant for his arrest may be issued and executed, and any person so arrested may be remanded in custody or released on bail, notwithstanding that the consent of the Public Prosecutor to the institution of a prosecution for the offence has not been obtained, but the case shall not be further prosecuted until tat consent has been obtained.

（2）When a person is brought before a court under this section before the Public Prosecutor has consented to the prosecution, the charge shall be read and explained to him but he shall not be called upon to plead thereto, and the provisions of the Criminal Procedure Code shall be modified accordingly.

Yang di-Pertuan Agong may appoint other persons to be authorized officers

38. Without prejudice to the definition of "authorized officer" in section 2, the Yang di-Pertuan Agang may, by order in the Gazette, appoint such other person or class of persons as he m ay consider necessary to be an authorized officer or autorized officers for the purposes of this Act or any applicable written law.

39. （1）Where, by reason of any act or omission in contravention of this Act or any applicable written law, damage is caused to any person or property in or on, or to any segment or element of the environment or

related interests within, the exclusive economic zone or continental shelf, the owner and te master of the vessel, the owner and the occupier of the place on land, the owner and the person in charge of the installation...

(3) Without prejudice to the generality of subsections (1) and (2) such liability shall extend to the payment of compensation for any damage caused to a person, vessel, gear, facility of structure used in any activity, including fishing and related activities, connected with the exercise of the rights of the Government and Malaysian nationals, and of other persons where such rights are exercised with the consent of the Government, in the exclusive economic zone or on the continental shelf, and compensation shall also be paid for policing and surveillance activities and activities for the protection of the environment and shipping necessitated by the damage referred to in subsection (1)

(4) Any claim for compensation under this section may be brought before any High Court, Sessions Court or Court of a Magistrate of the First Class in Malaysia, as the case may be, according to the value or amount of the claim: and where a claim is so brought, the court concerned shall have full jurisdiction and powers to adjudicate thereon.

PART X

MISCELLANEOUS

Power to make regulations

40. (1) The Yang di-Pertuan Agong may make regulations for carrying out the provisions of this Act.

(2) Without prejudice to the generality of subsection (1), such regulations may provide for any of the following matters:

(a) regulating the conduct of marine scientific research within the exclusive economic zone and on the continental shelf;

(b) prescribing measures for the protection and preservation of the marine environment of the exclusive economic zone, including conditions

297

to be complied with by foreign vessels before entering any port or the internal waters of Malaysia or calling at any offshore terminal;

(c) regulating the construction, operation and use of artificial islands and of other installations and structures within the exclusive economic zone or on the continental shelf, including the establishment of safety zones around such islands, installations and structures;

(d) regulating the exploration and exploitation of the exclusive economic zone for the production of energy from the water, currents and winds and for other economic purposes:

(e) providing for such other matters as are necessary or expedient for giving full effect to Malaysia's rights in and jurisdiction over the exclusive economic zone and the continental shelf.

Written laws to be applicable in exclusive economic zone

or on continental shelf or both by order

41. (1) The Yang di-Pertuan Agong may, by order in the Gazette, provide for any written law to be applicable in the exclusive economic zone. on the continental shelf or both,

(2) Any order made by the Yang di-Pertuan Agong under this section may provide for such written law to be applicable with such modifications or exceptions thereto as he considers necessary and where he so does. Such written law shall be construed accordingly in its application in the exclusive economic zone, on the continental shelf or both.

(3) The modifications mentioned in subsection (2) may include amendments to such written law which the Yang di-Pertuan Agong may consider necessary-

(a) to make such written law effective in its application in the exclusive economic zone, on the continental shelf or both;

(b) to avoid any conflict or inconsistency between tile provisions of such written law and this Act or 1any other applicable written law; or （c）to bring the provisions of such written law into accord with the provisions of this Act or any other applicable written law.

（4）Any order made under this section shall be laid before the House of Representatives as soon as may be after it is made and if a motion is moved and carried by that House, within three months of the date on which the order is laid before it, disallowing the order, the order shall thereafter be void but, without prejudice to the validity of anything done under the order or to the making of any new order.

Announcement of the Office of the Prime Minister concerning straight baselines and internal waters of Thailand Area 4, 17 August 1992

（1992 年 8 月 17 日泰国总理府
关于区域 4 的直线基线和内水的公告）

Whereas the Announcement of the Office of the Prime Minister concerning the Straight Baselines and Internal Waters of Thailand dated 11 June 1970 was published in Official Gazette, Special Vol. 87, Chapter 52, dated 12 Jun 1970, (1) to proclaim the straight baselines and internal waters of Thailand in 3 areas.

Whereas the Cabinet has deemed it appropriate to proclaim the straight baselines and internal waters of Thailand in another area, that is Area 4, pursuant to the generally accepted principles of international law, as follows Area 4

REFERENCE NO.	GEOGRAPHICAL NAME	GEOGRAPHICAL	COORDINATES
		LAT. N.	LONG. E.
1.	KO KONG OK	9°-36'-06"	100°-05'-48"

REFERENCE NO.	GEOGRAPHICAL NAME	GEOGRAPHICAL	COORDINATES
2.	KO KRA	8°-23'-49"	100°-44'-13"
3.	KO LOSIN	7°-19'54-"	101°-59'-54"
4.	THAI-MALAYSIAN BOUNDARY0	6°-14'-30"	102°-05'-36"

Whereupon the waters within the aforementioned straight baselines are the internal waters of Thailand.

Details of straight baselines and internal waters of Thailand Area 4 appear in the map annexed to this present Announcement.

Announced on 17 August 1992. (2)

Source: http://www.un.org/Depts/los/LEGISLATIONANDTREATIES/PDFFILES/THA_1992_Announcement.pdf

Royal Proclamation establishing the Contiguous Zone of the Kingdom of Thailand, 14August 1995

(1995 年 8 月 4 日泰王国关于建立毗连区的公告)

By Royal Command of His Majesty the King, it is hereby Proclaimed that:

For the purpose of exercising the rights of the Kingdom of Thailand with regard to the contiguous zone, which are based on generally recognized principles of international law, it is deemed appropriate to establish the contiguous zone of the Kingdom of Thailand as follows:

1. The contiguous zone of the Kingdom of Thailand is the area beyond and adjacent to the territorial sea of the Kingdom of Thailand,

the breadth of which extends to twenty-four nautical miles measured from the baselines used for measuring the breadth of the territorial sea.

2. In the contiguous zone, the Kingdom of Thailand shall act as necessary to:

(a) Prevent violation of customs, fiscal, immigration or sanitary laws and regulations, which will or may be committed within the Kingdom or its territorial sea;

(b) Punish violation of the laws and regulations defined in (a), which is committed within the Kingdom or its territorial sea.

Proclaimed on the 14th day of August, B. E. 2538, being the forty-ninth year of the present reign.

Source: http://www. un. org/Depts/los/LEGISLATIONANDTREATIES/PDFFILES/ THA_1995_Proclamation. pdf

Agreement between the Government of the Kingdom of Thailand and the Government of the Socialist Republic of Viet Nam on the Delimitation of the Maritime Boundary between the Two Countries in the Gulf of Thailand, 9 August 1997
(《1997 年泰国越南划界协议》)

The Government of the Kingdom of Thailand and the Government of the Socialist Republic of Viet Nam (hereinafter referred to as " the Contracting Parties")

Desiring to strengthen the existing bonds of friendship between the two countries,

Desiring to establish the maritime boundary between the two countries in the relevant part of their overlapping continental shelf claims in the Gulf of Thailand,

Have agreed as follows:

Article 1

1. The maritime boundary between the Kingdom of Thailand and the Socialist Republic of Viet Nam in therelevant part of their overlapping continental shelf claims in the Gulf of Thailand is a straight line drawn from Point C to Point K defined by latitude and longitude as follows:

Point C: Latitude N 07°48′00″.0000, Longitude E 103°02′30″.0000

Point K: Latitude N 08°46′54″.7754, Longitude E 102°12′11″.6542

2. Point C is the northernmost point of the Joint Development Area established by the Memorandum of Understanding between the Kingdom of Thailand and Malaysia on the Establishment of a Joint Authority for the Exploitation of the Resources of the Seabed in a Defined Area of the Continental Shelf of the Two Countries in the Gulf of Thailand, done at Chiangmai on 21 February 1979, and which coincides with Point 43 of Malaysia's continental shelf claim advanced in 1979.

3. Point K is a point situated on the maritime boundary between the Socialist Republic of Viet Nam and the Kingdom of Cambodia, which is the straight line equidistant from Tho Chu Islands and Poulo Wai drawn from Point O Latitude N09°35′00″.4159 and Longitude E105°10′15″.9805.

4. The coordinates of the points specified in the above paragraphs are geographical coordinates derived from the British Admiralty Chart No. 2414 which is attached as an annex to this Agreement. ① The geodetic and computational bases used are the Ellipsoid Everest - 1830 - Indian Datum.

5. The maritime boundary referred to in paragraph 1 above shall

---

① For technical reasons, the chart is not reproduced.

constitute the boundary between the continental shelf of the Kingdom of Thailand and the continental shelf of the Socialist Republic of Viet Nam, and shall also constitute the boundary between the exclusive economic zone of the Kingdom of Thailand and the

exclusive economic zone of the Socialist Republic of Viet Nam.

6. The actual location of the above Points C and K at sea and of the straight line connecting them shall, at the request of either Government, be determined by a method to be mutually agreed upon by the hydrographic experts authorized for this purpose by the two Governments.

Article 2

The Contracting Parties shall enter into negotiation with the Government of Malaysia in order to settle the tripartite overlapping continental shelf claim area of the Kingdom of Thailand, the Socialist Republic of Viet Nam and Malaysia which lies within the Thai-Malaysian Joint Development Area established by the Memorandum of Understanding between the Kingdom of Thailand and Malaysia on the Establishment of a Joint Authority for the Exploitation of the Resources of the Seabed in a Defined Area of the Continental Shelf of the Two Countries in the Gulf of Thailand, done at Chiangmai on 21 February 1979.

Article 3

Each Contracting Party shall recognize and acknowledge the jurisdiction and the sovereign rights of the other country over the latter's continental shelf and exclusive economic zone within the maritime boundary established by this Agreement.

Article 4

If any single geological petroleum or natural gas structure or field, or other mineral deposit of whatever character, extends across the boundary line referred to in paragraph 1 of article 1, the Contracting Parties shall communicate to each other all information in this regard and shall seek to reach agreement as to the manner in

which the structure, field or deposit will be most effectively exploited and the benefits arising from such exploitation will be equitably shared.

Article 5

Any dispute between the Contracting Parties relating to the interpretation or implementation of this Agreement shall be settled peacefully by consultation or negotiation.

Article 6

This Agreement shall enter into force on the date of the exchange of the instruments of ratification or approval, as required by the constitutional procedures of each country.

IN WITNESS WHEREOF, the undersigned, being duly authorized by their respective Governments, have signed this Agreement.

DONE in duplicate at Bangkok on this 9th day of August, One Thousand Nine Hundred and Ninety-Seven in the Thai, Vietnamese and English languages. In the event of any conflict between the texts, the English text shall prevail.

Source: Clive Howard Schofield, Maritime Boundary Delimitation in the Gulf of Thailand, (Durham: Durham University, 1999), 469-472. Available at Durham E-Theses Online: http: //etheses. dur. ac. uk/4351/.

Treaty between the Kingdom of Thailand and Malaysia Relating to the Delimitation of the Territorial Seas of the Two Countries, 24 October 1979

(1979 年《马来西亚和泰王国关于两国领海的划界协议》)

THE KINGDOM OF THAILAND AND MALAYSIA, DESIRING to strengthen the existing historical bonds of friendship between two countries, NOTING that the coasts of the two countries are adjacent to each other in Northern part of the Straits of Malacca, as well as in the Gulf of Thailand, AND DESIRING to establish the common boundaries of the territorial is of the two Countries, HAVE AGREED AS FOLLOWS:

Article I

(1) The boundary of the Thai and the Malaysian territorial seas in the part of the Straits of Malacca between the islands known as the 'Butang Group' and Pulau Langkawi where overlapping occurs shall be formed by the straight lines drawn from the point situated in mid-channel between Pulau Terutau and Pulau Langkawi referred to in the Boundary Protocol annexed to the Treaty dated March 10th, 1909 respecting the boundaries of the Kingdom of Thailand and Malaysia, whose co-ordinates are hereby agreed to be Latitude 6°28'. 5 N Longitude 99°39'. 2 E, in a north-westerly direction to a point whose co-ordinates are Latitude 6°30' . 2 N Longitude 99°33'. 4 E and from there in a south-westerly direction to a point whose co-ordinates are Latitude 6°28'. 9 N Longitude 99°30' . 7 E and from there in a south-westerly direction again to the point whose co-ordinates are Latitude 6°18'. 4 N Longitude 99°27'. 5 E.

(2) The outer limit of the territorial seas of the islands known as the 'Butang Group' to the south of the said islands shall be formed by the boundary lines joining the points whose co-ordinates are Latitude 6° 18'. 4 N Longitude 99°27'. 5 E referred to in paragraph (1) above and from there to the point whose coordinates are Latitude 6° 16'. 3 N Longitude 99°19'. 3 E and from there to the point whose coordinates are Latitude 6°18'. 0 Nand Longitude 99°06'. 7E.

(3) The coordinates of the points specified in paragraphs (1) and (2) are geographical coordinates derived from the British Admiralty Charts No. 793 and No. 830 and the boundary lines connecting them are indicated on the charts attached as Annexures 'A (1) ' and 'A (2) ' to this Treaty.

Article II

(I) The boundary of the Thai and the Malaysian territorial seas in the Gulf of Thailand shall be formed by the straight line drawn from a point whose co-ordinates are Latitude 6°14'. 5 N Longitude I 02°05'. 6 E to a point whose co-ordinates are Latitude 60°27'. 5 N Longitude 102"10' . 0 E.

(2) The co-ordinates of the points specified in paragraph (1) are geographical coordinates

derived from the British Admiralty Chart No. 3961 and the boundary line onnecting them is indicated on the chart attached as Annexure ' B ' to this Treaty.

Article III

(1) The actual location at sea of the points mentioned in Article I and Article II above shall be determined by a method to be mutually agreed upon by the competent authorities of the two Parties.

(2) For the purposes of paragraph (I) , ' competent authorities ' in relation to the Kingdom of Thailand means the Director of the Hydrographic Department, Thailand, and includes any person authorised by him and in relation to Malaysia, the Director of National Mapping, Malaysia, and includes any person authorised by him.

Article IV

Each Party hereby, undertakes to ensure that all the necessary steps shall be taken at the

domestic level to comply with the terms of this Treaty.

Article V

Any dispute between the two Parties arising out of the interpretation or implementation

of this Treaty shall be settled peacefully by consultation or negotiation.

306

Article VI

This Treaty shall be ratified in accordance with the legal requirements of the two

Countries.

Article Ⅶ

This Treaty shall enter into force on the date of the exchange of the Instruments of Ratification.

DONE IN DUPLICATE AT Kuala Lumpur the Twenty-fourth day of October, Nineteen

Hundred and Seventy-nine in the Thai, Malaysian and English Languages. In the event

of any conflict' between the texts, the English text shall prevail.

FOR THE KINGDOM OF THAILAND	FOR MALAYSIA
(Signed)	(Signed)
(GENERAL KRIANGSAKCHOMANAN)	(DATUK HUSSEINONN)
Prime Minister	Prime Minister

Source: Alexander, L. M. and Charney, J. *International Maritime Boundaries*, Vols Ⅰ and Ⅱ, Dordrecht: Martinus Nijhoff, 1993, pp. 1, 096-1, 098.

Memorandum of Understanding between Malaysia and the Kingdomof Thailand on the Delimitation of the Continental Shelf Boundary between the Two Countries in the Gulf of Thailand, 24 October 1979

(《1979 年马来西亚和泰王国关于两国大陆架的划界协议》)

MALAYSIA AND THE KINGDOM OF THAILAND,

DESIRING to strengthen the existing historical bonds of friendship between the two、Countries,

AND DESIRING to establish the continental shelf boundary of the two countries in the

Gulf of Thailand,

HAVE AGREED AS FOLLOWS:

Article I

(1) The boundary of the continental shelf in the Gulf of Thailand between Malaysia and the Kingdom of Thailand shall consist of straight lines joining in the order specified below the points whose co-ordinates are:

(i) Latitude 6°27'. 5 N

Longitude 102°10'. 0 E

(ii) Latitude 6°27'. 8 N

Longitude 102°09'. 6 E

(iii) Latitude 6°50'. 0 N

Longitude 102°21 '. 2 E

(2) The co-ordinates of point (ii) above have been determined by reference to a point whose co-ordinates are Latitude 60 16'. 6 N Longitude 1020 03'. 8, this point being the former position of Kuala Tabar under the Boundary Protocol annexed to the Treaty between Siam and Great Britain signed at Bangkok on the I Oth March 1909.

Article II

(1) The co-ordinates of the points specified in Article I above are geographical coordinates

derived from the British Admiralty Chart No. 3961 and the boundary lines connecting them are indicated on the chart attached as an Annexure to this Memorandum.

(2) The actual location of these points at sea and of the lines connecting them will be determined by a method to be mutually agreed upon by the competent authorities of the two Countries.

(3) For the purpose of paragraph (2) of this Article, the term "competent authorities" in relation to Malaysia shall mean the Director

of National Mapping and include any person authorised by him, and in relation to the Kingdom of Thailand the Director of the Hydrographic Department and include any person authorised by him.

Article III

The Governments of the two Countries shall continue negotiations to complete delimitation of the continental shelf boundary of the two Countries in the Gulf of Thailand.

Article IV

If any single geological petroleum or natural gas structure or field, or any mineral deposit of whatever character, extends across the boundary lines referred to in Article I, the two Governments shall communicate to each other information in this regard and shall seek to reach agreement as to the manner in which the structure, field or deposit will be most effectively exploited; and all expenses incurred and benefits derived therefrom shall be equitably shared.

Article V

Any difference or dispute arising out of the interpretation or implementation the provisions of this Memorandum shall be settled peacefully by consultation or negotiation between the Parties.

Article VI

This Memorandum shall be ratified in accordance with the constitutional requirements of each Country. It shall enter into force on the date of the exchange of the Instruments of Ratification.

DONE IN DUPLICATE at Kuala Lumpur, the Twenty-fourth day of October, One

Thousand Nine Hundred and Seventy-nine in the Malaysian, Thai and English

languages. In the event of any conflict between the texts, the English shall prevail.

FOR MALAYSIA | FOR THE KINGDOM OF THAILAND
（Datuk Hussein Onn） | （General Tun Kriangsak Chomanan）
Prime Minister | Prime Minister

Source: Alexander, L. M. and Charney, J. *International Maritime Boundaries*, Vols I and II, Dordrecht: Martinus Nijhoff, 1993, pp. 1, 105-1, 107.

Franco-Siamese Boundary Treaty, 23 March 1907
（《1907 年法泰边界条约》）

The President of the French Republic and His Majesty the King of Siam following the delimitation undertaken in execution of the Convention of 13 February 1904, desiring on the one hand to ensure the final settlement of all questions connected with the common boundaries of Indo-China and Siam by a reciprocal and rational system of exchanges, and desiring on the other hand to ease relations between the two countries by the progressive introduction of a uniform legal system and by the extension of the rights of those citizens under French jurisdiction established in Siam, have decided to conclude a new treaty, and have named to this effect their plenipotentiaries as follows:

The President of the French Republic: R. Victor-Emile-Marie-Joseph Collin (de Plancy) Ambassador Extraordinary and Plenipotentiary Minister of the French Republic to Siam, Officer of the Legion of Honour and Public Instruction;

His Majesty the King of Siam: His Royal Highness Prince Devawongse Varoprakar, Knight of the Order of Maha-Chakri, Commanding Officer of the Legion of Honour, etc. , Minister of Foreign Affairs; Who, provided with full authority, which has been found in due and proper form, agreed to the following dispositions:

Article I

The Siamese Government cedes to France the territories of

Battambang, Siem-Reap and

Sisophon, whose boundaries are defined in Clause I of the Protocol of Delimitation annexed to this Treaty.

Article II

The French Government cedes to Siam the territories of Dan-Sai and Kratt, whose borders are defined in Clauses I and II of the aforementioned Protocol, also all the islands situated to the south of Cape Lemling as far as and including Koh-Kut.

Article III

The exchange of these territories will take place within twenty days after the date of the ratification of the present Treaty.

Article IV

A Mixed Commission composed of French and Siamese officers and officials, will be named by the two contracting Countries, within four months of the ratification of the present Treaty, and charged with settling the new boundaries. It will commence work as soon as the weather allows and they will follow and conform to the Protocol of Delimitation annexed to the present Treaty.

Article V

[Legal arrangements for aliens]

Article VI

[Rights of French citizens in Siam]

Article VII

[Treaties unaffected by the present Treaty to remain in force]

Article VIII

[French version of the Treaty authoritative]

Article IX

[Ratification]

Done in Bangkok in duplicate on 23 March 1907.

Annexe 1 Protocol of delimitation

V. Collin (de Plancy)

Devawongse Varoprakar

In order to facilitate the work of the Commission referred to in Article IV of the Treaty dated this day, and to avoid all possibility of difficulty in the delimitation, the Government of the French Republic and His Majesty the King of Siam have agreed as follows:

Clause I

The boundary between French Indo-China and Siam leaves the sea at a point situated opposite the highest point of Koh-Kut island. From this point it follows a northeasterly direction to the crest of Pnom-Krevanh. It is formally agreed that in every case the sides of these mountains which belong to the Klong-Kopo basin remain in French Indo-China.

The boundary follows the crest of the PnomKrevanh in a northerly direction to PnomThom which is found on the main water parting between the rivers which flow into the Gulf of Siam and those which flow towards the Grand Lac. From Pnom-Thorn, the border then follows in a northwesterly direction, then a northerly direction the actual boundary between the Provinces of Battambang on one side and those of Chantaboun and Kratt on the other side, as far as a point where the boundary cuts the river Nam-Sai.

It then follows the course of this river as far as its confluence with the Sisophon river and then the latter to a point situated ten kilometres below the village of Aranh. From this last point it continues in a straight line to a point on the Dang-Reck, halfway between the Chong-Ta-Kob and Chong-Sa-Met passes. It is understood that this line must leave a direct route between Aranh and Chong-Ta-Koh in Siamese territory. From the point mentioned above, situated on the crest of the Dang-Reck, the boundary follows the line of the water-parting between the basin of the Grand Lac and the Mekong on one side and the Nam-Moun on the other side, and reaches the Mekong below Pak Moun, at the mouth of the Huei-Doue, conforming to the line adopted by the previous delimitation Commission of 18 January 1907.

A rough draft of the boundary described above is annexed to the present Protocol.

Clause Ⅱ

On the side of Luang-Prabang, the boundary leaves the Mekong at the mouth of the Nam-Huong in the south and follows the thalweg of this river as far as its source, which is situated at Phu-Khao-Mieng. From there the boundary follows the water-parting between the Mekong and the Menam, and meets the Mekong at a point cal'led KengPha Dai, conforming to the line adopted by the previous Delimitation Commission of 16 January 1906.

Clause Ⅲ

The Delimitation Commission authorised by Article Ⅳ of the Treaty of today's date will determine and trace, on the basis of the terrain, that part of the boundary described in Clause Ⅰ of the present Protocol. If in the course of these operations the French Government desires to obtain a rectification of the boundary with the aim of substituting natural lines for the conventional lines, this rectification must not be made to the detriment of the Siamese Government.

The respective Plenipotentiaries have signed the present protocol and affixed their seals.

Done in duplicate in Bangkok 23 March 1907.

V. Collin (de Plancy)

Devawongse V aroprakar

Source: Prescott, J. R. V. (1975) *Map of Mainland Asia by Treaty*, Melbourne: Melbourne University Press, 1975, pp. 444-446.